Testy na brytyjskie prawo jazdy

dla kierowców samochodów osobowych

The Official Theory Test for Car Drivers
Polish Translation

Testy na brytyjskie prawo jazdy dla kierowców samochodów osobowych
Edycja 2009/2010

The Official Theory Test for Car Drivers - Polish Translation
2009/2010 edition

Tłumaczenie / Translation:
Tymek Skroban-Korzeniecki, Agata Olszta, Monika Obniska-Cyran
Opracowanie merytoryczne / Consultants:
Tymek Skroban-Korzeniecki, Karol Kolanowski, John Hargrove, Richard Davies
Redakcja / Editing: Anna Basiak, Agnieszka Balcerak-Wawrzaszek
Projekt, skład komputerowy i druk / Design & Printing: DeSER Designers Group, www.ddg.pl

ISBN 978-0-9560417-1-5

Ruardean Hill 2009

Drogi Czytelniku!

Publikacja, którą masz w ręku, pomoże Ci w uzyskaniu prawa jazdy w Wielkiej Brytanii. Przeczytaj ten tekst uważnie. Znajdziesz tu wszystkie niezbędne informacje na temat tego, co należy zrobić, by otrzymać prawo jazdy na Wyspach.

Wszystkie wiadomości, które staraliśmy się tutaj przekazać, są sprawdzone i zweryfikowane w praktyce. Posiadamy licencję Driving Standards Agency. Doskonale znając tutejsze realia, chętnie udzielamy wszelkich porad na temat egzaminów, wyboru instruktora itp. Cieszymy się, że dzięki naszej pracy kolejne osoby przekonują się, jak proste jest stanie się kierowcą z brytyjskim prawem jazdy.

Lekturę naszej książki zalecamy zacząć od rozdziału „Jak zdać egzamin? Dokładne informacje, przydatne porady, praktyczne wskazówki". Dopiero potem można przystąpić do zapoznania się z pytaniami testowymi. Poprawne odpowiedzi zostały zamieszczone na str. 242.

Zachęcamy jednocześnie do zapoznania się z przetłumaczonym przez nas na język polski brytyjskim kodeksem drogowym. To podstawowa lektura dla każdego kierowcy i kompendium wiedzy na temat przepisów ruchu drogowego, które obowiązują w Wielkiej Brytanii. Zapraszamy również na naszą stronę internetową – www.emano.co.uk , gdzie publikujemy wiele przydatnych informacji.

Wszystkim naszym Czytelnikom życzymy powodzenia na egzaminach!

Emano Limited

Tymek Skroban-Korzeniecki

Jak zdać egzamin?

Dokładne informacje, przydatne porady, praktyczne wskazówki

TYMCZASOWE PRAWO JAZDY (PROVISIONAL DRIVING LICENCE)

Pierwszym krokiem do zdobycia brytyjskiego prawa jazdy jest uzyskanie tymczasowego prawa jazdy[1] (provisional driving licence). To wstępne prawo jazdy, które upoważnia do prowadzenia samochodu podczas trwania nauki.
Jest mało prawdopodobne, aby ktoś inny niż dyplomowany instruktor miał doświadczenie, wiedzę i kwalifikacje potrzebne do tego, by skutecznie uczyć jazdy samochodem, dlatego gorąco zachęcamy do podjęcia nauki pod okiem właśnie takiej osoby. Trzeba jednak mieć świadomość, że w Wielkiej Brytanii nie ma, tak jak w Polsce, obowiązku brania lekcji jazdy. Jeśli ktoś chce się uczyć bez profesjonalnego instruktora, może się nieodpłatnie szkolić u kogokolwiek, kto ukończył 21 lat i od co najmniej 3 lat posiada prawo jazdy na kategorię, na jaką uczy się jeździć kandydat, wydane w Wielkiej Brytanii lub w jednym z krajów Unii Europejskiej (w tym w Polsce).
Przystępując do nauki jazdy, trzeba też spełniać poniższe warunki:
1. Należy mieć ukończone 17 lat, aby tymczasowe prawo jazdy (provisional driving licence) było ważne (można się o nie starać 3 miesiące wcześniej).
2. Samochód służący do nauki jazdy musi być oznaczony z przodu i tyłu czerwoną literą „L", a w Walii literą „L" lub „D".
3. Samochód ten musi posiadać polisę ubezpieczeniową, wystawioną na nazwisko uczącego się, ewentualnie można korzystać z polisy wystawionej na kogoś innego, w której jednak musi być również podane nazwisko osoby uczącej się jeździć.
4. Pojazd musi być zaopatrzony w dodatkowe wewnętrzne lusterko przeznaczone dla egzaminatora.

W Wielkiej Brytanii istnieje rozgraniczenie pomiędzy prawem jazdy na samochód z automatyczną i manualną skrzynią biegów. Mając prawo jazdy na samochód z automatyczną skrzynią biegów, nie można prowadzić samochodu z manualną skrzynią biegów, natomiast prawo jazdy na samochód z manualną skrzynią biegów upoważnia także do prowadzenia samochodu z automatyczną skrzynią biegów. Prawie wszyscy instruktorzy jazdy mają samochody z manualną skrzynią biegów.
Tymczasowe prawo jazdy (provisional driving licence) można uzyskać, wypełniając formularz D1 (DL1 w Irlandii Północnej), który następnie należy wysłać tradycyjną pocztą na adres wskazany w formularzu lub złożyć w lokalnym oddziale DVLA (Driver and Vehicle Licensing Agency) lub DVA (Driver and Vehicle Agency) w Irlandii Północnej. Formularz można otrzymać w każdym urzędzie pocztowym

1. Tak wyróżnione pojęcia zostały szerzej objaśnione w słowniku – zob. str. 256

oraz w lokalnym oddziale DVLA (Driver and Vehicle Licensing Agency) / DVA (Driver and Vehicle Agency), a także zamówić go przez internet pod adresem www.direct.gov.uk lub dzwoniąc pod numer 0870 240 0009 (0845 402 4000 w Irlandii Północnej). Można również wypełnić aplikację on-line za pośrednictwem strony www.direct.gov.uk. Pomoc w wypełnieniu formularza D1 można znaleźć na www.emano.co.uk.

EGZAMIN – FORMALNOŚCI

Termin egzaminu teoretycznego, a później praktycznego, można zarezerwować:
1. przez internet pod adresem www.direct.gov.uk (www.dvtani.gov.uk w Irlandii Północnej);
2. telefonicznie pod numerem 0300 200 1122 (0845 600 6700 w Irlandii Północnej);
3. za pomocą formularza, który można otrzymać w lokalnym oddziale DVLA (Driver and Vehicle Licensing Agency) / DVA (Driver and Vehicle Agency) lub wydrukować sobie ze strony www.direct.gov.uk (www.dvtani.gov.uk w Irlandii Północnej). W wypadku rezerwacji telefonicznej lub przez internet wymagane jest posiadanie ważnego tymczasowego prawa jazdy (provisional driving licence), ważnej karty płatniczej (debetowej lub kredytowej) oraz, gdy chodzi o egzamin praktyczny, numeru zaświadczenia o zdaniu egzaminu teoretycznego.

Koszt egzaminów co roku się zmienia. Aktualną cenę można sprawdzić na stronie na naszej stronie internetowej www.emano.co.uk lub stronie DSA (Driving Standards Agency) www.direct.gov.uk (www.dvtani.gov.uk w Irlandii Północnej).

EGZAMIN TEORETYCZNY

Egzamin teoretyczny na prawo jazdy składa się z następujących części:
- testu wyboru – to zestaw pytań z jedną lub wieloma prawidłowymi odpowiedziami,
- studium przypadku (obowiązuje od 28 września 2009 r.); stanowi ono faktycznie integralną część testu wyboru, ale wymaga osobnych wyjaśnień,
- części określanej jako hazard perception – czyli testu sprawdzającego, czy kandydat potrafi dostrzega zagrożenia na drodze.

Trzeba zaliczyć test wyboru (w tym studium przypadku) oraz hazard perception, żeby zdać egzamin teoretyczny. W razie niepowodzenia w jednej części należy zdawać powtórnie całość. Gdy egzamin teoretyczny zostanie zdany pomyślnie, można przystąpić do egzaminu praktycznego z jazdy, który powinno się zaliczyć w ciągu kolejnych dwóch lat.

Dokumenty

Na początku egzaminu teoretycznego trzeba okazać obie części ważnego tymczasowe prawo jazdy (provisional driving licence), tzn. kartę ze zdjęciem i counterpart (część prawa jazdy, gdzie wpisuje się dodatkowe uprawnienia, punkty karne, wyroki sądowe za prowadzenie pojazdów w stanie nietrzeźwym itp.). Jest to bardzo ważne, ponieważ nieprzedstawienie któregokolwiek dokumentu uniemożliwia przystąpienie do egzaminu, a ponadto wiąże się z utratą wniesionych już opłat.

Test wyboru

Przed rozpoczęciem testu wyboru zdający jest informowany o tym, w jaki sposób przebiega ta część egzaminu. Można również wybrać opcję sesji próbnej, aby przyzwyczaić się do takiego sposobu zdawania. Po skończeniu sesji próbnej zaczyna się automatycznie właściwy egzamin. Na ekranie pojawiają się pytania i odpowiedzi w języku angielskim. Ich tłumaczenie na język polski można usłyszeć w słuchawkach. Tłumaczenie części wprowadzającej oraz pytań jest podawane w chwili pojawienia się na ekranie ich angielskiej wersji. Aby usłyszeć tłumaczenie odpowiedzi, należy na ekranie dotknąć jej angielskiej wersji palcem. Tłumaczeń można słuchać dowolną liczbę razy. Trzeba po prostu za każdym razem dotknąć palcem tekstu na ekranie.

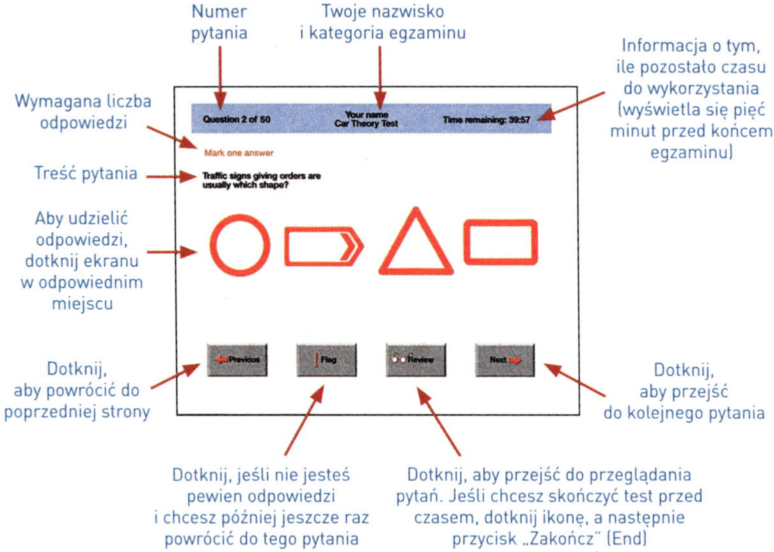

Podczas testu wyboru w ogóle nie używa się myszy komputerowej. Odpowiedzi udziela się, dotykając ekranu palcem. Obok każdej odpowiedzi znajduje się prostokąt – należy dotknąć prostokątów przy właściwych odpowiedziach. Jeśli zdający pomyli się i chce zmienić odpowiedź, powinien jeszcze raz dotknąć prostokąta przy błędnej odpowiedzi i w ten sposób ją unieważnić oraz wybrać inny, właściwy prostokąt. Niektóre pytania wymagają kilku prawidłowych odpowiedzi. Ich konkretna liczba będzie podana na ekranie.
Test wyboru obejmuje 50 pytań (45 pytań to typowy test wyboru, 5 pytań odnosić się będzie do konkretnej sytuacji – studium przypadku, zob. poniżej). Na udzielenie wszystkich odpowiedzi przeznaczonych jest w sumie 57 minut. Aby zdać tę część egzaminu na prawo jazdy, należy odpowiedzieć poprawnie na 43 pytania (łącznie – z testu i studium). Na pytania testowe można odpowiadać w dowolnej kolejności, zaznaczając te pytania, do których powróci się później.

Po zakończeniu udzielania odpowiedzi na pytania zawarte w teście wyboru i studium przypadku można zdecydować się na przerwę, trwającą do trzech minut, zanim automatycznie zacznie się część określana jako hazard perception.

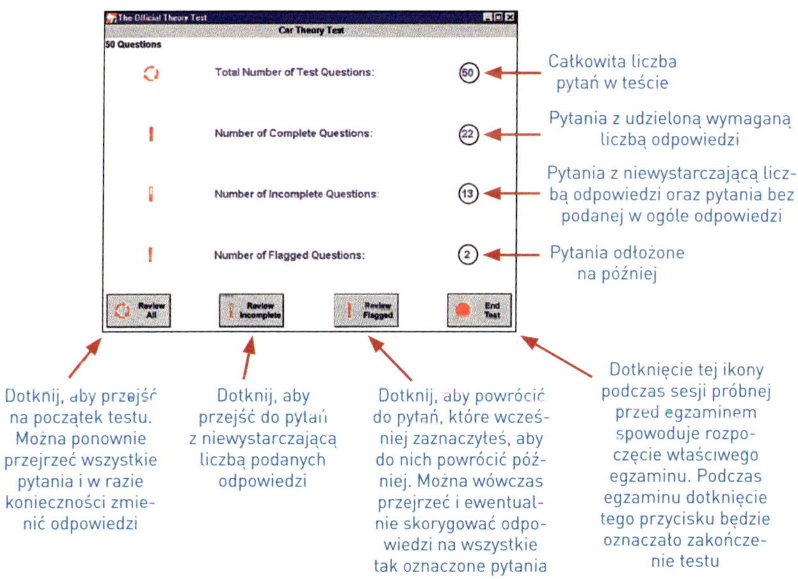

Studium przypadku

Od 28 września 2009 r. egzamin teoretyczny na prawo jazdy kat. B składa się z trzech części - wprowadzone zostało dodatkowo tzw. studium przypadku. Studium jest opracowane na podstawie pytań testowych i faktycznie stanowi integralną część testu wyboru. Studium przypadku polega na przedstawieniu kandydatowi bardzo konkretnej sytuacji, z którą może mieć do czynienia jako kierowca. Jego zadaniem jest udzielenie odpowiedzi na pięć pytań odnoszących się do tej sytuacji.

Poniżej zamieszczone studium przypadku jest przykładem pozwalającym zorientować się, na czym polega ta część egzaminu. Na egzaminie kandydat będzie odpowiadał na inne pytania odnoszące się do innej sytuacji

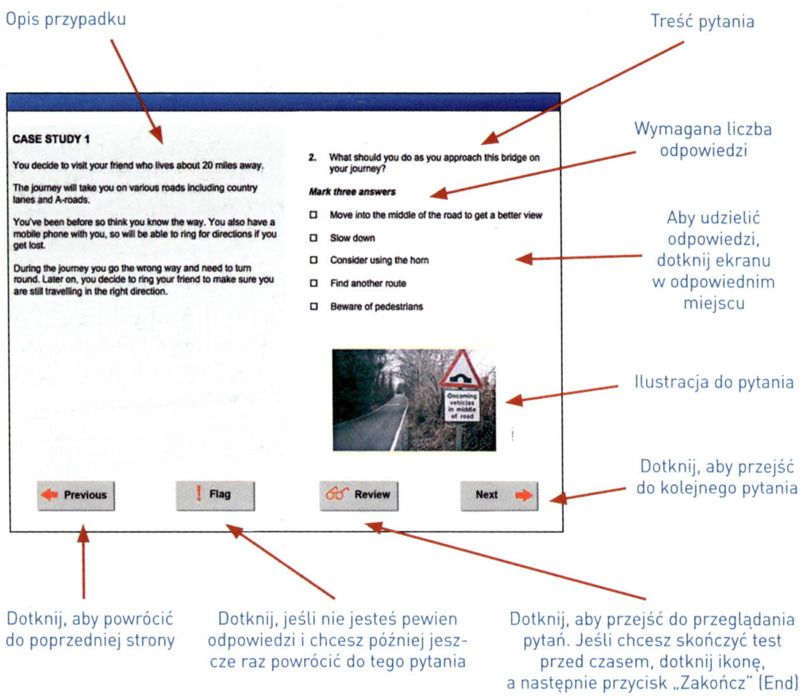

Na czym polega hazard perception?

Po przerwie wyświetlany jest krótki film edukacyjny, z którego zdający dowiaduje się, jak przebiega część egzaminu zwana hazard perception. Zdaje się ją również przy komputerze, ale tym razem przy udzielaniu odpowiedzi korzysta się z myszy. Na monitorze zostanie wyświetlonych 14 krótkich filmów z codziennymi sytuacjami na drodze. W 13 filmach będzie to jedna sytuacja, a w 1 – dwie sytuacje. Aby uzyskać wysoki wynik w tej części testu, trzeba jak najszybciej zidentyfikować zagrożenie – na im wcześniejszym etapie rozwoju sytuacji się to uda, tym lepiej. Maksymalna liczba punktów, jaką można otrzymać za odpowiedzi udzielone podczas każdego filmu, wynosi pięć. Nie ma możliwości powrócenia do raz obejrzanych filmów. Tak jak na drodze, w realnej sytuacji, ma się tylko jedną szansę zareagowania na niebezpieczeństwo. Aby zdać tę część egzaminu, należy zdobyć 44 punkty na 75 możliwych.
Jak wynika z naszego doświadczenia, warto wcześniej nauczyć się właściwych reakcji, dlatego zalecamy nabycie płyty z filmami pozwalającymi przećwiczyć test hazard perception. Przeanalizowaliśmy wszystkie płyty z takimi filmami dostępne na rynku – najlepszą (wraz z bezpłatnym przewodnikiem w języku polskim) można nabyć na www.emano.co.uk.
Według statystyk udział w wypadkach tych kierowców, którzy mają prawo jazdy od niedawna, jest nieporównywalnie większy niż kierowców z innych grup. Tendencja ta jest szczególnie widoczna u osób, które mają prawo jazdy dopiero od paru miesięcy. Ponadto dowiedziono, że kierowcy, którzy przeszli szkolenie z wykorzystaniem hazard perception, mają znacznie lepsze umiejętności oceny zagrożeń na drodze.

Jak reagować podczas testu hazard perception?

Najważniejszą rzeczą podczas tej części egzaminu jest jak najszybsze zidentyfikowanie zagrożenia. Na przykład wyobraźmy sobie zaparkowany na poboczu drogi pojazd. Pierwszy raz, kiedy go zobaczymy, nic szczególnego się nie dzieje. Jest to po prostu zaparkowany pojazd. Jeśli zdający chciałby teraz kliknąć myszą, nie otrzymałby ani nie stracił żadnych punktów. Gdy jednak zaczynamy zbliżać się do pojazdu, zauważamy, że jego prawy kierunkowskaz zaczyna mrugać. To znak, że kierowca tego pojazdu chce ruszyć. To może (choć nie musi) prowadzić do zagrożenia na drodze i reakcja zdającego (kliknięcie) w tym momencie przyniesie punkty.

Kiedy dojedziemy bliżej, prawdopodobnie zauważymy, że pojazd zaczyna włączać się do ruchu. W tym momencie także powinno się kliknąć myszą.
Maksymalna liczba punktów za każde zidentyfikowane zagrożenie wynosi pięć. Jeśli będziemy spóźniać się z reakcją podczas rozwijającej się niebezpiecznej sytuacji, w miarę upływu czasu będziemy otrzymywać coraz mniejszą liczbę punktów. Należy być skoncentrowanym podczas trwania całego filmu, ponieważ nie zostanie on powtórzony. Jest tylko jedna szansa, by zareagować na dane zagrożenie. Jeśli zdający będzie reagował nieodpowiednio, klikając myszą w sposób ciągły lub przypadkowy, liczba otrzymanych punktów wyniesie zero. Informacja o tym zostanie podana w okienku wyświetlonym po zakończeniu filmu.

Po egzaminie teoretycznym

Na końcu egzaminu zdający jest proszony o udzielenie odpowiedzi na pytania ankietowe. Nie trzeba na nie odpowiadać, jeśli nie ma się na to ochoty. Każda podana informacja jest anonimowa i poufna. Pytania z ankiety nie wpływają na wynik egzaminu. Kiedy cały test jest ukończony, można opuścić pokój egzaminacyjny. Ale uwaga – jeśli się go opuści, nie można już wrócić do środka. Po pewnym czasie pracownik centrum egzaminacyjnego podaje zdającemu wynik testu.

EGZAMIN PRAKTYCZNY

W Wielkiej Brytanii każdy zdający jest zobowiązany do zapewnienia pojazdu, w którym odbędzie się egzamin praktyczny. Pojazd ten musi spełniać wszystkie formalne wymagania. Każda szkoła jazdy, w której uczy się kandydat, dysponuje takim pojazdem i może go użyczyć na egzamin.
Jeśli zdający Polak mówi słabo po angielsku, może zabrać na egzamin kogoś, kto pomoże mu w tłumaczeniu. Jeśli poprosi o to egzaminatora, osoba ta może być cały czas obecna podczas trwania egzaminu. Osoba taka musi mieć ukończony 16 rok życia.
Egzamin trwa około 40 minut. Podczas jazdy egzaminator zwraca uwagę na to, czy zdający jeździ bezpiecznie. Trzeba również wykonać zestaw manewrów. Można popełnić 15 mniej ważnych błędów i mimo to zdać egzamin (16 i więcej popełnionych błędów powoduje niezaliczenie jazdy). Jeśli jednak popełni się jeden poważny lub zagrażający bezpieczeństwu na drodze błąd – nie można zdać egzaminu.
Egzamin nie jest skomplikowany i został opracowany po to, by sprawdzić, czy zdający: (1) potrafi prowadzić samochód w bezpieczny sposób, (2) zna kodeks drogowy[2] i potrafi go stosować w realnych sytuacjach na drodze.

2. Brytyjski kodeks drogowy w języku polskim można nabyć na www.emano.co.uk.

Badanie wzroku

Egzamin zacznie się od sprawdzenia wzroku kandydata na kierowcę. Pomyślne przejście tego badania jest warunkiem kontynuowania egzaminu. Zdający jest proszony o przeczytanie nowego typu tablicy rejestracyjnej samochodu z odległości 20 m. Jeśli ktoś nosi okulary, musi je zawsze zakładać, kiedy będzie prowadzić pojazd, musi też mieć je podczas badania wzroku w czasie egzaminu. Jeśli kandydat ma trudności z mówieniem po angielsku, powinien zanotować na kartce to, co widzi. Jeśli błędnie odczyta tablicę, egzaminator zmierzy dystans do tablicy, a następnie test zostanie powtórzony. Dalsza procedura jest dosyć skomplikowana, mamy nadzieję, że Czytelnicy tej publikacji nigdy nie będą musieli przez nią przechodzić.

Bezpieczeństwo pojazdu

Po badaniu wzroku zdający otrzymuje dwa pytania sprawdzające, czy potrafi odpowiednio ocenić stan pojazdu, którym chce jechać – a więc określić, czy jest on sprawny, gotowy do jazdy oraz bezpieczny dla kierowcy i innych uczestników ruchu drogowego. Pomimo tego, że pytania mogą wymagać podniesienia maski samochodu, nie jest wymagane dotykanie gorącego silnika ani sprawdzanie poziomu płynów. Pojazdy coraz częściej zaopatrzone są w elektroniczne systemy diagnostyczne, które informują kierowcę na przykład o stanie płynów w silniku czy ciśnieniu powietrza w oponach. Dlatego akceptuje się sytuację, kiedy zdający odpowiada na pytanie egzaminatora, pokazując, w którym miejscu na desce rozdzielczej można daną rzecz sprawdzić. Spośród dwóch pytań, o których mowa jest wyżej, jedno należy do serii „powiedz", zaś drugie do serii „pokaż". W dalszej części poradnika znajdują się przetłumaczone wszystkie obowiązujące podczas tej części egzaminu kombinacje pytań. Niezależnie od tego, czy zdający odpowie nieprawidłowo na jedno czy na dwa pytania, egzaminator na formularzu przebiegu egzaminu i tak zaznaczy tylko jeden błąd.

Jazda

Podczas jazdy egzaminator z dużym wyprzedzeniem mówi, w którym kierunku powinien jechać zdający. Trasy egzaminacyjne są tak opracowane, by obejmowały różne typowe warunki, z jakimi można się spotkać na drodze. Podczas jazdy należy również przeprowadzić dwa manewry. W wypadku cofania może to być: (1) cofanie po łuku, (2) zawracanie na drodze, (3) cofanie na miejsce parkingowe. Można być również poproszonym o wykonanie awaryjnego zatrzymania się w sytuacji zagrożenia (emergency STOP).
Powinno się prowadzić samochód w sposób zgodny z tym, czego nauczył zdającego instruktor. W razie popełnienia błędu nie należy się tym od razu zamartwiać, gdyż może to być mniej poważny błąd, który nie wpłynie w znaczący sposób na wynik testu. Egzaminator zwraca uwagę przede wszystkim na ogólny styl prowadzenia pojazdu. Z drugiej strony, jeśli egzaminator uzna, że zdający stwarza zagrożenie dla innych uczestników ruchu drogowego, test zostanie przerwany.

Po egzaminie praktycznym

Po ukończeniu jazdy egzaminator informuje zdającego, czy ta część egzaminu została zaliczona. Można go zapytać, jak przebiegł egzamin. Wtedy egzaminator omówi wszystko, co działo się podczas jazdy.

Jeśli egzamin został zaliczony...

Egzaminator pyta, czy zdający chce, aby prawo jazdy zostało wydane automatycznie. Jeśli tak, egzaminator skanuje tymczasowe prawo jazdy (provisional driving licence)osoby, która zdała egzamin, i wysyła pocztą elektroniczną do DVLA (Driver and Vehicle Licensing Agency) / DVA (Driver and Vehicle Agency), a na miejscu wydaje odpowiednie zaświadczenie i od tego momentu można już samodzielnie jeździć samochodem osobowym. Nowe prawo jazdy jest odsyłane w ciągu trzech tygodni.
Jeśli zdający będzie wolał sam załatwić formalności związane z wydaniem prawa jazdy, egzaminator jedynie wystawi zaświadczenie o zdaniu egzaminu. Na jego odwrocie jest napisane, co trzeba następnie zrobić: należy wysłać stare prawo jazdy z odpowiednią opłatą (akceptowane formy to czek lub przekaz pocztowy – postal order) do DVLA (Driver and Vehicle Licensing Agency) / DVA (Driver and Vehicle Agency), gdzie urzędnicy wszystko sprawdzą, po czym wystawią i odeślą nowe prawo jazdy.
Warto zaznaczyć, że po ewentualnym powrocie na stałe do Polski brytyjskie prawo jazdy łatwo będzie można wymienić na polskie.

Jeśli egzamin nie został zaliczony...

Dobrze jest zapytać egzaminatora, co należy poprawić, aby przygotować się do następnego egzaminu. Popełnione błędy zostaną również opisane w raporcie z egzaminu. Do następnego egzaminu można przystąpić, gdy minie 10 pełnych dni roboczych.

Standard egzaminów z jazdy

Wszyscy egzaminatorzy są szkoleni w taki sposób, aby przeprowadzać egzamin według tego samego standardu, więc jeżeli zdający demonstruje określone tym standardem umiejętności, z pewnością zda egzamin.

Warunki atmosferyczne, problemy techniczne itp.

Ze względów bezpieczeństwa, zarówno jeśli chodzi o zdającego, jak i o egzaminatora, DSA (Driving Standards Agency) nie przeprowadza egzaminów przy nieodpowiednim świetle dziennym lub w złych warunkach atmosferycznych. Gdy w dniu egzaminu nie będzie sprzyjających warunków, DSA (Driving Standards Agency) wyznaczy inny termin egzaminu, nie pobierając za niego dodatkowych opłat, ale nie będzie płacić odszkodowania z tego tytułu, że egzamin nie odbył się w wyznaczonym pierwotnie terminie. W dniu egzaminu należy zadzwonić pod numer telefonu, który podany został w liście potwierdzającym jego termin, aby upewnić się, czy jazda na pewno się odbędzie.
Jeśli egzamin nie dojdzie do skutku z powodu osoby, która do niego przystępuje, lub ze względu na usterkę w jej pojeździe, trzeba ponowić procedurę zgłoszenia się do części praktycznej egzaminu oraz jeszcze raz uiścić związaną z tym opłatę.

Jeśli powyższe informacje nie są wystarczające, prosimy o kontakt telefoniczny (07871 410164 lub 07533 614632) lub mailowy (biuro@emano.co.uk). Wiemy wszystko na temat zdawania egzaminów na prawo jazdy w UK, a nawet jeśli jakieś pytanie mogłoby nas zaskoczyć, to i tak szybko znajdziemy na nie właściwą odpowiedź.

Uwaga!
Lekturę naszej książki zalecamy zacząć od rozdziału „Jak zdać egzamin? Dokładne informacje, przydatne porady, praktyczne wskazówki". Dopiero potem można przystąpić do zapoznania się z pytaniami testowymi. Poprawne odpowiedzi zostały zamieszczone na str. 242

IP – tak oznaczone pytania nie występują w testach, które są stosowane na egzaminach w Irlandii Północnej.

Pojęcia wyróżnione kolorem niebieskim zostały szerzej opisane w słowniku zamieszczonym na **str. 256**

1.1. Przed wykonaniem manewru zawracania na drodze powinieneś:

zaznacz jedną odpowiedź

a) dać znak ręką i użyć kierunkowskazów,
b) włączyć kierunkowskaz, aby inni kierowcy mogli zwolnić,
c) obejrzeć się przez ramię, aby ostatecznie się upewnić, że nic nie jedzie,
d) wybrać wyższy bieg niż zwykle.

1.2. Dojeżdżając do tego mostu, powinieneś:

zaznacz trzy odpowiedzi

a) zjechać na środek jezdni, żeby mieć lepszą widoczność,
b) zwolnić,
c) jak najszybciej przejechać przez most,
d) zastanowić się, czy nie użyć sygnału dźwiękowego,
e) znaleźć inną drogę,
f) uważać na pieszych.

1.3. Kiedy powinieneś unikać wyprzedzania?

zaznacz jedną odpowiedź

a) wyjeżdżając z zakrętu,
b) jadąc ulicą jednokierunkową,
c) jadąc drogą z ograniczeniem prędkości do 30 mil na godzinę,
d) dojeżdżając do miejsca na wzniesieniu, gdzie droga w dole nie jest całkowicie widoczna.

1.4. Ten znak na jezdni:

zaznacz jedną odpowiedź

a) nakazuje kierowcom zjazd na pas awaryjny,
b) ostrzega wyprzedzających kierowców o zakręcie w lewo,
c) przypomina wyprzedzającym kierowcom, aby zjechali z powrotem na lewą stronę jezdni,
d) informuje kierowców, że można bezpiecznie wyprzedzać.

1.5. Podczas prowadzenia pojazdu dzwoni Twój telefon komórkowy Powinieneś:

zaznacz jedną odpowiedź

a) natychmiast się zatrzymać,
b) natychmiast odebrać rozmowę,
c) zatrzymać się w odpowiednim miejscu,
d) zatrzymać się przy najbliższym krawężniku.

1.6. Dlaczego te żółte linie są namalowane w poprzek jezdni?

zaznacz jedną odpowiedź

a) aby ułatwić Ci wybór odpowiedniego pasa ruchu,
b) aby ułatwić Ci zachowanie odpowiedniej odległości od innych pojazdów,
c) aby zwrócić Twoją uwagę na prędkość, z jaką jedziesz,
d) aby pomóc Ci określić dystans do ronda.

1.7. Dojeżdżając do sygnalizacji świetlnej, gdy od jakiegoś czasu pali się zielone światło, powinieneś:

zaznacz jedną odpowiedź

a) gwałtownie przyspieszyć,
b) utrzymać swoją prędkość,
c) przygotować się do ewentualnego zatrzymania,
d) gwałtownie zahamować.

1.8. Co powinieneś zrobić przed zatrzymaniem pojazdu?
zaznacz jedną odpowiedź
a) użyć sygnału dźwiękowego,
b) spojrzeć w lusterka,
c) wybrać wyższy bieg,
d) zamrugać światłami.

1.9. Kiedy jedziesz za dużym pojazdem, powinieneś jechać z tyłu w odpowiedniej odległości, ponieważ to:
zaznacz jedną odpowiedź
a) pozwoli Ci szybciej skręcić,
b) umożliwi dużemu pojazdowi łatwiejsze zatrzymanie się,
c) pozwoli kierowcy dużego pojazdu zobaczyć Cię w lusterkach,
d) ułatwi Ci trzymanie się z dala od podmuchów powietrza.

1.10. Kiedy zauważysz przed sobą zagrożenie, powinieneś spojrzeć w lusterka. Dlaczego?
zaznacz jedną odpowiedź
a) ponieważ będziesz musiał przyspieszyć, aby uniknąć zagrożenia,
b) aby ocenić, jak Twoje manewry wpłyną na ruch za Tobą,
c) ponieważ będziesz musiał gwałtownie zahamować, aż do zatrzymania się,
d) aby sprawdzić, co się dzieje przed Tobą na drodze.

1.11. Czekasz, aby skręcić w prawo na końcu drogi. Widoczność jest ograniczona przez zaparkowane pojazdy. Co powinieneś zrobić?
zaznacz jedną odpowiedź
a) zatrzymać się, a następnie wolno i ostrożnie podjeżdżać do przodu, żeby mieć odpowiednią widoczność,
b) przejechać szybko w miejsce, gdzie będziesz lepiej widział, dzięki czemu będziesz blokował ruch tylko z jednej strony,
c) zaczekać na pieszego, aby dał Ci znak, kiedy można bezpiecznie wjechać na drogę,
d) natychmiast zawrócić i znaleźć inne skrzyżowanie.

1.12. Przedmioty wiszące na wewnętrznym lusterku Twojego pojazdu mogą:

zaznacz dwie odpowiedzi

a) ograniczać Ci pole widzenia,
b) poprawić Twoją jazdę,
c) rozpraszać Twoją uwagę,
d) ułatwić Ci koncentrację.

1.13. Które z poniższych czynności mogą utrudniać Ci koncentrację podczas długiej podróży?

zaznacz cztery odpowiedzi

a) słuchanie głośnej muzyki,
b) sprzeczanie się z pasażerem,
c) używanie telefonu komórkowego,
d) wkładanie kasety magnetofonowej do radioodtwarzacza,
e) regularne zatrzymywanie się, aby odpocząć,
f) zatrzymywanie się, aby dostroić radio.

1.14. Podczas długiej podróży autostradą monotonia może spowodować, że będziesz czuł się śpiący. Powinieneś:

zaznacz dwie odpowiedzi

a) opuścić autostradę i znaleźć bezpieczne miejsce do zatrzymania się,
b) oglądać otaczające Cię dookoła krajobrazy,
c) jechać szybciej, aby szybciej zakończyć podróż,
d) zapewnić sobie dopływ świeżego powietrza do pojazdu,
e) zatrzymać się na pasie awaryjnym, aby odpocząć.

1.15. Prowadzisz o zmierzchu. Powinieneś włączyć światła:

zaznacz dwie odpowiedzi

a) nawet wtedy, gdy lampy uliczne się nie świecą,
b) po to, aby inni mogli Cię zobaczyć,
c) tylko wtedy, gdy inni to zrobili,
d) tylko wtedy, gdy świecą się lampy uliczne.

1.16. Istnieje duże prawdopodobieństwo, że utracisz koncentrację podczas prowadzenia pojazdu, jeżeli:

zaznacz dwie odpowiedzi

a) użyjesz telefonu komórkowego,
b) będziesz słuchać bardzo głośnej muzyki,
c) włączysz ogrzewanie tylnej szyby,
d) będziesz patrzeć w boczne lusterka.

1.17. Wskaż te czynności, które najbardziej utrudnią Ci koncentrację podczas jazdy:

zaznacz cztery odpowiedzi

a) używanie telefonu komórkowego,
b) mówienie do mikrofonu,
c) dostrajanie radia w samochodzie,
d) patrzenie na mapę,
e) patrzenie w lusterka,
f) używanie nadmuchu i ogrzewania szyb.

1.18. Powinieneś używać telefonu komórkowego TYLKO wtedy, gdy:

zaznacz jedną odpowiedź

a) odbierasz rozmowę,
b) wcześniej odpowiednio zaparkowałeś,
c) prowadzisz z prędkością mniejszą niż 30 mil na godzinę,
d) prowadzisz pojazd z automatyczną skrzynią biegów.

1.19. Jedziesz po mokrej nawierzchni i musisz się nagle zatrzymać z powodu jakiegoś zagrożenia. Powinieneś:

zaznacz jedną odpowiedź

a) jednocześnie zaciągnąć hamulec ręczny i wcisnąć hamulec nożny,
b) trzymać obie ręce na kierownicy,
c) wybrać wsteczny bieg,
d) zasygnalizować manewr ręką.

1.20. Kiedy wjeżdżasz na jezdnię spoza zaparkowanego samochodu, powinieneś:

zaznacz trzy odpowiedzi

a) rozejrzeć się dookoła zanim ruszysz,
b) spojrzeć we wszystkie lusterka w pojeździe,
c) rozejrzeć się dookoła po tym, jak ruszysz,
d) spojrzeć tylko w zewnętrzne lusterka,
e) włączyć kierunkowskaz, jeśli to konieczne,
f) włączyć kierunkowskaz po tym, jak ruszysz.

1.21. Jedziesz tą wąską, peryferyjną drogą. Kiedy mijasz rowerzystę, powinieneś przejechać obok niego:

zaznacz jedną odpowiedź

a) wolno, używając sygnału dźwiękowego wtedy, gdy go mijasz,
b) szybko, zostawiając mu dużo miejsca,
c) wolno, zostawiając mu dużo miejsca,
d) szybko, używając sygnału dźwiękowego wtedy, gdy go mijasz.

1.22. Twój pojazd jest zaopatrzony w zamontowany na stałe telefon ze słuchawką. Aby użyć takiego telefonu, powinieneś:

zaznacz jedną odpowiedź

a) zmniejszyć prędkość,
b) znaleźć bezpieczne miejsce do zatrzymania się,
c) prowadzić pojazd, trzymając kierownicę jedną ręką,
d) szczególnie uważać na skrzyżowaniach.

1.23. Aby podczas jazdy odebrać rozmowę z telefonu komórkowego, powinieneś:

zaznacz jedną odpowiedź

a) zmniejszyć prędkość, gdziekolwiek jesteś,
b) zatrzymać się we właściwym i dogodnym miejscu,
c) sprowadzić długość rozmowy do minimum,
d) zwolnić i pozwolić innym, aby Cię wyprzedzili.

1.24. Zgubiłeś się na ruchliwej drodze. Co powinieneś zrobić przede wszystkim?

zaznacz jedną odpowiedź

a) zatrzymać się na sygnalizacji świetlnej i zapytać przechodniów o drogę,
b) krzyknąć do innych kierowców, aby wskazali Ci kierunek jazdy,
c) zjechać w boczną drogę, zatrzymać się i sprawdzić trasę na mapie,
d) sprawdzić trasę na mapie i jechać dalej.

1.25. Słupki pomiędzy przednią a bocznymi szybami w pojeździe mogą Ci zasłaniać widoczność. Powinieneś szczególnie uważać, gdy:

zaznacz jedną odpowiedź

a) prowadzisz na autostradzie,
b) prowadzisz na drodze typu dual carriageway (droga z pasem rozdzielającym jezdnie o przeciwnym kierunku ruchu),
c) dojeżdżasz do ulicy jednokierunkowej,
d) dojeżdżasz do zakrętu lub do skrzyżowania.

1.26. Wykonujesz manewr cofania i nie widzisz dokładnie obszaru za pojazdem. Co powinieneś zrobić?

zaznacz jedną odpowiedź

a) otworzyć okno z Twojej strony, aby spojrzeć do tyłu,
b) otworzyć drzwi i spojrzeć do tyłu,
c) spojrzeć w lewe lusterko,
d) poprosić kogoś, aby Cię pokierował.

1.27. Co dla kierowcy oznacza termin martwe pole lusterka (blind spot)?

zaznacz jedną odpowiedź

a) obszar, który widać w prawym lusterku,
b) obszar, który nie jest oświetlony przez przednie światła,
c) obszar, który widać w lewym lusterku,
d) obszar, którego nie widać w lusterkach.

1.28. Twój pojazd jest zaopatrzony w zestaw głośnomówiący. Używanie takiego zestawu podczas jazdy:

zaznacz jedną odpowiedź

a) jest całkowicie bezpieczne pod warunkiem, że zwolnisz,
b) może odwrócić Twoją uwagę od prowadzenia pojazdu,
c) jest zalecane przez kodeks drogowy,
d) może być bardzo korzystne dla bezpieczeństwa drogowego.

1.29. Jest prawdopodobne, że używanie zestawu głośnomówiącego może:

zaznacz jedną odpowiedź

a) poprawić Twoje bezpieczeństwo,
b) poprawić Twoją koncentrację,
c) ograniczyć Twoją widoczność,
d) rozproszyć Twoją uwagę.

1.30. Jaki jest najbezpieczniejszy sposób używania telefonu komórkowego w Twoim pojeździe?

zaznacz jedną odpowiedź

a) używanie zestawu głośnomówiącego,
b) prowadzenie rozmów tylko po uprzednim zatrzymaniu się w odpowiednim do tego miejscu,
c) prowadzenie rozmów tylko wtedy, gdy poruszasz się wolno, jadąc spokojną, mało ruchliwą drogą,
d) przełączenie rozmów do operatora.

1.31. Twój telefon komórkowy dzwoni, kiedy jesteś na autostradzie. Przed odebraniem rozmowy powinieneś:

zaznacz jedną odpowiedź

a) zredukować prędkość do 30 mil na godzinę,
b) zjechać na pas awaryjny,
c) skierować się na lewy pas ruchu,
d) zatrzymać się w bezpiecznym miejscu.

1.32. Skręcasz w prawo, w drogę z pasem rozdzielającym jezdnie o przeciwnym kierunku ruchu (dual carriageway). Jaką czynność powinieneś wykonać przed skrętem?

zaznacz jedną odpowiedź

a) zatrzymać się, zaciągnąć ręczny hamulec, a następnie wybrać niski bieg,
b) skierować pojazd maksymalnie do lewej strony jezdni,
c) upewnić się, czy pas rozdzielający jezdnie o przeciwnym kierunku ruchu (central reservation) jest wystarczająco szeroki dla Twojego pojazdu,
d) upewnić się, że zostawiasz wystarczająco dużo miejsca dla pojazdu za sobą.

1.33. Czekasz, żeby wjechać na skrzyżowanie. Słupek pomiędzy przednią a boczną szybą ogranicza Ci widoczność. Na co powinieneś zwrócić szczególną uwagę?

zaznacz jedną odpowiedź

a) na samochody ciężarowe,
b) na autobusy,
c) na motocyklistów,
d) na autokary.

1.34. Co najbardziej ograniczy Ci widoczność, gdy będziesz wjeżdżać na skrzyżowanie?

zaznacz jedną odpowiedź

a) słupki pomiędzy przednią a bocznymi szybami,
b) kierownica,
c) wewnętrzne lusterko,
d) wycieraczki.

1.35. W Twoim pojeździe jest zamontowany system nawigacji satelitarnej. W pewnych sytuacjach może on rozpraszać Twoją uwagę. Jak należy go użytkować, aby nie stwarzać takiego ryzyka?

zaznacz jedną odpowiedź

a) miejsce docelowe podróży wprowadzać do systemu już podczas jazdy,
b) wystarczy wsiąść i jechać, ponieważ system sam się dostosuje do trasy, którą obrałeś,
c) zatrzymać się natychmiast, gdy musisz użyć systemu i sprawdzić w nim trasę,
d) zanim wprowadzisz miejsce docelowe do systemu i zaczniesz go używać, musisz zatrzymać się w bezpiecznym miejscu.

1.36. Jedziesz autostradą i chcesz użyć telefonu komórkowego. Co powinieneś zrobić?

zaznacz jedną odpowiedź

a) próbować znaleźć bezpieczne miejsce na pasie awaryjnym,
b) opuścić autostradę i zatrzymać się w bezpiecznym miejscu,
c) użyć następnego zjazdu i zatrzymać się na drodze zjazdowej,
d) zjechać na lewy pas i zmniejszyć prędkość.

1.37. W czasie jazdy nie wolno Ci korzystać z telefonu komórkowego trzymanego w ręce. Korzystanie z zestawu głośnomówiącego:

zaznacz jedną odpowiedź

a) jest dozwolone w pojeździe ze wspomaganiem układu kierowniczego,
b) w znaczący sposób ograniczy Ci pole widzenia,
c) wpłynie niekorzystnie na działanie układów elektronicznych w pojeździe,
d) nadal może odwracać Twoją uwagę od sytuacji na drodze.

2.1. Na przejściu typu pelican pulsujące żółte światło oznacza, że MUSISZ:

zaznacz jedną odpowiedź

a) zatrzymać się i zaczekać na zielone światło,
b) zatrzymać się i zaczekać na czerwone światło,
c) ustąpić pierwszeństwa pieszym czekającym na przejście,
d) ustąpić pierwszeństwa pieszym, którzy już są na przejściu.

2.2. Nigdy nie powinieneś dawać znaków ręką ludziom na przejściu dla pieszych, zachęcając ich do przekroczenia jezdni, ponieważ:

zaznacz jedną odpowiedź

a) może nadjechać następny pojazd,
b) piesi mogą nie patrzeć na Ciebie,
c) kontynuowanie jazdy jest dla Ciebie bardziej bezpieczne,
d) piesi mogą nie być gotowi do przejścia.

2.3. Tailgating oznacza:

zaznacz jedną odpowiedź

a) używanie tylnych drzwi w samochodzie typu hatchback,
b) cofanie na miejsce parkingowe,
c) jechanie zbyt blisko za pojazdem przed sobą,
d) prowadzenie pojazdu z włączonymi tylnymi światłami przeciwmgielnymi.

2.4. Jechanie zbyt blisko za tym pojazdem nie jest rozsądne, ponieważ:

zaznacz jedną odpowiedź

a) hamulce w Twoim pojeździe się przegrzeją,
b) widoczność przed Tobą jest lepsza niż zazwyczaj,
c) silnik w Twoim pojeździe się przegrzeje,
d) widoczność przed Tobą jest ograniczona.

2.5. Jedziesz za pojazdem po mokrej nawierzchni. Powinieneś zachować odległość od pojazdu przed Tobą odpowiadającą co najmniej:

zaznacz jedną odpowiedź

a) jednej sekundzie,
b) dwóm sekundom,
c) trzem sekundom,
d) czterem sekundom.

2.6. Wyprzedzenie Twojego pojazdu długiemu, mocno obciążonemu samochodowi ciężarowemu zajmuje bardzo dużo czasu. Co powinieneś zrobić?

zaznacz jedną odpowiedź

a) przyspieszyć,
b) zwolnić,
c) utrzymać swoją prędkość,
d) zmienić kierunek jazdy.

2.7. Które z poniższych pojazdów używają ostrzegawczych, niebieskich świateł błyskowych?

zaznacz trzy odpowiedzi

a) pojazdy służb utrzymujących autostradę w dobrym stanie,
b) pojazdy saperskie,
c) pojazdy przewożące krew,
d) radiowozy,
e) pojazdy pomocy drogowej.

2.8. Wskaż pojazdy uprzywilejowane, które mogą mieć włączone ostrzegawcze, niebieskie światła błyskowe:

zaznacz trzy odpowiedzi

a) pojazdy straży przybrzeżnej,
b) pojazdy saperskie,
c) samochody ciężarowe używane do posypywania drogi solą,
d) ambulanse weterynaryjne,
e) pojazdy ratowników górskich,
f) samochody lekarzy.

2.9. Kiedy zauważysz jadącą za Tobą karetkę pogotowia z włączonymi ostrzegawczymi, niebieskimi światłami błyskowymi, powinieneś:

zaznacz jedną odpowiedź

a) zjechać na pobocze tak szybko, jak tylko to możliwe, bez narażania czyjegokolwiek bezpieczeństwa, aby przepuścić karetkę,
b) gwałtownie przyspieszyć, aby się oddalić od karetki,
c) utrzymać prędkość i kierunek jazdy,
d) gwałtownie zahamować i natychmiast zatrzymać się na drodze.

2.10. Jaki typ pojazdu uprzywilejowanego ma zamontowane ostrzegawcze, zielone światła błyskowe?

zaznacz jedną odpowiedź

a) straż pożarna,
b) samochód ciężarowy używany do posypywania drogi solą,
c) karetka pogotowia,
d) samochód lekarza.

2.11. Zielone, ostrzegawcze światła błyskowe na pojeździe oznaczają:

zaznacz jedną odpowiedź

a) radiowóz, który nie bierze udziału w pilnej interwencji,
b) lekarza wezwanego do pilnej pomocy,
c) patrol bezpieczeństwa drogowego (road safety patrol) w czasie służby,
d) samochód ciężarowy posypujący drogę solą.

2.12. Znak w kształcie diamentu jest przeznaczony dla:

zaznacz jedną odpowiedź

a) motorniczych tramwajów,
b) kierowców autobusów,
c) kierowców samochodów ciężarowych,
d) kierowców taksówek.

2.13. Wskaż pojazdy, które są najbardziej narażone na zagrożenie z powodu torowisk, po których jeżdżą tramwaje:

zaznacz jedną odpowiedź

a) samochody osobowe,
b) rowery,
c) autobusy,
d) samochody ciężarowe.

2.14. W jakim celu powinieneś używać sygnału dźwiękowego?

zaznacz jedną odpowiedź

a) aby ostrzec innych o swojej obecności,
b) aby zapewnić sobie pierwszeństwo przejazdu,
c) aby pozdrowić innych uczestników ruchu drogowego,
d) aby okazać swoje zdenerwowanie.

2.15. Znajdujesz się na ulicy jednokierunkowej i chcesz skręcić w prawo. Powinieneś ustawić się na jezdni:

zaznacz jedną odpowiedź

a) na prawym pasie,
b) na lewym pasie,
c) na którymkolwiek pasie, zależnie od ruchu,
d) blisko lewej strony osi jezdni.

2.16. Chcesz skręcić w prawo. Dlaczego powinieneś zająć na jezdni odpowiednią pozycję w odpowiednim czasie?

zaznacz jedną odpowiedź

a) aby pozwolić innym kierowcom, żeby wjechali na jezdnię przed Tobą,
b) aby mieć lepszą widoczność na drogę po prawej stronie, w którą chcesz wjechać,
c) aby ułatwić innym uczestnikom ruchu drogowego zorientowanie się, jaki manewr zamierzasz wykonać,
d) aby pozwolić innym kierowcom na ominięcie Cię z prawej strony.

2.17. Na jakim typie przejścia rowerzyści mogą przejeżdżać przez ulicę razem z przechodzącymi pieszymi?

zaznacz jedną odpowiedź

a) toucan,
b) puffin,
c) pelican,
d) zebra.

2.18. Jedziesz z maksymalną dozwoloną prędkością. Z tyłu szybko nadjeżdża pojazd, sygnalizując światłami chęć wyprzedzenia Cię. Powinieneś:

zaznacz jedną odpowiedź

a) przyspieszyć, aby utworzyć odstęp za sobą,
b) na chwilę nacisnąć pedał hamulca, żeby pokazać swoje światła hamowania,
c) utrzymać prędkość, aby uniemożliwić temu pojazdowi wyprzedzenie Cię,
d) umożliwić temu pojazdowi wyprzedzenie Cię.

2.19. Dopuszcza się sygnalizowanie przednimi światłami swoich zamiarów innym uczestnikom ruchu drogowego TYLKO wtedy, gdy:

zaznacz jedną odpowiedź

a) sygnalizujesz, że udzielasz im pierwszeństwa przejazdu,
b) sygnalizujesz, że zamierzasz skręcić,
c) sygnalizujesz, że masz pierwszeństwo przejazdu,
d) sygnalizujesz im swoją obecność.

2.20. Dojeżdżasz do nieoznakowanego skrzyżowania. Jak powinieneś się zachować na skrzyżowaniu tego rodzaju?

zaznacz jedną odpowiedź

a) przyspieszyć i jechać środkiem jezdni,
b) zwolnić i jechać prawą stroną jezdni,
c) przyspieszyć, patrząc przy tym w lewo,
d) zwolnić i patrzeć na obie strony jezdni.

2.21. Dojeżdżasz do przejścia typu pelican. Pali się pulsujące żółte światło. Co powinieneś zrobić?

zaznacz jedną odpowiedź

a) musisz ustąpić pierwszeństwa pieszym, którzy przechodzą przez jezdnię,
b) musisz zachęcić pieszych do przejścia przez jezdnię,
c) nie wolno Ci ruszyć aż do momentu, kiedy zapali się zielone światło,
d) musisz zatrzymać się, nawet jeżeli przejście dla pieszych jest puste.

2.22. Warunki jazdy na drodze są dobre, nawierzchnia jest sucha. Mógłbyś użyć zasady dwóch sekund:

zaznacz jedną odpowiedź

a) przed ponownym włączeniem silnika po tym, jak silnik nagle zgasł,
b) aby utrzymać bezpieczny odstęp między Twoim pojazdem a pojazdem jadącym przed Tobą,
c) przed użyciem zasady lusterko – sygnał – manewr,
d) kiedy wjeżdżasz na mokrą nawierzchnię.

2.23. Jaki rodzaj światła sygnalizacji świetlnej następuje po zielonym na przejściu typu puffin?

zaznacz jedną odpowiedź

a) stały czerwony,
b) pulsujący żółty,
c) stały żółty,
d) pulsujący zielony.

2.24. Znajdujesz się w sznurze pojazdów. Kierowca za Tobą jedzie bardzo blisko. Co powinieneś zrobić?

zaznacz jedną odpowiedź

a) zignorować go i kontynuować jazdę w granicach limitu prędkości,
b) zwolnić, stopniowo zwiększając odległość między Tobą a pojazdem przed Tobą,
c) włączyć lewy kierunkowskaz i dać znak ręką kierowcy za Tobą, aby Cię minął,
d) zjechać maksymalnie na prawą stronę pasa, do osi jezdni.

2.25. Pojazd ma włączone ostrzegawcze, zielone światła błyskowe. Co to oznacza?

zaznacz jedną odpowiedź

a) pojazd lekarza w trakcie pilnego wezwania,
b) pojazd wolno poruszający się,
c) radiowóz patrolu autostrady,
d) pojazd wiozący niebezpieczny ładunek chemiczny.

2.26. Przed Tobą na przystanku zatrzymał się autobus. Ma włączony prawy kierunkowskaz. Powinieneś:

zaznacz jedną odpowiedź

a) zamrugać światłami i zwolnić,
b) zwolnić i ustąpić mu pierwszeństwa, jeżeli jest to bezpieczne,
c) użyć sygnału dźwiękowego i jechać dalej,
d) zwolnić, a następnie użyć sygnału dźwiękowego.

2.27. Prowadzisz pojazd podczas przejrzystej nocy. Na drodze obowiązuje krajowe ograniczenie prędkości (national speed limit) i utrzymuje się stały ruch pojazdów nadjeżdżających z przeciwka. Których świateł powinieneś używać?

zaznacz jedną odpowiedź

a) drogowych (main beam),
b) pozycyjnych (sidelights),
c) mijania (dipped headlights),
d) przeciwmgielnych.

2.28. Prowadzisz pojazd za dużym pojazdem ciężarowym sygnalizującym skręt w lewo, ale kierującym się w prawo. Powinieneś:

zaznacz jedną odpowiedź

a) zwolnić i pozwolić pojazdowi skręcić,
b) prowadzić dalej, jadąc lewą stroną jezdni,
c) wyprzedzić go z prawej strony,
d) utrzymać prędkość i użyć sygnału dźwiękowego.

2.29. Jedziesz tą drogą. Tuż przed Tobą czerwony van zajeżdża Ci drogę. Co powinieneś zrobić?

zaznacz jedną odpowiedź

a) przyspieszyć, aby podjechać bliżej do czerwonego vana,
b) użyć długiego sygnału dźwiękowego,
c) zwolnić, aby zachować od niego odpowiedni dystans,
d) zamrugać światłami kilka razy.

2.30. Stoisz w nocy w korku. Aby zapobiec oślepianiu kierowców jadących za Tobą przez Twoje światła hamowania, powinieneś:

zaznacz jedną odpowiedź

a) zaciągnąć tylko hamulec ręczny,
b) użyć tylko hamulca nożnego,
c) wyłączyć przednie światła,
d) użyć jednocześnie hamulca ręcznego i nożnego.

2.31. Jedziesz drogą z maksymalną dozwoloną na niej prędkością. Kierowca za Tobą próbuje Cię wyprzedzić. Powinieneś:

zaznacz jedną odpowiedź

a) podjechać do samochodu z przodu, aby kierowca z tyłu nie miał miejsca, aby Cię wyprzedzić,
b) dać znak ręką kierowcy z tyłu, żeby Cię wyprzedził, kiedy będzie to bezpieczne,
c) prowadzić ze stałą prędkością i pozwolić kierowcy za Tobą na wyprzedzenie Cię,
d) przyspieszyć, aby oddalić się od jadącego za Tobą kierowcy.

2.32. Przy pasie dla autobusów nie ma informacji na temat godzin jego obowiązywania. To oznacza, że:

zaznacz jedną odpowiedź

a) nie jest on w ogóle w użyciu,
b) jest w użyciu tylko w godzinach szczytu,
c) jest w użyciu 24 godziny na dobę,
d) jest w użyciu tylko podczas dnia.

2.33. Jedziesz peryferyjną drogą. Nadjeżdża jeździec na koniu. Co powinieneś zrobić?

zaznacz dwie odpowiedzi

a) zwiększyć prędkość,
b) użyć sygnału dźwiękowego,
c) zamrugać światłami,
d) wolno przejechać obok niego,
e) zostawić mu dużo miejsca,
f) zwiększyć obroty silnika.

2.34. Pasterz prowadzący stado owiec prosi Cię, abyś się zatrzymał. Powinieneś:

zaznacz jedną odpowiedź

a) zignorować go, bo nie ma on tego rodzaju uprawnień,
b) zatrzymać się i wyłączyć silnik,
c) kontynuować jazdę, ale jechać wolno,
d) próbować szybko minąć stado.

2.35. Kiedy wyprzedzasz jeźdźca na koniu, powinieneś:

zaznacz jedną odpowiedź

a) ostrzec go za pomocą sygnału dźwiękowego,
b) minąć go tak szybko, jak to możliwe,
c) ostrzec go za pomocą świateł,
d) przejechać wolno i ostrożnie.

2.36. Dojeżdżasz do przejścia typu zebra. Piesi czekają, żeby przejść. Powinieneś:

zaznacz jedną odpowiedź

a) ustąpić pierwszeństwa tylko osobom w podeszłym wieku i mającym kłopoty z poruszaniem się,
b) zwolnić i przygotować się do ewentualnego zatrzymania,
c) użyć świateł, dając im znak, że mogą przejść,
d) dać im znak ręką, aby przeszli.

2.37. Na skrzyżowaniu przed Ciebie wjeżdża jakiś pojazd. Co powinieneś zrobić?

zaznacz jedną odpowiedź

a) jadąc zygzakiem, ominąć go i użyć sygnału dźwiękowego,
b) zamrugać światłami i podjechać blisko niego,
c) zwolnić i przygotować się do ewentualnego zatrzymania,
d) natychmiast przyspieszyć i go wyprzedzić.

2.38. Zatrzymałeś się, aby przepuścić pieszych czekających na przejściu typu zebra na przekroczenie jezdni. Jednak piesi jeszcze nie zaczynają przechodzić. Co powinieneś zrobić?

zaznacz jedną odpowiedź

a) być cierpliwym i czekać,
b) użyć sygnału dźwiękowego,
c) jechać dalej,
d) dać im znak ręką, aby przeszli.

2.39. Jedziesz za tym samochodem ciężarowym. Powinieneś jechać za nim w odpowiedniej odległości, tak aby:

zaznacz jedną odpowiedź

a) zapewnić sobie dobrą widoczność na drogę, którą masz przed sobą,
b) powstrzymać poruszające się za Tobą pojazdy przed zbyt pośpiesznym przejechaniem przez skrzyżowanie,
c) zapobiec wyprzedzaniu przez pojazdy jadące za Tobą,
d) umożliwić sobie pośpieszne opuszczenie skrzyżowania z sygnalizacją świetlną, jak tylko zmienią się światła.

2.40. Dojeżdżasz do czerwonego światła przy przejściu typu puffin. Przechodnie znajdują się na przejściu. Czerwone światło będzie się palić aż do momentu, gdy:

zaznacz jedną odpowiedź

a) zaczniesz wolno podjeżdżać do przejścia,
b) przechodnie dojdą do bezpiecznego miejsca,
c) przechodnie przejdą przed maską Twojego pojazdu,
d) kierowca z przeciwka dojedzie do przejścia.

2.41. Która ostrzegawcza kontrolka na desce rozdzielczej wskazuje, że włączone są światła drogowe (full beam)?

zaznacz jedną odpowiedź

a) 
b) 
c) 
d) 

2.42. Jakiego rodzaju światło nie pokaże się kierowcy na przejściu typu puffin?

zaznacz jedną odpowiedź

a) pulsujące żółte,
b) czerwone,
c) stałe żółte,
d) zielone.

2.43. Powinieneś zostawić co najmniej dwie sekundy odstępu pomiędzy Twoim pojazdem a pojazdem przed Tobą, gdy:

zaznacz jedną odpowiedź

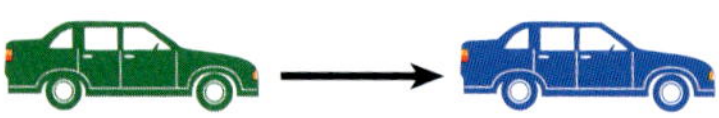

a) nawierzchnia jest mokra,
b) warunki jazdy na drodze są dobre,
c) nawierzchnia jest wilgotna,
d) jest mgła.

2.44. Jedziesz nocą za jakimś pojazdem nieoświetloną drogą. Powinieneś:

zaznacz jedną odpowiedź

a) zamrugać światłami,
b) użyć świateł mijania (dipped beam headlights),
c) wyłączyć światła,
d) użyć świateł drogowych (full beam).

2.45. Prowadzisz wolno poruszający się pojazd wąską, krętą drogą. Powinieneś:

zaznacz jedną odpowiedź

a) jechać blisko osi jezdni, aby uniemożliwić innym pojazdom niebezpieczne wyprzedzanie,
b) dać znak ręką pojazdom z tyłu, żeby Cię wyprzedziły, jeśli sądzisz, że zrobią to szybko,
c) jeśli możesz, zjechać bezpiecznie na pobocze, aby umożliwić pojazdom za Tobą wyprzedzenie Cię,
d) jeśli jest bezpiecznie, włączyć lewy kierunkowskaz, aby pojazdy Cię wyprzedziły.

2.46. Masz luźny korek wlewu paliwa na zbiorniku oleju napędowego w Twoim pojeździe. To:

zaznacz dwie odpowiedzi

a) oznacza stratę paliwa i pieniędzy,
b) spowoduje, że nawierzchnia stanie się śliska dla innych uczestników ruchu drogowego,
c) zmniejszy zużycie paliwa Twojego pojazdu,
d) zwiększy poziom emisji spalin Twojego pojazdu.

2.47. Aby uniknąć rozlania paliwa po zakończonym tankowaniu, powinieneś się upewnić, że:

zaznacz jedną odpowiedź

a) zbiornik paliwa jest napełniony tylko w trzech czwartych,
b) użyłeś korka wlewu paliwa z zamkiem,
c) wskaźnik poziomu paliwa jest sprawny,
d) korek jest bezpiecznie założony na zbiornik.

2.48. Jeśli Twój pojazd jest napędzany olejem napędowym, zachowuj szczególną ostrożność przy tankowaniu. Olej napędowy, gdy się rozleje, jest:

zaznacz jedną odpowiedź

a) klejący,
b) bez zapachu,
c) przezroczysty,
d) śliski.

2.49. Jaki styl prowadzenia pojazdu powoduje zwiększone ryzyko wypadku dla wszystkich uczestników ruchu drogowego?

zaznacz jedną odpowiedź

a) pełen wyrozumiałości dla innych,
b) defensywny,
c) rywalizacyjny,
d) odpowiedzialny.

2.50. Młodzi i niedoświadczeni kierowcy, którzy od niedawna posiadają prawo jazdy stosunkowo często uczestniczą w wypadkach. Dzieje się tak dlatego, że:

zaznacz jedną odpowiedź

a) są zbyt ostrożni na skrzyżowaniach,
b) jeżdżą środkiem pasa ruchu,
c) popisują się i chcą się ścigać,
d) stosują się do podanych ograniczeń prędkości.

3.1. Zbyt niskie ciśnienie powietrza w oponach ma istotny wpływ na:

zaznacz dwie odpowiedzi

a) hamowanie,
b) wykonywanie manewrów,
c) zmianę biegów,
d) parkowanie.

3.2. NIE wolno Ci używać sygnału dźwiękowego:

zaznacz jedną odpowiedź

a) pomiędzy 22:00 a 6:00 w terenie zabudowanym,
b) przez całą dobę w terenie zabudowanym,
c) pomiędzy 23:30 a 7:00 w terenie zabudowanym,
d) pomiędzy 23:30 a 6:00 na jakiejkolwiek drodze.

3.3. Pojazd na rysunku jest przyjazny środowisku naturalnemu, ponieważ:

zaznacz trzy odpowiedzi

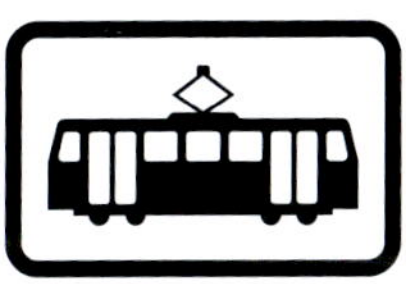

a) zmniejsza natężenie hałasu,
b) jest napędzany olejem napędowym,
c) jest napędzany elektrycznością,
d) jest napędzany benzyną bezołowiową,
e) dzięki niemu zmniejsza się liczba miejsc parkingowych,
f) zmniejsza natężenie ruchu miejskiego.

3.4. Supertramwaje lub systemy szybkich kolejek miejskich (Light Rapid Transit - LTR) są przyjazne środowisku naturalnemu, ponieważ:

zaznacz jedną odpowiedź

a) są napędzane olejem napędowym,
b) jeżdżą po mniej zatłoczonych drogach,
c) są napędzane energią elektryczną,
d) nie jeżdżą w godzinach szczytu.

3.5. W największych miastach zostały wprowadzone tzw. red routes (trasy, gdzie obowiązuje bezwzględny zakaz zatrzymywania się) po to, aby:

zaznacz jedną odpowiedź

a) podwyższyć limity prędkości,
b) ułatwić przepływ ruchu drogowego,
c) usprawnić parkowanie,
d) pozwolić samochodom ciężarowym na swobodniejszy załadunek.

3.6. Progi zwalniające, wysepki zmuszające do jazdy zygzakiem (chicanes) i zwężenia są:

zaznacz jedną odpowiedź

a) stosowane zawsze w miejscach głównych robót drogowych,
b) stosowane, aby zwiększyć prędkość ruchu drogowego,
c) stosowane tylko na wjazdach na mosty z opłatami,
d) metodą na spowolnienie ruchu ulicznego.

3.7. Zadaniem katalizatora spalin jest zmniejszenie:

zaznacz jedną odpowiedź

a) zużycia paliwa,
b) ryzyka pożaru,
c) emisji toksycznych spalin,
d) zużycia silnika.

3.8. Katalizatory spalin są montowane, aby:

zaznacz jedną odpowiedź

a) silnik wytwarzał więcej mocy,
b) układ wydechowy był łatwiejszy do wymiany,
c) silnik ciszej pracował,
d) spaliny były mniej szkodliwe dla środowiska naturalnego.

3.9. Ciśnienie w oponach musi być regularnie sprawdzane. Kiedy należy to robić?

zaznacz jedną odpowiedź

a) po każdej dłuższej podróży,
b) po szybkiej jeździe,
c) kiedy opony są gorące,
d) kiedy opony są zimne.

3.10. Kiedy NIE powinieneś używać sygnału dźwiękowego w terenie zabudowanym?

zaznacz jedną odpowiedź

a) pomiędzy 20:00 a 8:00,
b) pomiędzy 21:00 a świtem,
c) pomiędzy zmierzchem a 8:00,
d) pomiędzy 23:30 a 7:00.

3.11. Zużyjesz więcej paliwa, jeżeli opony w Twoim pojeździe są:

zaznacz jedną odpowiedź

a) niedopompowane,
b) różnych marek,
c) zbyt napompowane,
d) nowe i rzadko używane.

3.12. W jaki sposób powinieneś się pozbyć zużytego akumulatora?

zaznacz dwie odpowiedzi

a) oddać do lokalnego miejsca utylizacji,
b) wrzucić do kosza na śmieci,
c) rozbić na części,
d) zostawić na wysypisku śmieci,
e) zostawić w warsztacie naprawczym,
f) spalić w ognisku.

3.13. Co najbardziej może wpłynąć na wysokie zużycie paliwa?

zaznacz jedną odpowiedź

a) źle wykonywane manewry,
b) przyspieszanie na zakrętach,
c) ciągła jazda na wysokich biegach,
d) gwałtowne hamowanie i przyspieszanie.

3.14. Poziom elektrolitu w akumulatorze jest niski. Czym powinieneś go uzupełnić?

zaznacz jedną odpowiedź

a) elektrolitem,
b) wodą destylowaną,
c) olejem silnikowym,
d) płynem chłodniczym.

3.15. Zaparkowałeś na drodze w nocy. Musisz użyć świateł postojowych (parking lights), jeśli Twój pojazd:

zaznacz jedną odpowiedź

a) stoi tam, gdzie są namalowane ciągłe białe linie na osi jezdni,
b) stoi tam, gdzie ograniczenie prędkości przekracza 30 mil na godzinę,
c) jest zwrócony przodem do nadjeżdżających pojazdów,
d) stoi niedaleko przystanku autobusowego.

3.16. Pojazdy silnikowe szkodzą środowisku naturalnemu. Efektem tego jest:

zaznacz trzy odpowiedzi

a) zanieczyszczenie powietrza,
b) uszkodzenie budynków,
c) mniejsze zagrożenie dla zdrowia,
d) poprawa transportu publicznego,
e) mniejsze użycie pojazdów elektrycznych,
f) zużycie surowców naturalnych.

3.17. Zbytnie lub nierównomierne zużycie opon może być spowodowane:

zaznacz trzy odpowiedzi

a) usterkami w skrzyni biegów,
b) usterkami w układzie hamulcowym,
c) usterkami pedału gazu,
d) usterkami w układzie wydechowym,
e) rozregulowaną zbieżnością kół,
f) usterkami zawieszenia.

3.18. Musisz uzupełnić elektrolit w akumulatorze. Do jakiego poziomu powinieneś to zrobić?

zaznacz jedną odpowiedź

a) do górnej pokrywy akumulatora,
b) do połowy akumulatora,
c) nieco poniżej płyt w komorach akumulatora,
d) nieco powyżej płyt w komorach akumulatora.

3.19. Parkujesz w nocy na drodze dwukierunkowej. Obowiązuje ograniczenie prędkości do 40 mil na godzinę. Powinieneś zaparkować:

zaznacz jedną odpowiedź

a) po lewej stronie, z włączonymi światłami postojowymi (parking lights),
b) po lewej stronie, bez włączonych świateł,
c) po prawej stronie, z włączonymi światłami postojowymi (parking lights),
d) po prawej stronie, z włączonymi światłami mijania (dipped headlights).

3.20. Przed rozpoczęciem podróży rozsądnie jest zaplanować trasę. Jak możesz to zrobić?

zaznacz jedną odpowiedź

a) analizując mapę,
b) kontaktując się ze swoim lokalnym mechanikiem,
c) zaglądając do instrukcji pojazdu,
d) sprawdzając dokument rejestracyjny pojazdu.

IP 3.21. Warto zaplanować trasę przed rozpoczęciem podróży. Możesz to zrobić poprzez skontaktowanie się:

zaznacz jedną odpowiedź

a) ze swoją lokalną stacją paliw,
b) z organizacją motorową (motoring organization),
c) z DVLA (Driver and Vehicle Licensing Agency),
d) z producentem pojazdu.

3.22. W jaki sposób powinieneś zaplanować trasę przed rozpoczęciem długiej podróży?

zaznacz jedną odpowiedź

a) sprawdzając instrukcję napraw pojazdu,
b) pytając swojego lokalnego mechanika,
c) używając mapy internetowej do planowania trasy,
d) konsultując się z biurami podróży.

3.23. Warto zaplanować trasę przed rozpoczęciem podróży. W jaki sposób możesz to zrobić?

zaznacz jedną odpowiedź

a) zaglądając do magazynu motoryzacyjnego,
b) jeżdżąc tylko w miejsca, które znasz,
c) próbując podróżować w okresach szczytu,
d) drukując fragment mapy lub zapisując przebieg trasy.

3.24. Dlaczego dobrym pomysłem jest planowanie podróży w taki sposób, aby uniknąć okresów szczytu?

zaznacz jedną odpowiedź

a) dlatego, że będziesz miał ułatwioną podróż,
b) dlatego, że będziesz miał bardziej stresującą podróż,
c) dlatego, że podróż zajmie Ci więcej czasu,
d) dlatego, że spowoduje to większe zatłoczenie na drodze.

3.25. Planowanie podróży w taki sposób, aby uniknąć okresów szczytu, daje Ci szereg korzyści. Jedną z nich jest to, że:

zaznacz jedną odpowiedź

a) podróż zajmie Ci więcej czasu,
b) będziesz miał przyjemniejszą podróż,
c) będziesz powodował większe zanieczyszczenie środowiska naturalnego,
d) będziesz bardziej zestresowany.

3.26. Warto zaplanować podróż w taki sposób, aby uniknąć okresów szczytu, ponieważ:

zaznacz jedną odpowiedź

a) Twój pojazd zużyje więcej paliwa,
b) natkniesz się na mniejszą liczbę miejsc, w których są prowadzone roboty drogowe,
c) to pomoże zmniejszyć zatłoczenie na drogach,
d) będziesz miał do pokonania znacznie krótszy dystans.

3.27. Jeżeli unikasz okresów szczytu w czasie podróży, to:

zaznacz jedną odpowiedź

a) jest bardziej prawdopodobne, że będziesz spóźniony,
b) czas Twojej podróży będzie dłuższy,
c) będziesz miał do pokonania znacznie krótszy dystans,
d) jest mniej prawdopodobne, że będziesz spóźniony.

3.28. Zaplanowanie trasy może ułatwić Ci podróż. Dlaczego powinieneś zaplanować również alternatywną trasę?

zaznacz jedną odpowiedź

a) bo Twoja pierwotna trasa może być nieprzejezdna,
b) bo Twoje mapy mogą mieć różne skale,
c) bo możesz się spotkać z koniecznością wnoszenia opłat congestion charge,
d) bo możesz się opóźnić z powodu ciągnika rolniczego.

3.29. Przed rozpoczęciem podróży powinieneś pamiętać o zaplanowaniu także jej alternatywnej trasy. Dlaczego?

zaznacz jedną odpowiedź

a) aby pozwolić innemu kierowcy Cię wyprzedzić,
b) bo Twoja pierwotna trasa może być nieprzejezdna,
c) aby uniknąć przejazdu kolejowego,
d) na wypadek, gdybyś musiał unikać pojazdów uprzywilejowanych.

3.30. Umawiasz się na spotkanie. Będziesz musiał pokonać długą trasę, prowadząc pojazd. Powinieneś:

zaznacz jedną odpowiedź

a) przeznaczyć na podróż odpowiednio dużo czasu,
b) zaplanować jazdę w okresach szczytu,
c) unikać wszystkich dróg z krajowym ograniczeniem prędkości (national speed limit),
d) zapobiec wyprzedzaniu przez innych kierowców.

3.31. Gwałtowne przyspieszanie i hamowanie może prowadzić do:

zaznacz jedną odpowiedź

a) zmniejszenia zanieczyszczenia środowiska naturalnego,
b) zwiększenia zużycia paliwa,
c) zmniejszenia emisji spalin,
d) zwiększonego bezpieczeństwa ruchu drogowego.

3.32. Jaki procentowy udział we wszystkich emisjach zanieczyszczeń ma transport drogowy?

zaznacz jedną odpowiedź

a) 10%,
b) 20%,
c) 30%,
d) 40%.

3.33. Twój pojazd może ulec wypadkowi, jeśli będzie mieć:

zaznacz jedną odpowiedź

a) płyn chłodniczy o zbyt niskim stężeniu,
b) zbyt niski poziom płynu hamulcowego,
c) zbyt niski poziom wody w akumulatorze,
d) zbyt niski poziom płynu chłodniczego.

3.34. Nowe samochody z silnikiem benzynowym muszą mieć zamontowane katalizatory spalin w celu:

zaznacz jedną odpowiedź

a) kontrolowania poziomu hałasu wydalanych spalin,
b) wydłużenia żywotności układu wydechowego,
c) umożliwienia recyklingu układu wydechowego,
d) redukcji emisji szkodliwych spalin.

3.35. Co może spowodować uczucie ciężkiego prowadzenia pojazdu?

zaznacz jedną odpowiedź

a) jazda po lodzie,
b) bardzo zużyte hamulce,
c) zbyt napompowane opony,
d) niedopompowane opony.

3.36. Prowadzenie pojazdu z niedopompowanymi oponami może wpłynąć na:

zaznacz dwie odpowiedzi

a) temperaturę silnika,
b) zużycie paliwa,
c) hamowanie,
d) ciśnienie oleju.

3.37. Zbytnie lub nierówne zużycie opon może być spowodowane usterkami w:

zaznacz dwie odpowiedzi

a) skrzyni biegów,
b) układzie hamulcowym,
c) zawieszeniu,
d) układzie wydechowym.

3.38. Głównym powodem zmniejszenia sprawności hamulców określanego jako brake fade jest:

zaznacz jedną odpowiedź

a) przegrzewanie się hamulców,
b) powietrze w płynie hamulcowym,
c) olej na hamulcach,
d) rozregulowanie się hamulców.

3.39. Kontrolka systemu ABS pali się w sposób ciągły na desce rozdzielczej. Powinieneś:

zaznacz jedną odpowiedź

a) sprawdzić poziom płynu hamulcowego,
b) sprawdzić poziom luzu na pedale hamulca (free play),
c) sprawdzić, czy ręczny hamulec został zwolniony,
d) natychmiast sprawdzić hamulce.

3.40. Podczas jazdy zapala się ta kontrolka na desce rozdzielczej. Sygnalizuje ona:

zaznacz jedną odpowiedź

a) usterkę w układzie hamulcowym,
b) niski poziom oleju silnikowego,
c) awarię tylnego światła,
d) że Twój pas bezpieczeństwa nie jest zapięty.

3.41. Ważne jest, aby używać odpowiedniego obuwia podczas prowadzenia pojazdu. Dlaczego?

zaznacz jedną odpowiedź

a) aby zapobiec zużyciu pedałów,
b) aby utrzymać kontrolę nad pedałami,
c) aby umożliwić Ci dopasowanie fotela,
d) aby umożliwić Ci pójście pieszo po pomoc, jeśli pojazd Ci się zepsuje.

3.42. Co zmniejsza ryzyko uszkodzenia szyi w wyniku kolizji?

zaznacz jedną odpowiedź

a) fotel na zawieszeniu powietrznym,
b) system ABS,
c) kolumna kierownicy automatycznie chowająca się podczas wypadku,
d) właściwie dopasowane zagłówki.

3.43. Sprawdzasz zawieszenie. Zauważyłeś, że Twój pojazd się odbija, kiedy naciskasz przedni błotnik. Co to oznacza?

zaznacz jedną odpowiedź

a) zużyte opony,
b) niedopompowane opony,
c) że kolumna kierownicy nie jest centralnie zamontowana,
d) zużyte amortyzatory.

3.44. Bagażnik na dachu Twojego samochodu będzie:

zaznacz jedną odpowiedź

a) powodował, że zmniejszy się zużycie paliwa,
b) ułatwiał prowadzenie pojazdu,
c) powodował, że samochód będzie jechał szybciej,
d) powodował, że wzrośnie zużycie paliwa.

3.45. Niezgodne z prawem jest prowadzenie pojazdu z oponami, które:

zaznacz jedną odpowiedź

a) zostały kupione jako używane,
b) mają duże, głębokie nacięcie na bocznej powierzchni,
c) są różnych marek,
d) mają różną rzeźbę bieżnika.

3.46. Minimalna wymagana prawem głębokość bieżnika opon samochodowych na 3/4 ich szerokości wynosi:

zaznacz jedną odpowiedź

a) 1 mm,
b) 1,6 mm,
c) 2,5 mm,
d) 4 mm.

3.47. Wieziesz dwoje 13-letnich dzieci i ich rodziców swoim samochodem. Kto jest odpowiedzialny za zwrócenie uwagi, czy dzieci mają zapięte pasy bezpieczeństwa?

zaznacz jedną odpowiedź

a) rodzice dzieci,
b) Ty, bo jesteś kierowcą,
c) pasażer z przodu,
d) dzieci.

3.48. Jeśli bagażnik na dachu jest nieużywany, należy go zdemontować. Dlaczego?

zaznacz jedną odpowiedź

a) bo źle wpływa na zawieszenie,
b) bo tak stanowi prawo,
c) bo źle wpływa na hamowanie,
d) bo powoduje wzrost zużycia paliwa.

3.49. Jak Ty, jako kierowca, możesz pomóc środowisku naturalnemu?

zaznacz trzy odpowiedzi

a) poprzez redukowanie prędkości,
b) poprzez łagodne przyspieszanie,
c) poprzez używanie benzyny ołowiowej,
d) poprzez prowadzenie pojazdu z prędkością większą niż zwykle,
e) poprzez gwałtowne przyspieszanie,
f) poprzez właściwe serwisowanie swojego pojazdu.

3.50. Aby pomóc środowisku naturalnemu, możesz unikać zbędnego zużycia paliwa poprzez:

zaznacz trzy odpowiedzi

a) właściwe serwisowanie swojego pojazdu,
b) upewnienie się, że opony są właściwie napompowane,
c) unikanie gwałtownego przyspieszania na niższych biegach,
d) prowadzenie pojazdu z większą prędkością tam, gdzie jest to możliwe,
e) jazdę z właściwie zamontowanym na dachu, pustym bagażnikiem,
f) mniej regularne serwisowanie swojego pojazdu.

3.51. Aby zredukować natężenie ruchu drogowego, mógłbyś:

zaznacz trzy odpowiedzi

a) częściej używać transportu publicznego,
b) jeździć z kimś razem, kiedy jest to możliwe,
c) krótkie dystanse pokonywać piechotą lub na rowerze,
d) cały czas jeździć samochodem,
e) używać samochodu z mniejszą pojemnością silnika,
f) prowadzić pojazd po pasie dla autobusów.

3.52. Wskaż najważniejsze przyczyny zbędnego zużycia paliwa:

zaznacz trzy odpowiedzi

a) redukowanie prędkości,
b) wożenie niepotrzebnego ładunku,
c) używanie złego typu paliwa,
d) jeżdżenie na niedopompowanych oponach,
e) używanie paliwa różnych marek,
f) jeżdżenie z pustym bagażnikiem zamontowanym na dachu pojazdu.

3.53. Wskaż sposoby postępowania, dzięki którym – jako uczestnik ruchu drogowego – możesz mieć wpływ na poprawę stanu środowiska naturalnego:

zaznacz trzy odpowiedzi

a) jeżdżenie rowerem, kiedy jest to możliwe,
b) jeżdżenie na niedopompowanych oponach,
c) używanie ssania przy zimnym silniku tak długo, jak to możliwe,
d) dbanie o to, aby Twój pojazd był odpowiednio wyregulowany i właściwie serwisowany,
e) obserwowanie ruchu innych pojazdów i przewidywanie sytuacji na drodze z wyprzedzeniem,
f) rozpoczynanie hamowania jak najpóźniej, ale w taki sposób, by pojazd nie wpadł przy tym w poślizg.

3.54. Aby pomóc chronić środowisko naturalne, nie powinieneś:

zaznacz jedną odpowiedź

a) demontować bagażnika dachowego, kiedy nie jest załadowany,
b) używać samochodu na bardzo krótkich odcinkach,
c) chodzić, jeździć rowerem lub używać transportu publicznego,
d) pamiętać o opróżnianiu bagażnika z niepotrzebnego ładunku.

3.55. Wskaż elementy wyposażenia pojazdu, które musisz utrzymywać w dobrym stanie, bo zobowiązują Cię do tego przepisy prawne:

zaznacz trzy odpowiedzi

a) skrzynia biegów,
b) układ przeniesienia napędu,
c) światła,
d) przednia szyba,
e) pasy bezpieczeństwa.

3.56. O ile więcej paliwa zużywa pojazd prowadzony z prędkością 70 mil na godzinę w porównaniu do pojazdu prowadzonego z prędkością 50 mil na godzinę?

zaznacz jedną odpowiedź

a) 10%,
b) 30%,
c) 75%,
d) 100%.

3.57. Kiedy hamujesz, samochód „ściąga" na jedną stronę. Co powinieneś zrobić?

zaznacz jedną odpowiedź

a) zamienić kolejność opon,
b) jak najszybciej skontaktować się ze swoim mechanikiem,
c) podczas hamowania naciskać pulsacyjnie pedał hamulca,
d) podczas hamowania używać jednocześnie pedału hamulca i hamulca ręcznego.

3.58. Brak odpowiedniego wyważenia kół w samochodzie może spowodować:

zaznacz jedną odpowiedź

a) „ściąganie" samochodu na jedną stronę,
b) wibrację kierownicy,
c) awarię hamulców,
d) utratę powietrza w oponach.

3.59. Kręcenie kołem kierownicy podczas postoju samochodu może spowodować uszkodzenie:

zaznacz dwie odpowiedzi

a) skrzyni biegów,
b) silnika,
c) hamulców,
d) układu kierowniczego,
e) opon.

3.60. Musisz zostawić wartościowe rzeczy w samochodzie. Byłoby dla Ciebie bezpieczniej, gdybyś:

zaznacz jedną odpowiedź

a) włożył je do torby na zakupy,
b) zaparkował blisko wejścia do szkoły,
c) zamknął je w niewidocznym miejscu,
d) zaparkował blisko przystanku autobusowego.

3.61. Jak możesz zniechęcić do włamania się do Twojego samochodu, kiedy jest on pozostawiony bez opieki?

zaznacz jedną odpowiedź

a) pozostawiając wartościowe rzeczy w torbie na zakupy,
b) zamykając wartościowe rzeczy w niewidocznym miejscu,
c) kładąc wartościowe rzeczy na siedzeniu,
d) pozostawiając wartościowe rzeczy na podłodze.

3.62. Co może zniechęcić złodzieja do kradzieży Twojego samochodu?

zaznacz jedną odpowiedź

a) pozostawianie świateł zawsze włączonych,
b) zamontowanie lustrzanych szyb,
c) pozostawianie wewnętrznego światła zawsze włączonego,
d) wygrawerowanie numeru rejestracyjnego samochodu na szybach.

3.63. Która z poniższych rzeczy nie powinna być pozostawiana w pojeździe?

zaznacz jedną odpowiedź

a) apteczka pierwszej pomocy,
b) atlas drogowy,
c) winieta podatku drogowego (tax disc),
d) dokumenty pojazdu.

3.64. Co powinieneś zrobić, kiedy opuszczasz pojazd?

zaznacz jedną odpowiedź

a) włożyć wartościowe dokumenty pod siedzenie,
b) zabrać ze sobą wszystkie wartościowe rzeczy,
c) przykryć wartościowe rzeczy kocem,
d) zostawić włączone wewnętrzne światło.

3.65. Który z poniższych elementów wyposażenia może zniechęcić do kradzieży Twojego pojazdu?

zaznacz jedną odpowiedź

a) immobilizer,
b) przyciemniane szyby,
c) śruby zapobiegające kradzieży kół,
d) ekran przeciwsłoneczny na szybę.

3.66. Kiedy parkujesz i pozostawiasz swój samochód, powinieneś:

zaznacz jedną odpowiedź

a) zaparkować pod cienistym drzewem,
b) wyjąć z pojazdu winietę podatku drogowego (tax disc),
c) zaparkować na mało uczęszczanej drodze,
d) włączyć blokadę kierownicy.

3.67. Kiedy parkujesz i zostawiasz swój pojazd bez opieki, powinieneś:

zaznacz jedną odpowiedź

a) zaparkować blisko ruchliwego skrzyżowania,
b) zaparkować w dzielnicy mieszkalnej,
c) wyjąć kluczyk i zamknąć pojazd,
d) zostawić włączony lewy kierunkowskaz.

3.68. Wskaż zachowania, które mają wpływ na zmniejszenie zużycia paliwa:

zaznacz dwie odpowiedzi

a) redukowanie prędkości,
b) obserwowanie i przewidywanie sytuacji na drodze z dużym wyprzedzeniem,
c) późne i gwałtowne hamowanie,
d) prowadzenie pojazdu na niższych biegach,
e) jeżdżenie na krótkich dystansach z zimnym silnikiem,
f) gwałtowne przyspieszanie.

3.69. Sam serwisujesz swój pojazd. W jaki sposób powinieneś się pozbyć starego oleju silnikowego?

zaznacz jedną odpowiedź

a) oddając go do lokalnej stacji utylizacji,
b) wylewając go do studzienki kanalizacyjnej,
c) wlewając go do dziury w ziemi,
d) wylewając go do śmietnika.

3.70. Dlaczego przegląd techniczny (MOT) zawiera rygorystyczny test emisji spalin?

zaznacz jedną odpowiedź

a) aby pokryć koszt drogich urządzeń w warsztacie,
b) aby pomóc chronić środowisko naturalne przed zanieczyszczeniem,
c) aby zbadać, który dostawca paliwa jest najczęściej wybierany,
d) aby upewnić się, że silniki wysokoprężne i benzynowe emitują takie same spaliny.

3.71. Aby zmniejszyć szkodliwy wpływ Twojego pojazdu na środowisko naturalne, powinieneś:

zaznacz trzy odpowiedzi

a) używać wąskich, bocznych ulic,
b) unikać gwałtownego przyspieszania,
c) hamować w odpowiednim czasie,
d) przewidywać sytuacje na drodze z dużym wyprzedzeniem,
e) używać ruchliwych tras.

3.72. Twój pojazd ma zamontowany katalizator spalin. Jego zadaniem jest zmniejszenie:

zaznacz jedną odpowiedź

a) hałasu powodowanego przez układ wydechowy,
b) zużycia paliwa,
c) emisji spalin,
d) hałasu powodowanego przez silnik.

3.73. Właściwe serwisowanie pojazdu:

zaznacz dwie odpowiedzi

a) zapewni Ci niższą składkę ubezpieczenia,
b) zrefunduje Ci pieniądze za podatek drogowy (road tax),
c) zapewni Ci niższe zużycie paliwa,
d) sprawi, że będzie on emitował „czystsze" spaliny.

3.74. Wjeżdżasz w drogę, gdzie są zamontowane progi zwalniające (road humps). Co powinieneś zrobić?

zaznacz jedną odpowiedź

a) utrzymać zredukowaną prędkość na całym dystansie,
b) gwałtownie przyspieszać pomiędzy nimi,
c) zawsze utrzymywać maksymalną, dozwoloną prędkość,
d) prowadzić pojazd powoli, ale tylko wtedy, gdy szkoły są otwarte.

3.75. Kiedy szczególnie ważne jest to, by sprawdzić poziom oleju silnikowego?

zaznacz jedną odpowiedź

a) przed długą podróżą,
b) kiedy silnik jest gorący,
c) wcześnie rano,
d) co 6 000 mil.

3.76. Masz trudności w znalezieniu miejsca parkingowego w ruchliwym mieście. Widzisz, że jest miejsce na zygzakowatych liniach przed przejściem typu zebra. Czy możesz tam parkować?

zaznacz jedną odpowiedź

a) nie, chyba że pozostajesz w swoim samochodzie,
b) tak, aby wysadzić pasażera,
c) tak, jeśli nie blokujesz przejścia pieszym,
d) nie, w żadnym wypadku.

3.77. Kiedy zostawiasz samochód na kilka minut bez opieki, powinieneś:

zaznacz jedną odpowiedź

a) zostawić włączony silnik,
b) wyłączyć silnik, ale zostawić kluczyk w stacyjce,
c) zamknąć samochód i wyciągnąć kluczyk,
d) zaparkować blisko strażnika ruchu.

3.78. Kiedy parkujesz i zostawiasz swój samochód na kilka minut bez opieki, powinieneś:

zaznacz jedną odpowiedź

a) zostawić samochód otwarty, nie zamykając drzwi kluczykiem,
b) zamknąć samochód i wyciągnąć kluczyk,
c) zostawić włączone światła awaryjne,
d) zostawić włączone wewnętrzne światło.

3.79. Wskaż miejsce, w którym – o ile to możliwe – powinieneś parkować swój pojazd:

zaznacz jedną odpowiedź

a) na jezdni, naprzeciw wysepki dla pieszych,
b) na bezpiecznym parkingu,
c) na zakręcie,
d) na postoju taksówek lub w jego pobliżu.

3.80. Wskaż miejsca, w których zaparkowanie Twojego pojazdu może spowodować niebezpieczeństwo lub utrudnienie ruchu dla innych uczestników ruchu drogowego:

zaznacz trzy odpowiedzi

a) przed wjazdem na posesję,
b) na lub w pobliżu przystanku autobusowego,
c) na swoim miejscu parkingowym przed domem,
d) na oznaczonym miejscu parkingowym,
e) na dojeździe do przejazdu kolejowego.

3.81. Wskaż miejsca, w których zaparkowanie pojazdu może spowodować utrudnienie dla innych uczestników ruchu drogowego:

zaznacz trzy odpowiedzi

a) blisko szczytu wzgórza,
b) w zatoce typu lay-by,
c) tam, gdzie krawężnik jest podniesiony,
d) tam, gdzie krawężnik został obniżony dla wózków inwalidzkich,
e) na lub w pobliżu przystanku autobusowego.

3.82. Jesteś z dala od domu i musisz zaparkować swój pojazd na noc. Gdzie powinieneś go zostawić?

zaznacz jedną odpowiedź

a) naprzeciw innego zaparkowanego pojazdu,
b) na mało uczęszczanej drodze,
c) na jezdni, naprzeciw wysepki dla pieszych,
d) na bezpiecznym parkingu.

3.83. Najważniejszym powodem, dla którego należy mieć właściwie dopasowane zagłówki, jest:

zaznacz jedną odpowiedź

a) zapewnienie podróżującym większego komfortu podczas jazdy,
b) ochrona przed urazami szyi,
c) pomoc w zrelaksowaniu się,
d) pomoc w utrzymaniu właściwej pozycji podczas jazdy.

3.84. Jako kierowca możesz wyrządzić większą szkodę środowisku naturalnemu poprzez:

zaznacz dwie odpowiedzi

a) jazdę pojazdem, który posiada system ekonomicznego zużywania paliwa,
b) odbywanie dużej liczby krótkich podróży,
c) jazdę pojazdem na jak najwyższych biegach,
d) gwałtowne przyspieszanie,
e) regularne serwisowanie swojego pojazdu.

3.85. Jako kierowca możesz zmniejszyć poziom zanieczyszczeń powietrza w centrach miast poprzez:

zaznacz jedną odpowiedź

a) szybszą jazdę,
b) nadmierne przyspieszanie na niskich biegach,
c) chodzenie lub jeżdżenie rowerem,
d) prowadzenie pojazdu na krótkich dystansach.

3.86. Jak możesz zredukować prawdopodobieństwo włamania do Twojego samochodu, kiedy jest on pozostawiony bez opieki?

zaznacz jedną odpowiedź

a) zabierając wszystkie wartościowe rzeczy ze sobą,
b) parkując blisko postoju taksówek,
c) umieszczając wszystkie wartościowe rzeczy na podłodze,
d) parkując blisko remizy strażackiej.

3.87. Jak możesz zapobiec kradzieży Twojego samochodowego radia?

zaznacz jedną odpowiedź

a) parkując w nieoświetlonym miejscu,
b) przykrywając radio kocem,
c) parkując blisko ruchliwego skrzyżowania,
d) instalując radio kodowane.

3.88. Parkujesz samochód. Masz wartościowe rzeczy, których nie jesteś w stanie zabrać ze sobą. Co powinieneś zrobić?

zaznacz jedną odpowiedź

a) zaparkować blisko posterunku policji,
b) położyć je pod fotelem kierowcy,
c) zamknąć je w niewidocznym miejscu,
d) zaparkować na nieoświetlonej, bocznej drodze.

3.89. Którą z poniższych rzeczy powinieneś zrobić, gdy parkujesz nocą?

zaznacz jedną odpowiedź

a) zaparkować na spokojnym parkingu,
b) zaparkować w dobrze oświetlonym miejscu,
c) zaparkować przodem do nadjeżdżających pojazdów,
d) zaparkować w pobliżu ruchliwego skrzyżowania.

3.90. Jak możesz zmniejszyć ryzyko włamania do Twojego pojazdu w nocy?

zaznacz jedną odpowiedź

a) zostawiając go w dobrze oświetlonym miejscu,
b) parkując na mało uczęszczanej, bocznej drodze,
c) nie włączając blokady kierownicy,
d) parkując w słabo oświetlonym miejscu.

3.91. Aby zapobiec włamaniu się do Twojego samochodu lub jego kradzieży, mógłbyś:

zaznacz jedną odpowiedź

a) zostać członkiem organizacji świadczącej usługi pomocy drogowej (vehicle breakdown organization),
b) zostać członkiem projektu „vehicle watch scheme",
c) wziąć udział w kursie umożliwiający nabycie zaawansowanych umiejętności prowadzenia pojazdów (advanced driving scheme),
d) wziąć udział w szkoleniu dotyczącym utrzymywania pojazdu w dobrym stanie technicznym.

3.92. Gdzie w pojeździe znajduje się katalizator spalin?

zaznacz jedną odpowiedź

a) w zbiorniku paliwa,
b) w filtrze powietrza,
c) w układzie chłodzenia,
d) w układzie wydechowym.

3.93. Co powinieneś zrobić, aby zapobiec włamaniu się do Twojego samochodu lub jego kradzieży, kiedy go opuszczasz?

zaznacz jedną odpowiedź

a) zostawić włączone światła awaryjne,
b) zamknąć go i wyciągnąć kluczyk,
c) zaparkować na ulicy jednokierunkowej,
d) zaparkować w dzielnicy mieszkaniowej.

3.94. Płynne prowadzenie pojazdu może:

zaznacz jedną odpowiedź

a) zmniejszyć czas podróży o około 15%,
b) zwiększyć zużycie paliwa o około 15%,
c) zmniejszyć zużycie paliwa o około 15%,
d) zwiększyć czas podróży o około 15%.

3.95. Możesz zaoszczędzić paliwo, kiedy warunki na to pozwalają, poprzez:

zaznacz jedną odpowiedź

a) jak najczęstsze używanie niższych biegów,
b) gwałtowne przyspieszanie na każdym biegu,
c) włączanie każdego biegu po kolei,
d) omijanie niektórych biegów.

3.96. W jaki sposób zasady prowadzenia pojazdu w sposób ekologicznie bezpieczny pomagają chronić środowisko naturalne?

zaznacz jedną odpowiedź

a) narzucają przepisy dotyczące prędkości,
b) powodują zwiększenie liczby samochodów na drodze,
c) powodują zwiększenie wydatków na paliwo,
d) powodują zmniejszenie emisji spalin.

3.97. Co osiąga się, prowadząc pojazd w sposób pomagający chronić środowisko naturalne?

zaznacz jedną odpowiedź

a) zwiększone zużycie paliwa,
b) poprawę bezpieczeństwa drogowego,
c) szkodę dla środowiska naturalnego,
d) zwiększoną emisję spalin.

3.98. Dlaczego omijanie niektórych biegów podczas ich zmiany powoduje zmniejszenie zużycia paliwa?

zaznacz jedną odpowiedź

a) dlatego, że skraca się czas przyspieszania pojazdu,
b) dlatego, że zmniejsza się potrzeba używania hamulca nożnego,
c) dlatego, że umożliwia to kontrolowanie liczby wykonywanych manewrów,
d) dlatego, że jazda na luzie jest sprowadzona do minimum.

3.99. Omijanie niektórych biegów podczas ich zmiany oszczędza paliwo z powodu skrócenia czasu:

zaznacz jedną odpowiedź

a) hamowania,
b) jazdy na luzie,
c) wykonywania manewrów,
d) przyspieszania.

3.100. Sprawdzasz opony w Twojej przyczepie. Jaka jest zgodna z prawem minimalna głębokość bieżnika mierzona w centralnym pasie stanowiącym 3/4 szerokości opony?

zaznacz jedną odpowiedź

a) 1 mm,
b) 1,6 mm,
c) 2 mm,
d) 2,6 mm.

3.101. Zużycie paliwa jest największe, gdy:

zaznacz jedną odpowiedź

a) hamujesz,
b) jedziesz na luzie,
c) przyspieszasz,
d) wykonujesz manewry.

3.102. Pasażerowie MUSZĄ używać pasów bezpieczeństwa lub odpowiednich fotelików ochronnych, jeżeli są dostępne, chyba że:

zaznacz jedną odpowiedź

a) mają mniej niż 14 lat,
b) mierzą mniej niż 1,5 metra (5 stóp),
c) siedzą na tylnym siedzeniu,
d) nie mogą tego robić z powodów medycznych.

3.103. Pasażerowie MUSZĄ mieć zapięte pasy bezpieczeństwa, jeśli są dostępne, chyba że:

zaznacz jedną odpowiedź

a) znajdują się w samochodzie zaopatrzonym w poduszki powietrzne,
b) jadą w granicach strefy „congestion charging zone",
c) siedzą na tylnych siedzeniach,
d) są zwolnieni z tego obowiązku z powodów medycznych.

3.104. Wieziesz ze szkoły dzieci przyjaciół. Oboje mają mniej niż 14 lat. Kto jest odpowiedzialny za upewnienie się, że mają zapięte pasy bezpieczeństwa lub używają innych certyfikowanych odpowiednich fotelików ochronnych dla dzieci, jeśli są one wymagane?

zaznacz jedną odpowiedź

a) dorosły pasażer,
b) dzieci,
c) Ty, bo jesteś kierowcą,
d) Twój przyjaciel.

3.105. Masz za dużo oleju w silniku. Co to może spowodować?

zaznacz jedną odpowiedź

a) niskie ciśnienie oleju,
b) przegrzanie silnika,
c) zużycie łańcucha,
d) wycieki oleju.

3.106. Wieziesz pięcioletnie dziecko na tylnym siedzeniu samochodu. Mierzy ono poniżej 1,35 m (4 stopy i 5 cali). Odpowiedni rodzaj fotelików ochronnych dla dziecka NIE jest dostępny. Dziecko MUSI:

zaznacz jedną odpowiedź

a) siedzieć za przednim siedzeniem pasażera,
b) użyć zwykłego pasa bezpieczeństwa,
c) dzielić pas bezpieczeństwa z osobą dorosłą,
d) siedzieć pomiędzy dwojgiem innych dzieci.

3.107. Będziesz przewoził dziecko, używając fotelika dla niemowląt skierowanego tyłem do kierunku jazdy. Chcesz go zamontować na przednim siedzeniu pasażera. Jaką czynność MUSISZ wykonać, zanim ruszysz?

zaznacz jedną odpowiedź

a) dezaktywować wszystkie przednie i tylne poduszki powietrzne,
b) upewnić się, że wszystkie poduszki powietrzne przedniego pasażera są dezaktywowane,
c) upewnić się, że wszystkie zabezpieczenia przed otwarciem drzwi przez dzieci są nieaktywne,
d) odchylić do tyłu oparcie przedniego siedzenia pasażera.

3.108. Wieziesz 11-letnie dziecko na tylnym siedzeniu. Mierzy ono poniżej 1,35 m (4 stopy i 5 cali). MUSISZ się upewnić, że:

zaznacz jedną odpowiedź

a) dziecko siedzi pomiędzy dwoma pasażerami zapiętymi w pasy bezpieczeństwa,
b) dziecko może zapiąć swój pas bezpieczeństwa,
c) jest dostępny odpowiedni rodzaj fotelików ochronnych dla dziecka,
d) dziecko ma dobrą widoczność przez przednią szybę samochodu.

3.109. Zaparkowałeś na poboczu drogi. Przez jakiś czas będziesz czekał na pasażera. Co powinieneś zrobić?

zaznacz jedną odpowiedź

a) wyłączyć silnik,
b) włączyć blokadę kierownicy,
c) wyłączyć radio,
d) włączyć światła.

3.110. Zamierzasz przewozić niemowlę w foteliku skierowanym tyłem do kierunku jazdy. Fotelik ten chcesz zamontować na przednim siedzeniu pasażera, które jest zabezpieczone przednią poduszką powietrzną. Jaką czynność MUSISZ wykonać, zanim ruszysz?

zaznacz jedną odpowiedź

a) dezaktywować poduszkę powietrzną,
b) fotelik na siedzeniu obrócić na bok,
c) poprosić pasażera, aby trzymał dziecko,
d) zapiąć dziecko w zwykły pas bezpieczeństwa.

3.111. Wieziesz pięcioletnie dziecko na tylnym siedzeniu samochodu. Mierzy ono poniżej 1,35 m (4 stopy i 5 cali). Dziecko MUSI użyć pasa bezpieczeństwa dla dorosłych TYLKO WTEDY, gdy:

zaznacz jedną odpowiedź

a) odpowiedni rodzaj fotelików ochronnych dla dziecka nie jest dostępny,
b) pas bezpieczeństwa jest typu biodrowego,
c) siedzi pomiędzy dwiema dorosłymi osobami,
d) może dzielić ten pas z inną dorosłą osobą.

3.112. Zostawiasz swój pojazd zaparkowany bez nadzoru na drodze. Kiedy możesz zostawić włączony silnik?

zaznacz jedną odpowiedź

a) jeżeli będziesz parkować krócej niż przez 5 minut,
b) jeśli akumulator ciągle się rozładowuje,
c) gdy znajdujesz się w strefie ograniczenia prędkości do 20 mil na godzinę,
d) nigdy, jeśli oddalasz się od pojazdu.

4.1. Dystans zatrzymania się na lodzie może być:

zaznacz jedną odpowiedź

a) dwa razy dłuższy niż normalnie,
b) pięć razy dłuższy niż normalnie,
c) siedem razy dłuższy niż normalnie,
d) dziesięć razy dłuższy niż normalnie.

4.2. Mroźna pogoda ma wpływ na dystans zatrzymania się Twojego pojazdu. Powinieneś liczyć się z tym, że w takich warunkach dystans zatrzymania wydłuża się aż do:

zaznacz jedną odpowiedź

a) dwóch razy,
b) trzech razy,
c) pięciu razy,
d) dziesięciu razy.

4.3. Podczas wietrznej pogody musisz zachować szczególną ostrożność, kiedy:

zaznacz jedną odpowiedź

a) używasz hamulców,
b) ruszasz pod górę,
c) skręcasz w wąską drogę,
d) mijasz rowerzystów.

4.4. Kiedy dojeżdżasz do zakrętu w prawo, powinieneś jechać blisko lewej strony jezdni. Dlaczego?

zaznacz jedną odpowiedź

a) aby poprawić sobie widoczność drogi,
b) aby przezwyciężyć wpływ pochyłości drogi na Twój pojazd,
c) aby pozwolić szybszym pojazdom za Tobą na wyprzedzenie Cię,
d) aby zająć bezpieczną pozycję na drodze, gdyby zdarzyło Ci się wpaść w poślizg.

4.5. Przejechałeś właśnie przez głęboką kałużę. Aby osuszyć hamulce, powinieneś:

zaznacz jedną odpowiedź

a) przyspieszyć i przez krótki czas jechać z dużą prędkością,
b) wolno jechać i delikatnie hamować,
c) przez kilka mil unikać używania hamulców,
d) zatrzymać się i poczekać co najmniej godzinę, pozwalając im wyschnąć.

4.6. Podczas upalnej pogody nawierzchnia jezdni może stać się miękka. Wskaż, na co takie warunki atmosferyczne będą miały największy wpływ:

zaznacz dwie odpowiedzi

a) układ zawieszenia,
b) przyczepność opon,
c) hamowanie,
d) układ wydechowy.

4.7. Gdzie boczny wiatr może mieć niekorzystny wpływ na Twój pojazd?

zaznacz jedną odpowiedź

a) na wąskiej, peryferyjnej drodze,
b) na nieosłoniętym odcinku drogi,
c) na ruchliwym odcinku drogi,
d) na długiej, prostej drodze.

4.8. Jaki jest typowy dystans zatrzymania się pojazdu przy prędkości 70 mil na godzinę, w dobrych warunkach atmosferycznych?

zaznacz jedną odpowiedź

a) 53 m (175 stóp),
b) 60 m (197 stóp),
c) 73 m (240 stóp),
d) 96 m (315 stóp).

4.9. Jaki jest najkrótszy całkowity dystans zatrzymania się pojazdu na suchej nawierzchni przy prędkości 60 mil na godzinę?

zaznacz jedną odpowiedź

a) 53 m (175 stóp),
b) 58 m (190 stóp),
c) 73 m (240 stóp),
d) 96 m (315 stóp).

4.10. Jedziesz w bezpiecznej odległości za pojazdem po mokrej nawierzchni. Inny kierowca wyprzedza Cię i wjeżdża w lukę, którą zostawiłeś. Co powinieneś zrobić?

zaznacz jedną odpowiedź

a) zamrugać światłami, powiadamiając go w ten sposób o stworzonym zagrożeniu,
b) jak najszybciej spróbować go bezpiecznie wyprzedzić,

c) zwolnić, aby przywrócić bezpieczny odstęp między Twoim pojazdem a pojazdem przed Tobą,
d) jechać blisko za nim aż do momentu, kiedy odjedzie.

4.11. Jedziesz z prędkością 50 mil na godzinę po dobrej, suchej nawierzchni jezdni. Jaki jest najkrótszy całkowity dystans zatrzymania się pojazdu?

zaznacz jedną odpowiedź

a) 36 m (120 stóp),
b) 53 m (175 stóp),
c) 75 m (245 stóp),
d) 96 m (315 stóp).

4.12. Jedziesz po dobrej, suchej nawierzchni. Twój pojazd ma sprawne hamulce i dobre opony. Jaki jest typowy całkowity dystans zatrzymania się pojazdu przy prędkości 40 mil na godzinę?

zaznacz jedną odpowiedź

a) 23 m (75 stóp),
b) 36 m (120 stóp),
c) 53 m (175 stóp),
d) 96 m (315 stóp).

4.13. Podczas silnego wiatru wyprzedzasz motocyklistę. Co powinieneś zrobić?

zaznacz jedną odpowiedź

a) wyprzedzić go z zachowaniem niedużego odstępu,
b) szybko go wyprzedzić,
c) wyprzedzić go, zachowując od niego duży odstęp,
d) natychmiast go wyprzedzić.

4.14. Wieje silny wiatr, a Ty wyprzedzasz motocyklistę. Co powinieneś zrobić?

zaznacz jedną odpowiedź

a) wyprzedzić go z zachowaniem większego niż zwykle odstępu,
b) pomachać mu, wyrażając w ten sposób podziękowanie,
c) po wykonaniu manewru wrócić jak najszybciej na poprzedni pas,
d) użyć sygnału dźwiękowego.

4.15. Całkowity dystans zatrzymania się pojazdu wynika z czasu reakcji kierowcy oraz odległości, którą pokonuje pojazd po rozpoczęciu hamowania. Jedziesz po dobrej, suchej nawierzchni, masz sprawne hamulce i dobre opony. Jaka jest typowa odległość, którą pokonuje pojazd poruszający się z prędkością 50 mil/h po rozpoczęciu HAMOWANIA?

zaznacz jedną odpowiedź

a) 14 metrów (46 stóp),
b) 24 metry (80 stóp),
c) 38 metrów (125 stóp),
d) 55 metrów (180 stóp).

4.16. W natężonym ruchu na autostradzie zbyt blisko za Tobą jedzie inny pojazd. W jaki sposób możesz zmniejszyć ryzyko ewentualnej kolizji?

zaznacz jedną odpowiedź

a) zwiększając odległość pomiędzy swoim pojazdem a pojazdem jadącym przed Tobą,
b) gwałtownie hamując,
c) włączając światła awaryjne,
d) zjeżdżając na pas awaryjny i zatrzymując się.

4.17. Jedziesz we mgle za innymi pojazdami. Masz włączone światła. Co jeszcze możesz zrobić, aby zmniejszyć ryzyko kolizji?

zaznacz jedną odpowiedź

a) jechać blisko pojazdu jadącego przed Tobą,
b) włączyć światła drogowe (main beam) zamiast świateł mijania (dipped headlights),
c) jechać za pojazdami jadącymi szybciej,
d) zmniejszyć prędkość i zwiększyć odległość pomiędzy Twoim pojazdem a pojazdem jadącym przed Tobą.

4.18. W celu uniknięcia kolizji przy wjeździe do strefy, gdzie obowiązuje zmieniona organizacja ruchu – tzw. contraflow system (pojazdy są kierowane na pewnym odcinku drogi na tę jej część, na której w normalnych warunkach odbywa się ruch w tylko jednym, przeciwnym kierunku), należy:

zaznacz trzy odpowiedzi

a) odpowiednio wcześniej zmniejszyć prędkość,
b) dowolnie zmieniać pas ruchu, aby sprawniej przemieszczać się do przodu,

c) odpowiednio wcześnie zjechać na właściwy pas ruchu,
d) utrzymywać odpowiedni odstęp od pojazdu przed Tobą,
e) zwiększyć prędkość, aby szybciej przejechać ten odcinek drogi,
f) jechać blisko za pojazdem przed Tobą, aby uniknąć powstawania długich kolejek.

4.19. Jaka jest najczęstsza przyczyna wpadnięcia pojazdu w poślizg?

zaznacz jedną odpowiedź

a) zużyte opony,
b) błąd kierowcy,
c) inne pojazdy,
d) piesi.

4.20. Prowadzisz pojazd na oblodzonej nawierzchni. Jak możesz uniknąć poślizgu kół podczas ruszania lub przyspieszania?

zaznacz jedną odpowiedź

a) prowadząc wolno na jak najwyższym biegu,
b) zaciągając ręczny hamulec, jeśli koła zaczną tracić przyczepność,
c) hamując delikatnie i pulsacyjnie,
d) prowadząc cały czas na niskim biegu.

4.21. Główną przyczyną wpadania pojazdów w poślizg jest:

zaznacz jedną odpowiedź

a) pogoda,
b) kierowca,
c) pojazd,
d) droga.

4.22. Prowadzisz pojazd podczas mroźnej pogody. Co powinieneś zrobić, kiedy dojeżdżasz do ostrego zakrętu?

zaznacz dwie odpowiedzi

a) zwolnić, zanim dojedziesz do zakrętu,
b) delikatnie zaciągnąć ręczny hamulec,
c) mocno wcisnąć pedał hamulca nożnego,
d) wjechać w zakręt na luzie,
e) unikać nagłych ruchów kierownicą.

4.23. Skręcasz w lewo na śliskiej nawierzchni. Tył Twojego pojazdu zarzuca w prawo. Powinieneś:

zaznacz jedną odpowiedź

a) gwałtownie hamować i nie skręcać kierownicą,
b) ostrożnie skręcać kierownicą w lewo,
c) ostrożnie skręcać kierownicą w prawo,
d) gwałtownie hamować i skręcać kierownicą w lewo.

4.24. Z której części pojazdu powinieneś usunąć lód i śnieg przed rozpoczęciem jazdy podczas mroźnej pogody?

zaznacz cztery odpowiedzi

a) z anteny,
b) z szyb,
c) ze zderzaka,
d) ze świateł,
e) z lusterek,
f) z tablic rejestracyjnych.

4.25. Próbujesz ruszyć na śniegu. Powinieneś użyć:

zaznacz jedną odpowiedź

a) jak najniższego biegu,
b) jak najwyższego biegu,
c) wysokich obrotów silnika,
d) hamulca ręcznego i nożnego jednocześnie.

4.26. Jadąc podczas opadów śniegu, powinieneś:

zaznacz jedną odpowiedź

a) ostro i szybko hamować,
b) być przygotowanym na gwałtowne skręcanie kierownicą,
c) użyć tylko świateł pozycyjnych (sidelights),
d) hamować delikatnie, z dużym wyprzedzeniem.

4.27. GŁÓWNĄ korzyścią posiadania pojazdu z napędem na cztery koła jest:

zaznacz jedną odpowiedź

a) poprawa przyczepności kół do nawierzchni,
b) zmniejszenie zużycia paliwa,
c) skrócenie dystansu zatrzymania się,
d) poprawa komfortu pasażera.

4.28. Za chwilę będziesz zjeżdżał stromo w dół. Aby kontrolować prędkość pojazdu, powinieneś:

zaznacz jedną odpowiedź

a) wybrać wysoki bieg i ostrożnie używać hamulców,
b) wybrać wysoki bieg i energicznie używać hamulców,
c) wybrać niski bieg i ostrożnie używać hamulców,
d) wybrać niski bieg i unikać używania hamulców.

4.29. Chciałbyś zaparkować przodem w kierunku ZJAZDU ze wzniesienia. Co powinieneś zrobić?

zaznacz dwie odpowiedzi

a) skręcić kierownicę w kierunku krawężnika,
b) zaparkować blisko zderzaka innego samochodu,
c) zaparkować z dwoma kołami na krawężniku,
d) mocno zaciągnąć ręczny hamulec,
e) skręcić kierownicę w kierunku od krawężnika.

4.30. Prowadzisz pojazd w terenie zabudowanym. Dojeżdżasz do progu zwalniającego (speed hump) na jezdni. Powinieneś:

zaznacz jedną odpowiedź

a) przejechać na lewą stronę jezdni,
b) poczekać na pieszych przekraczających jezdnię,
c) natychmiast zmniejszyć prędkość swojego pojazdu,
d) zatrzymać się i sprawdzić, czy na chodnikach po obu stronach jezdni nie ma pieszych.

4.31. Zjeżdżasz z długiego wzniesienia. Co powinieneś zrobić, żeby ułatwić sobie kontrolowanie prędkości pojazdu?

zaznacz jedną odpowiedź

a) wybrać bieg neutralny,
b) wybrać niższy bieg,
c) mocno trzymać hamulec ręczny,
d) delikatnie zaciągnąć hamulec ręczny.

4.32. System ABS zapobiega blokowaniu się kół. To oznacza, że opony są mniej podatne na:

zaznacz jedną odpowiedź

a) poślizg w kałuży (aquaplane),
b) poślizg,
c) przebicie,
d) zużycie.

4.33. System ABS redukuje możliwość poślizgu kół pojazdu, szczególnie podczas:

zaznacz jedną odpowiedź

a) zjeżdżania ze stromego wzgórza,
b) hamowania podczas normalnej jazdy,
c) hamowania w razie zagrożenia,
d) prowadzenia pojazdu po dobrej nawierzchni.

4.34. Pojazdy z zamontowanym systemem ABS:

zaznacz jedną odpowiedź

a) nie mogą wpaść w poślizg,
b) uzyskują takie właściwości, że można nimi manewrować podczas hamowania,
c) znacznie szybciej przyspieszają,
d) nie są zaopatrzone w ręczny hamulec.

4.35. System ABS może nie działać efektywnie, jeśli nawierzchnia jest:

zaznacz dwie odpowiedzi

a) sucha,
b) nieutwardzona,
c) mokra,
d) dobra,
e) utwardzona.

4.36. System ABS jest najbardziej przydatny, gdy:

zaznacz jedną odpowiedź

a) delikatnie hamujesz,
b) prowadzisz pojazd ze zużytymi oponami,
c) zbyt mocno hamujesz,
d) normalnie prowadzisz pojazd.

4.37. Prowadzenie pojazdu z zamontowanym systemem ABS umożliwia Ci:

zaznacz jedną odpowiedź

a) mocniejsze naciskanie pedału hamulca, ponieważ pomimo tego nie można wpaść w poślizg,
b) jazdę z większą prędkością,
c) manewrowanie i hamowanie w tym samym czasie,
d) zwracanie mniejszej uwagi na drogę przed sobą.

4.38. Hamulce z systemem ABS mogą znacznie ułatwić:

zaznacz jedną odpowiedź

a) jazdę z prędkością większą niż zwykle,
b) zachowanie kontroli nad pojazdem w momencie hamowania,
c) zachowanie kontroli nad pojazdem, kiedy przyspieszasz,
d) jazdę autostradą.

4.39. Prowadzisz pojazd wyposażony w system ABS. Zagrożenie na drodze zmusza Cię do nagłego zatrzymania się. Powinieneś użyć hamulca nożnego:

zaznacz jedną odpowiedź

a) wolno i delikatnie,
b) wolno, ale mocno,
c) szybko, ale delikatnie,
d) szybko i mocno.

4.40. Twój pojazd ma zamontowany system ABS, ale to nie zawsze zapobiega poślizgowi. Możesz wpaść w poślizg mimo zamontowanego systemu ABS, gdy prowadzisz:

zaznacz dwie odpowiedzi

a) we mgle,
b) na nawierzchni, na której znajduje się woda,
c) na nieutwardzonej nawierzchni,
d) na suchym asfalcie,
e) nocą, na nieoświetlonych drogach.

4.41. Jedziesz drogą peryferyjną. Zauważasz ten znak. PO przejechaniu micjsca, w którym występuje zagrożenie oznaczone tym znakiem, powinieneś zawsze:

zaznacz jedną odpowiedź

a) sprawdzić ciśnienie w oponach,
b) włączyć światła awaryjne,
c) energicznie przyspieszyć,
d) przetestować hamulce.

4.42. Prowadzisz w ulewnym deszczu. Nagle czujesz, że pojazd prowadzi się bardzo lekko. Powinieneś:

zaznacz jedną odpowiedź

a) skręcić w kierunku pobocza,
b) delikatnie przyspieszyć,
c) gwałtownie zahamować, aby zmniejszyć prędkość,
d) zmniejszyć nacisk na pedał gazu.

4.43. Drogi są oblodzone. Powinieneś prowadzić pojazd wolno:

zaznacz jedną odpowiedź

a) na najwyższym możliwym biegu,
b) na najniższym możliwym biegu,
c) z częściowo zaciągniętym ręcznym hamulcem,
d) z lewą nogą na pedale hamulca.

4.44. Prowadzisz po mokrej nawierzchni. Co wskazuje na to, że Twój pojazd właśnie wpada w poślizg w kałuży (aquaplaning)?

zaznacz jedną odpowiedź

a) nagle gaśnie silnik,
b) zwiększa się hałas silnika,
c) prowadzenie pojazdu staje się bardzo ciężkie,
d) prowadzenie pojazdu staje się bardzo lekkie.

4.45. Co wskazuje na to, że prowadzisz pojazd po lodzie?

zaznacz dwie odpowiedzi

a) opony wydają terkoczący dźwięk,
b) prawie w ogóle nie słychać dźwięków wydawanych przez opony,
c) prowadzenie pojazdu staje się cięższe,
d) prowadzenie pojazdu staje się lżejsze.

4.46. Prowadzisz pojazd po mokrej nawierzchni. W jaki sposób możesz się zorientować, że opony tracą przyczepność?

zaznacz jedną odpowiedź

a) nagle gaśnie silnik,
b) prowadzenie pojazdu staje się bardzo ciężkie,
c) zwiększa się hałas silnika,
d) prowadzenie pojazdu staje się bardzo lekkie.

4.47. Twój całkowity dystans zatrzymania się będzie znacznie dłuższy podczas prowadzenia pojazdu:

zaznacz jedną odpowiedź

a) w deszczu,
b) we mgle,
c) nocą,
d) wtedy, gdy wieje silny wiatr.

4.48. Przejechałeś przez głęboką kałużę. Jaka jest pierwsza czynność, którą powinieneś wykonać?

zaznacz jedną odpowiedź

a) zatrzymać się i sprawdzić opony,
b) zatrzymać się i osuszyć hamulce,
c) sprawdzić układ wydechowy,
d) przetestować hamulce.

4.49. Jedziesz nieosłoniętą drogą szybkiego ruchu w dobrych warunkach atmosferycznych. Z uwagi na bezpieczeństwo odstęp między Tobą a pojazdem przed Tobą powinien wynosić:

zaznacz jedną odpowiedź

a) dwie sekundy,
b) jedną długość samochodu,
c) dwa metry (6 stóp i 6 cali),
d) dwie długości samochodu.

4.50. W jaki sposób możesz hamować silnikiem pojazdu?

zaznacz jedną odpowiedź

a) poprzez zmianę na niższy bieg,
b) poprzez włączenie biegu wstecznego,
c) poprzez zmianę na wyższy bieg,
d) poprzez wybranie biegu neutralnego.

4.51. System ABS jest najbardziej efektywny, kiedy:

zaznacz jedną odpowiedź

a) cały czas pulsacyjnie naciskasz pedał hamulca, żeby zapobiec poślizgowi,
b) hamujesz normalnie, ale bardzo mocno trzymasz kierownicę,
c) wcześnie i energicznie hamujesz, do momentu aż zwolnisz,
d) zaciągasz hamulec ręczny, aby skrócić dystans zatrzymania się pojazdu.

4.52. Twój samochód jest zaopatrzony w system ABS. Zagrożenie na drodze zmusza Cię do nagłego zatrzymania się. Powinieneś:

zaznacz jedną odpowiedź

a) normalnie hamować i unikać kręcenia kierownicą,
b) wcześnie i energicznie wcisnąć pedał hamulca, do momentu aż się zatrzymasz,
c) cały czas pulsacyjnie naciskać pedał hamulca, żeby zapobiec poślizgowi,
d) zaciągnąć hamulec ręczny, aby skrócić dystans zatrzymania się pojazdu.

4.53. Kiedy uruchamia się system ABS?

zaznacz jedną odpowiedź

a) po zaciągnięciu hamulca ręcznego,
b) zawsze wtedy, gdy zostanie naciśnięty pedał hamulca,
c) tuż przed momentem, gdy koła zaczynają się blokować,
d) gdy przestaje działać standardowy układ hamulcowy.

4.54. System ABS zacznie działać, kiedy:

zaznacz jedną odpowiedź

a) zahamujesz niewystarczająco szybko,
b) maksymalnie mocno wciśniesz pedał hamulca,
c) nie zauważysz zagrożenia przed sobą,
d) jedziesz zbyt szybko po śliskiej nawierzchni.

4.55. Jedziesz po mokrej nawierzchni autostrady. Obłoki rozpryśniętych, małych kropel wody wydostają się spod kół innych pojazdów. Powinieneś użyć:

zaznacz jedną odpowiedź

a) świateł awaryjnych,
b) świateł mijania (dipped headlights),
c) tylnych świateł przeciwmgielnych,
d) świateł pozycyjnych (sidelights),

4.56. Twój pojazd jest wyposażony w system ABS. Żeby się szybko zatrzymać w razie zagrożenia, powinieneś:

zaznacz jedną odpowiedź

a) mocno hamować i pulsacyjnie naciskać pedał hamulca,
b) szybko i mocno hamować, bez zwalniania pedału hamulca,
c) delikatnie hamować i pulsacyjnie naciskać pedał hamulca,
d) szybko i tylko raz wcisnąć pedał hamulca, a następnie natychmiast go zwolnić.

4.57. Jazda na luzie (znana jako coasting) na długim dystansie przyczynia się do:

zaznacz jedną odpowiedź

a) poprawy kontroli kierowcy nad pojazdem,
b) łatwiejszego manewrowania pojazdem,
c) ograniczenia kontroli kierowcy nad pojazdem,
d) większego zużycia paliwa.

4.58. Co wskazuje na to, że prowadzisz pojazd podczas gołoledzi?

zaznacz jedną odpowiedź

a) hamowanie staje się łatwiejsze,
b) szum opon wydaje się głośniejszy,
c) na drodze są widoczne ślady opon,
d) prowadzenie pojazdu staje się lekkie.

4.59. Które z poniższych zachowań są właściwe w sytuacji, gdy prowadzisz pojazd we mgle?

zaznacz trzy odpowiedzi

a) używanie świateł mijania (dipped headlights),
b) jechanie blisko osi jezdni,
c) przeznaczenie większej ilości czasu na podróż,
d) jechanie blisko samochodu poruszającego się przed Tobą,
e) zmniejszenie prędkości,
f) używanie wyłącznie świateł pozycyjnych (sidelights).

5.1. Gdzie możesz się spodziewać takich oznaczeń?

zaznacz dwie odpowiedzi

a) pod znakiem ustawionym przy autostradzie,
b) przy wjeździe na wąski most,
c) na dużym pojeździe dostawczym,
d) na kontenerze budowlanym postawionym na drodze.

5.2. Która z sytuacji pokazanych na zdjęciu może spowodować największe zagrożenie?

zaznacz jedną odpowiedź

a) pojazdy skręcające w prawo,
b) zawracające pojazdy,
c) rowerzysta przejeżdżający przez drogę,
d) samochody zaparkowane za zakrętem.

5.3. Który uczestnik ruchu drogowego spowodował zagrożenie?

zaznacz jedną odpowiedź

a) zaparkowany samochód (ze strzałką A),
b) pieszy czekający na przejście przez jezdnię (ze strzałką B),
c) jadący samochód (ze strzałką C),
d) skręcający samochód (ze strzałką D).

5.4. Co powinien zrobić kierowca samochodu dojeżdżającego do tego przejścia dla pieszych?

zaznacz jedną odpowiedź

a) kontynuować jazdę z taką samą prędkością,
b) użyć sygnału dźwiękowego,
c) szybko przejechać,
d) zwolnić i być gotowy do zatrzymania się.

5.5. Na jakie sytuacje powinien zwrócić szczególną uwagę kierowca szarego samochodu (ze strzałką)?

zaznacz trzy odpowiedzi

a) piesi wychodzący spomiędzy samochodów,
b) inne samochody za nim,
c) otwierające się drzwi zaparkowanych samochodów,
d) wyboista nawierzchnia,
e) samochody opuszczające miejsca parkingowe,
f) wolne miejsca parkingowe.

5.6. Zauważasz ten znak przed sobą. Powinieneś się spodziewać, że droga:

zaznacz jedną odpowiedź

a) skieruje się stromo do góry,
b) skieruje się stromo w dół,
c) skręci ostro w lewo,
d) skręci ostro w prawo.

5.7. Dojeżdżasz do tego rowerzysty. Powinieneś:

zaznacz jedną odpowiedź

a) wyprzedzić go, zanim rowerzysta dojedzie do skrzyżowania,
b) dać znak rowerzyście, mrugając światłami,
c) zwolnić i pozwolić rowerzyście skręcić,
d) wyprzedzić rowerzystę z lewej strony.

5.8. Skręcając w prawo na tym skrzyżowaniu musisz zachować szczególną ostrożność. Dlaczego?

zaznacz jedną odpowiedź

a) ponieważ nawierzchnia jezdni jest w złym stanie,
b) ponieważ ścieżki są wąskie,
c) ponieważ linie na drodze są wyblakłe,
d) ponieważ widoczność jest ograniczona.

5.9. Kiedy dojeżdżasz do tego wiaduktu, powinieneś ustąpić pierwszeństwa:

zaznacz jedną odpowiedź

a) rowerzystom,
b) autobusom,
c) motocyklom,
d) samochodom.

5.10. Z jakim typem pojazdu możesz się spotkać na środku drogi podczas przejazdu pod tym wiaduktem?

zaznacz jedną odpowiedź

a) z samochodem ciężarowym,
b) z rowerem,
c) z samochodem osobowym,
d) z motocyklem.

5.11. Na tym skrzyżowaniu, gdzie widoczność jest ograniczona, musisz się zatrzymać:

zaznacz jedną odpowiedź

a) przed linią, a następnie wolno podjeżdżać, żeby lepiej widzieć,
b) za linią, w miejscu, gdzie będziesz miał lepszą widoczność,
c) tylko wtedy, gdy główną drogą jadą pojazdy,
d) tylko wtedy, gdy skręcasz w prawo.

5.12. Kierowca przed Tobą włącza się do ruchu z bocznej drogi. Musisz gwałtownie hamować. Jak powinieneś postąpić?

zaznacz jedną odpowiedź

a) zignorować jego błąd i nie denerwować się,
b) zamrugać światłami, żeby okazać mu swoje zdenerwowanie,
c) użyć sygnału dźwiękowego, żeby okazać mu swoje zdenerwowanie,
d) jak najszybciej go wyprzedzić.

5.13. Zdolność do prowadzenia pojazdu przez osobę w podeszłym wieku może być ograniczona, ponieważ może ona nie być w stanie:

zaznacz jedną odpowiedź

a) uzyskać ubezpieczenia samochodu,
b) rozumieć znaków drogowych,
c) bardzo szybko reagować,
d) właściwie sygnalizować zamiaru wykonania manewru.

5.14. Właśnie przejechałeś to światło ostrzegawcze. Czego możesz się następnie spodziewać?

zaznacz jedną odpowiedź

a) przejazdu kolejowego bez zapór,
b) stacji karetek pogotowia,
c) school crossing patrol,
d) zwodzonego mostu.

5.15. Planujesz długą podróż. Czy musisz planować postoje i przerwy na odpoczynek?

zaznacz jedną odpowiedź

a) tak, powinieneś planować przystanki co pół godziny,
b) tak, regularne przerwy ułatwiają koncentrację,
c) nie, będziesz mniej zmęczony, jeśli jak najszybciej dotrzesz do miejsca przeznaczenia,
d) nie, będą potrzebne tylko postoje na tankowanie.

5.16. Inny kierowca robi coś, co Cię irytuje. Jak powinieneś się zachować?

zaznacz jedną odpowiedź

a) próbować nie reagować,
b) wyrazić swoją dezaprobatę,
c) kilka razy zamrugać światłami,
d) użyć sygnału dźwiękowego.

5.17. Przed przejazdem kolejowym palą się pulsująco czerwone światła. Co powinieneś zrobić, dojeżdżając do niego?

zaznacz jedną odpowiedź

a) szybko przejechać,
b) ostrożnie przejechać,
c) zatrzymać się przed zaporą,
d) włączyć światła awaryjne.

5.18. Dojeżdżasz do skrzyżowania. Sygnalizacja świetlna nie działa. Co powinieneś zrobić?

zaznacz jedną odpowiedź

a) hamować i zatrzymywać się tylko przed dużymi pojazdami,
b) gwałtownie zahamować, zatrzymać pojazd i rozejrzeć się,
c) przygotować się do ewentualnego gwałtownego hamowania aż do zatrzymania,
d) przygotować się do ewentualnego zatrzymania przed jakimkolwiek uczestnikiem ruchu drogowego.

5.19. Co powinien zrobić kierowca czerwonego samochodu (ze strzałką)?

zaznacz jedną odpowiedź

a) dać znak ręką przechodniom, którzy czekają na przejście,
b) czekać, aż przechodzień znajdujący się na jezdni przejdzie na drugą stronę,
c) szybko przejechać za pieszym znajdującym się na jezdni,
d) powiedzieć pieszemu znajdującemu się na jezdni, że nie powinien był przechodzić.

5.20. Jedziesz wąską, peryferyjną drogą, za pojazdem poruszającym się wolniej od Ciebie. Z prawej strony przed Tobą jest skrzyżowanie. Co powinieneś zrobić?

zaznacz jedną odpowiedź

a) wyprzedzić ten pojazd, sprawdzając wcześniej w lusterkach sytuację na drodze oraz włączając kierunkowskaz,
b) jechać za nim aż przejedziesz skrzyżowanie,
c) szybko przyspieszyć, żeby go wyprzedzić przed skrzyżowaniem,
d) zwolnić i przygotować się do wyprzedzania z lewej strony.

5.21. Co powinieneś zrobić, dojeżdżając do tego wiaduktu?

zaznacz jedną odpowiedź

a) zjechać na środek jezdni przed przejazdem pod wiaduktem,
b) znaleźć inną drogę, ta jest tylko dla wysokich pojazdów,
c) być przygotowanym na ustąpienie pierwszeństwa przejazdu dużym pojazdom jadącym środkiem drogi,
d) zjechać na prawą stronę jezdni przed przejazdem pod wiaduktem.

5.22. Dlaczego zewnętrzne lusterka w pojeździe są często lekko wypukłe?

zaznacz jedną odpowiedź

a) bo dzięki temu kierowca ma szersze pole widzenia,
b) bo dzięki temu zapewniają widoczność obszaru z tzw. martwych pól lusterek (blind spot),
c) bo dzięki temu łatwiej możesz ocenić prędkość pojazdu jadącego za Tobą,
d) bo dzięki temu pojazdy jadące za Tobą wydają się większe niż w rzeczywistości.

5.23. Zauważasz ten znak na tyle wolno poruszającego się samochodu ciężarowego, który chcesz wyprzedzić. Pojazd jedzie środkowym pasem ruchu, po trzypasmowej autostradzie. Jak powinieneś postąpić?

zaznacz jedną odpowiedź

a) ostrożnie dojechać do niego, a następnie wyminąć z którejkolwiek strony,
b) jechać za nim aż do momentu, kiedy możesz opuścić autostradę,
c) poczekać na pasie awaryjnym aż samochód ciężarowy się zatrzyma,
d) ostrożnie dojechać do niego i wyprzedzić z lewej strony.

5.24. Uważasz, że kierowca pojazdu przed Tobą zapomniał wyłączyć prawy kierunkowskaz. Powinieneś:

zaznacz jedną odpowiedź

a) zamrugać światłami, żeby go ostrzec,
b) użyć sygnału dźwiękowego przed wyprzedzeniem go,
c) wyprzedzić go z lewej strony, jeżeli jest miejsce,
d) jechać za nim i nie wyprzedzać go.

5.25. Która z możliwych sytuacji jest najniebezpieczniejsza i powinien zwrócić na nią szczególną uwagę kierowca czerwonego samochodu (ze strzałką)?

zaznacz jedną odpowiedź

a) odbijające się słońce, które może pogorszyć kierowcy widoczność,
b) czarny samochód może się nagle zatrzymać,
c) autobus może wjechać na drogę,
d) kierowcy nadjeżdżających z przeciwka pojazdów mogą uznać, że kierowca skręca w prawo.

5.26. Ten żółty znak na pojeździe informuje, że jest to:

zaznacz jedną odpowiedź

a) zepsuty pojazd,
b) autobus szkolny,
c) van z lodami,
d) prywatna karetka pogotowia.

5.27. Wskaż główne zagrożenia, na które powinieneś zwracać uwagę, kiedy jedziesz tą ulicą:

zaznacz dwie odpowiedzi

a) odbicia słońca,
b) otwierające się nagle drzwi samochodów,
c) brak oznaczeń na jezdni,
d) włączone światła zaparkowanych samochodów,
e) duże pojazdy dostawcze,
f) dzieci wybiegające spoza pojazdów.

5.28. Wskaż największe zagrożenie, na które powinieneś zwracać uwagę, kiedy jedziesz za tym rowerzystą:

zaznacz jedną odpowiedź

a) rowerzysta może zjechać na lewo i zejść z roweru,
b) rowerzysta, kołysząc się, może wjechać na drogę,
c) zawartość torby rowerzysty może wypaść na drogę,
d) rowerzysta może chcieć skręcić w prawo na końcu drogi.

5.29. Zachowanie innego kierowcy Cię zdenerwowało. Co może Ci pomóc?

zaznacz jedną odpowiedź

a) zatrzymanie się i zrobienie sobie przerwy,
b) wykrzyczenie na niego obraźliwych słów,
c) gest ręką w jego kierunku,
d) podążanie za jego samochodem i mruganie światłami.

5.30. W rejonach, gdzie są traffic calmings - środki ograniczania prędkości pojazdów, powinieneś:

zaznacz jedną odpowiedź

a) jechać ze zmniejszoną prędkością,
b) zawsze jechać z prędkością równą limitowi prędkości,
c) poruszać się środkiem jezdni,
d) zwolnić tylko wtedy, gdy piesi są w pobliżu.

5.31. Dlaczego powinieneś zwolnić, kiedy dojeżdżasz do tak oznaczonego niebezpiecznego miejsca?

zaznacz dwie odpowiedzi

a) z powodu zakrętu,
b) ponieważ masz ograniczoną widoczność z prawej strony,
c) z powodu nadjeżdżających z przeciwka pojazdów,
d) z powodu zwierząt przekraczających jezdnię,
e) z powodu przejazdu kolejowego.

5.32. Dlaczego nazwy miejscowości są malowane na nawierzchni jezdni?

zaznacz jedną odpowiedź

a) aby ograniczyć przepływ ruchu drogowego,
b) aby Cię ostrzec przed pojazdami nadjeżdżającymi z przeciwka,
c) aby Ci umożliwić wczesną zmianę pasów ruchu,
d) aby Ci uniemożliwić zmianę pasów ruchu.

5.33. Niektóre drogi dwukierunkowe są podzielone na trzy pasy ruchu. Dlaczego te pasy są szczególnie niebezpieczne?

zaznacz jedną odpowiedź

a) bo pojazdy jadące w obu kierunkach mogą używać środkowego pasa do wyprzedzania,
b) bo pojazdy mogą poruszać się szybciej w złych warunkach atmosferycznych,
c) bo możliwe jest wyprzedzanie z lewej strony,
d) bo pojazdy używają środkowego pasa tylko w razie zagrożenia.

5.34. Jesteś na drodze z pasem rozdzielającym jezdnie o przeciwnym kierunku ruchu (dual carriageway). Przed sobą zauważasz pojazd z żółtym pulsującym światłem. Co to oznacza?

zaznacz jedną odpowiedź

a) karetkę pogotowia,
b) straż pożarną,
c) pojazd lekarza wezwanego na pomoc,
d) pojazd osoby niepełnosprawnej.

5.35. Co oznacza ten sygnał policjanta dla pojazdów nadjeżdżających z przeciwka?

zaznacz jedną odpowiedź

a) jedź prosto,
b) zatrzymaj się,
c) skręć w lewo,
d) skręć w prawo.

5.36. Dlaczego powinieneś być szczególnie ostrożny, kiedy przejeżdżasz obok tego stojącego autobusu?

zaznacz dwie odpowiedzi

a) bo w oddali widać nadjeżdżające z przeciwka pojazdy,
b) bo kierowca autobusu może otworzyć drzwi,
c) bo autobus może nagle ruszyć,
d) bo piesi mogą przechodzić przez jezdnię przed autobusem,
e) bo na chodniku są zaparkowane rowery.

5.37. Wyprzedzanie jest główną przyczyną wypadków. W których z poniższych sytuacji NIE powinieneś wyprzedzać?

zaznacz trzy odpowiedzi

a) gdy po manewrze wyprzedzania będziesz zaraz skręcał w lewo,
b) gdy jedziesz jednokierunkową ulicą,
c) gdy dojeżdżasz do skrzyżowania,
d) gdy jedziesz pod górę,
e) gdy masz ograniczoną widoczność.

5.38. Jakie mogą być skutki picia alkoholu?

zaznacz trzy odpowiedzi

a) mniejsza kontrola,
b) mylne poczucie pewności siebie,
c) szybsze reakcje,
d) zła ocena prędkości,
e) zwracanie większej uwagi na zagrożenia na drodze.

5.39. Co oznacza ciągła biała linia na krawędzi jezdni?

zaznacz jedną odpowiedź

a) sygnalizację świetlną przed Tobą,
b) krawędź jezdni,
c) ścieżkę dla pieszych po lewej stronie,
d) ścieżkę rowerową.

5.40. Jedziesz w kierunku tego przejazdu kolejowego. Co będzie pierwszym ostrzeżeniem o zbliżającym się pociągu?

zaznacz jedną odpowiedź

a) opuszczone obie półzapory,
b) ciągłe żółte światło,
c) opuszczona jedna półzapora,
d) podwójne pulsujące czerwone światła.

5.41. Stoisz za tym rowerzystą. Co powinieneś zrobić, kiedy zmienią się światła?

zaznacz jedną odpowiedź

a) próbować ruszyć przed rowerzystą,
b) zostawić rowerzyście czas i miejsce,
c) skręcić w prawo, ale zostawić rowerzyście miejsce,
d) krótko użyć sygnału dźwiękowego i przejechać jako pierwszy.

5.42. Prowadząc pojazd, zauważasz przed sobą ten znak. Powinieneś:

zaznacz jedną odpowiedź

a) zatrzymać się przy znaku,
b) zwolnić i z mniejszą prędkością pokonać zakręt,
c) bardzo zwolnić i z minimalną prędkością pokonać zakręt,
d) zatrzymać się i zwrócić uwagę na otwarte bramy prowadzące do gospodarstw wiejskich.

5.43. Kiedy światło zmieni się na zielone, biały samochód powinien:

zaznacz jedną odpowiedź

a) zaczekać na rowerzystę aż ruszy,
b) szybko ruszyć i skręcić nagle przed rowerzystą,
c) dojechać blisko do rowerzysty, żeby przejechać przed zmianą świateł,
d) użyć sygnału dźwiękowego, aby ostrzec rowerzystę.

5.44. Masz zamiar skręcić w lewo na sygnalizacji świetlnej. Co powinieneś zrobić na chwilę przed skrętem?

zaznacz jedną odpowiedź

a) sprawdzić sytuację w swoim prawym lusterku,
b) podjechać bliżej do białego samochodu,
c) jechać pomiędzy oboma pasami,
d) sprawdzić, czy nie ma rowerzystów z lewej strony.

5.45. Powinieneś zmniejszyć prędkość, kiedy jedziesz tą drogą, ponieważ:

zaznacz jedną odpowiedź

a) przed Tobą znajduje się skrzyżowanie typu „staggered",
b) przed Tobą znajduje się niski wiadukt,
c) nawierzchnia jezdni się zmienia,
d) droga przed Tobą się zwęża.

5.46. Jedziesz z prędkością 60 mil na godzinę. Dojeżdżając do tak oznaczonego niebezpiecznego miejsca, powinieneś:

zaznacz jedną odpowiedź

a) utrzymać prędkość,
b) zmniejszyć prędkość,
c) skręcić w następną drogę w prawo,
d) skręcić w następną drogę w lewo.

5.47. Czego możesz się spodziewać w tej sytuacji?

zaznacz jedną odpowiedź

a) że pojazdy będą się kierować na prawy pas ruchu,
b) zwiększonej prędkości pojazdów,
c) że pojazdy będą się kierować na lewy pas ruchu,
d) że pojazdy nie będą musiały zmieniać swoich pasów ruchu.

5.48. Prowadzisz pojazd po drodze z kilkoma pasami ruchu. Zauważasz te znaki nad pasami. Co one oznaczają?

zaznacz jedną odpowiedź

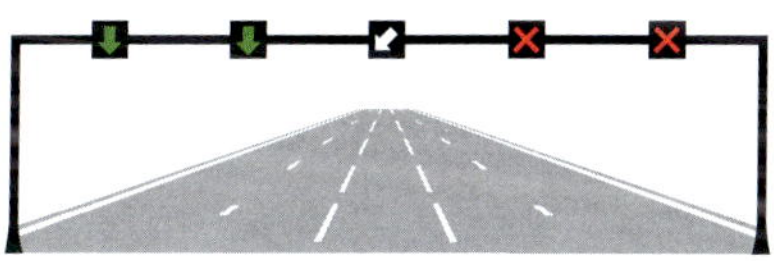

a) dwa prawe pasy są otwarte,
b) dwa lewe pasy są otwarte,
c) ruch na lewych pasach powinien się zatrzymać,
d) ruch na prawych pasach powinien się zatrzymać.

5.49. Jesteś zaproszony do pubu na lunch. Wiesz, że będziesz musiał prowadzić pojazd wieczorem. Jakie zachowanie będzie w tej sytuacji najlepsze dla Ciebie?

zaznacz jedną odpowiedź

a) unikanie mieszania napojów alkoholowych,
b) niespożywanie w ogóle alkoholu,
c) wypicie niewielkiej ilości mleka przed piciem alkoholu,
d) zjedzenie ciepłego posiłku podczas picia napojów alkoholowych.

5.50. Zostałeś skazany za prowadzenie pojazdu pod wpływem alkoholu lub środków odurzających. Prawdopodobnie spowoduje to znaczny wzrost Twoich opłat za jeden z poniższych dokumentów. Który?

zaznacz jedną odpowiedź

a) podatek drogowy (road fund licence),
b) polisa ubezpieczeniowa,
c) zaświadczenie o odbytym przeglądzie technicznym (MOT),
d) prawo jazdy.

5.51. Jakiej rady powinieneś udzielić kierowcy, który wypił na przyjęciu kilka drinków alkoholowych?

zaznacz jedną odpowiedź

a) aby wypił mocną kawę i pojechał do domu,
b) aby ostrożnie i wolno jechał do domu,
c) aby wrócił do domu transportem publicznym,
d) aby chwilę zaczekał, a następnie pojechał samochodem do domu.

5.52. Przez kilka dni brałeś leki, które powodowały u Ciebie uczucie senności. Dzisiaj czujesz się lepiej, ale nadal musisz przyjmować lekarstwa. Możesz prowadzić pojazd, ale wyłącznie pod warunkiem, że:

zaznacz jedną odpowiedź

a) Twoja podróż jest absolutnie niezbędna,
b) będziesz jechał nocą mało uczęszczanymi drogami,
c) ktoś z Tobą pojedzie,
d) zgodzi się na to Twój lekarz.

5.53. Masz właśnie wracać do domu z wakacji, kiedy zaczynasz chorować. Lekarz przepisuje Ci leki, które mogą wpłynąć na Twoją zdolność do prowadzenia pojazdów. Powinieneś:

zaznacz jedną odpowiedź

a) prowadzić pojazd pod warunkiem, że ktoś jedzie z Tobą,
b) unikać prowadzenia pojazdu po autostradach,
c) nie prowadzić pojazdu,
d) nigdy nie prowadzić pojazdu z prędkością większą niż 30 mil na godzinę.

5.54. W trakcie choroby Twoja zdolność do prowadzenia pojazdów może być ograniczona. MUSISZ:

zaznacz dwie odpowiedzi

a) skonsultować się wcześniej z lekarzem, za każdym razem, kiedy będziesz zamierzał prowadzić pojazd,

b) jedynie przyjmować mniejsze dawki leków,
c) być sprawny do jazdy pod względem medycznym,
d) pamiętać, że po zażyciu niektórych leków nie możesz prowadzić pojazdu,
e) zabrać wszystkie leki ze sobą, gdy będziesz prowadzić pojazd.

5.55. Czujesz się senny, kiedy prowadzisz pojazd. Powinieneś:

zaznacz dwie odpowiedzi

a) jak najszybciej zatrzymać się i odpocząć,
b) włączyć ogrzewanie, aby Ci było ciepło i przyjemnie,
c) upewnić się, że masz dobry dopływ świeżego powierza,
d) kontynuować podróż, ale prowadzić pojazd wolniej,
e) zamknąć okna w samochodzie, aby ułatwić sobie koncentrację.

5.56. Prowadzisz pojazd autostradą i czujesz się zmęczony. Powinieneś:

zaznacz dwie odpowiedzi

a) zatrzymać się na następnym miejscu obsługi podróżnych (service area) i odpocząć,
b) na najbliższym zjeździe opuścić autostradę i odpocząć,
c) zwiększyć prędkość i nastawić głośniej radio,
d) zamknąć wszystkie okna i włączyć ogrzewanie,
e) zjechać na pas awaryjny i zmienić kierowcę.

5.57. Bierzesz leki, które prawdopodobnie wpłyną na Twoją zdolność do prowadzenia pojazdów. Co powinieneś zrobić?

zaznacz jedną odpowiedź

a) zapytać lekarza, czy wolno Ci prowadzić pojazdy,
b) ograniczyć prowadzenie pojazdu tylko do niezbędnych podróży,
c) prowadzić pojazd tylko wtedy, gdy jedzie z Tobą osoba posiadająca pełne prawo jazdy (full driving licence),
d) prowadzić pojazd tylko na krótkich dystansach.

5.58. Masz właśnie jechać do domu. Jesteś bardzo zmęczony i odczuwasz silny ból głowy. Powinieneś:

zaznacz jedną odpowiedź

a) zaczekać aż Twoje samopoczucie się poprawi i będziesz zdolny do jazdy,
b) pojechać do domu, ale wcześniej wziąć tabletkę przeciw bólowi głowy,
c) pojechać do domu, jeśli uważasz, że nie będziesz śpiący podczas jazdy,
d) chwilę zaczekać, a następnie wolno pojechać do domu.

5.59. Gdy podczas prowadzenia pojazdu odczuwasz zmęczenie, powinieneś jak najszybciej zatrzymać się i odpocząć. Do tego czasu powinieneś:

zaznacz jedną odpowiedź

a) zwiększyć prędkość, żeby szybko znaleźć miejsce postoju,
b) zapewnić sobie dopływ świeżego powietrza,
c) delikatnie stukać palcami w kierownicę,
d) zmieniać prędkość, żeby poprawić swoją koncentrację.

5.60. Jazda na długich dystansach może być męcząca. Jak można temu przeciwdziałać?

zaznacz trzy odpowiedzi

a) często zatrzymywać się, żeby pospacerować,
b) otwierać okna, żeby zapewnić sobie dopływ świeżego powietrza,
c) zapewnić sobie dużo krótkich przerw na odpoczynek,
d) nie zatrzymywać się podczas podróży,
e) zjeść przed podróżą duży posiłek.

5.61. Idziesz na spotkanie towarzyskie i chwilę później musisz prowadzić pojazd. Jakie środki ostrożności powinieneś przedsięwziąć?

zaznacz jedną odpowiedź

a) unikać picia alkoholu na pusty żołądek,
b) wypić dużo kawy po wypiciu alkoholu,
c) unikać całkowicie picia alkoholu,
d) wypić dużo mleka przed wypiciem alkoholu.

5.62. Bierzesz jakieś lekarstwo przeciw kaszlowi, które dał Ci przyjaciel. Co powinieneś zrobić zanim zaczniesz prowadzić pojazd?

zaznacz jedną odpowiedź

a) zapytać przyjaciela, czy branie środka wpłynęło na jego zdolność do prowadzenia pojazdów,
b) godzinę przed podróżą wypić trochę mocnej kawy,
c) sprawdzić na opakowaniu leku, czy wpłynie on na Twoją zdolność do prowadzenia pojazdów,
d) pokierować pojazdem na krótkim dystansie, aby zobaczyć, czy środek wpłynie na Twoją zdolność do prowadzenia pojazdów.

5.63. Wjechałeś w złą drogę i zorientowałeś się, że jesteś na ulicy jednokierunkowej. Powinieneś:

zaznacz jedną odpowiedź

a) wycofać z niej pojazd,
b) zawrócić na bocznej drodze,
c) kontynuować jazdę do końca ulicy,
d) wycofać pojazd na podjazd do posesji.

5.64. Co może spowodować utratę koncentracji podczas jazdy?

zaznacz trzy odpowiedzi

a) zaglądanie do atlasu drogowego,
b) słuchanie głośnej muzyki,
c) używanie spryskiwacza przedniej szyby,
d) patrzenie w boczne lusterko pojazdu,
e) używanie telefonu komórkowego.

5.65. Jedziesz tą drogą. Kierowca z lewej strony wycofuje pojazd z podjazdu na posesję. Powinieneś:

zaznacz jedną odpowiedź

a) zjechać na drugą stronę jezdni,
b) przejechać, ponieważ masz pierwszeństwo,
c) użyć sygnału dźwiękowego i być przygotowanym do zatrzymania się,
d) przyspieszyć i szybko przejechać.

5.66. Wdałeś się w sprzeczkę przed rozpoczęciem podróży. To spowodowało, że jesteś zdenerwowany. Powinieneś:

zaznacz jedną odpowiedź

a) rozpocząć jazdę, ale wcześniej otworzyć w samochodzie okno,
b) jechać wolniej niż zwykle i włączyć radio,
c) wypić alkohol, żeby się zrelaksować przed jazdą,
d) uspokoić się przed rozpoczęciem jazdy.

5.67. Podczas prowadzenia pojazdu poczułeś zmęczenie. Co powinieneś zrobić?

zaznacz jedną odpowiedź

a) nieznacznie zwiększyć prędkość,
b) nieznacznie zmniejszyć prędkość,
c) znaleźć mniej ruchliwą trasę,
d) zjechać w bezpieczne miejsce, żeby odpocząć.

5.68. Jedziesz tą drogą z pasem rozdzielającym jezdnie o przeciwnym kierunku ruchu (dual carriageway). Dlaczego powinieneś zwolnić?

zaznacz jedną odpowiedź

a) dlatego, że na osi jezdni jest przerywana biała linia,
b) dlatego, że po obu stronach jezdni są ciągłe białe linie,
c) dlatego, że przed Tobą są roboty drogowe,
d) dlatego, że nie ma chodników dla pieszych.

5.69. Wyprzedził Cię właśnie ten motocyklista, który teraz szybko zajeżdża Ci drogę. Powinieneś:

zaznacz jedną odpowiedź

a) użyć sygnału dźwiękowego,
b) gwałtownie zahamować,
c) utrzymać bezpieczny odstęp,
d) zamrugać światłami.

5.70. Właśnie masz jechać do domu. Nie możesz znaleźć okularów, bez których dobrze nie widzisz. Powinieneś:

zaznacz jedną odpowiedź

a) wolno jechać do domu mało uczęszczanymi drogami,
b) skorzystać z okularów pożyczonych od przyjaciela,
c) wracać do domu nocą, ponieważ światła poprawią Ci widoczność,
d) znaleźć sposób na dotarcie do domu bez konieczności prowadzenia przez Ciebie pojazdu.

5.71. Prawdopodobne skutki wypicia alkoholu to:

zaznacz trzy odpowiedzi

a) zmniejszona koordynacja ruchów,
b) podwyższone zaufanie we własne umiejętności,
c) zła ocena sytuacji,
d) podwyższona koncentracja,
e) szybsze reakcje,
f) daltonizm.

5.72. W jaki sposób wpływa na Ciebie alkohol?

zaznacz jedną odpowiedź

a) przyspiesza reakcje,
b) podwyższa uwagę,
c) poprawia koordynację,
d) obniża koncentrację.

5.73. Twój lekarz przepisał Ci leki. Powinieneś go zapytać, czy wpłyną one na Twoją zdolność do prowadzenia pojazdów. Dlaczego?

zaznacz jedną odpowiedź

a) leki powodują, że staniesz się lepszym kierowcą, ponieważ wpływają na przyspieszenie Twoich reakcji,
b) będziesz musiał powiadomić swoją firmę ubezpieczeniową o zażywanych przez Ciebie lekach,
c) niektóre typy leków mogą powodować zwolnienie Twoich reakcji,
d) leki, które przyjmujesz, mogą wpłynąć na Twój słuch.

5.74. Jesteś na autostradzie. Czujesz się zmęczony. Powinieneś:

zaznacz jedną odpowiedź

a) kontynuować podróż, ale jechać wolniej,
b) opuścić autostradę na następnym zjeździe,
c) jak najszybciej dojechać do miejsca przeznaczenia,
d) zatrzymać się na pasie awaryjnym.

5.75. Zdajesz sobie sprawę, że potrzebujesz okularów, żeby przeczytać numery rejestracyjne pojazdów na wymaganym przez prawo dystansie. Kiedy MUSISZ je nosić?

zaznacz jedną odpowiedź

a) tylko w złych warunkach atmosferycznych,
b) zawsze, kiedy prowadzisz pojazd,
c) tylko wtedy, kiedy myślisz, że jest to konieczne,
d) tylko w słabym świetle albo w nocy.

5.76. Wskaż sposoby na zachowanie koncentracji podczas długiej podróży:

zaznacz dwie odpowiedzi

a) jak najszybsze ukończenie podróży,
b) unikanie autostrad i korzystanie z podrzędnych dróg,
c) zapewnienie sobie dobrego dopływu świeżego powietrza,
d) robienie częstych przystanków na odpoczynek.

5.77. Które z poniższych typów okularów NIE powinny być zakładane podczas prowadzenia pojazdu w nocy?

zaznacz jedną odpowiedź

a) półksiężyce,
b) okrągłe,
c) z podwójną ogniskową,
d) przyciemniane.

5.78. Wypicie jakiejkolwiek ilości alkoholu może spowodować:

zaznacz trzy odpowiedzi

a) spowolnienie reakcji na zagrożenia,
b) zwiększenie szybkości reakcji,
c) pogorszenie oceny prędkości,
d) poprawę świadomości zagrożeń,
e) fałszywe poczucie pewności siebie.

5.79. Co, oprócz alkoholu, może poważnie wpłynąć na Twoją koncentrację?

zaznacz trzy odpowiedzi

a) leki lub narkotyki,
b) zmęczenie,
c) przyciemniane szyby,
d) szkła kontaktowe,
e) głośna muzyka.

5.80. Jako kierowca zauważyłeś, że Twój wzrok znacznie się pogorszył. Twój optyk twierdzi, że nie może Ci pomóc. Prawo stanowi, że powinieneś o tym powiadomić:

zaznacz jedną odpowiedź

a) urząd wydający licencje lub pozwolenia (licensing authority),
b) swojego lekarza,
c) policjanta na lokalnym posterunku policji,
d) innego optyka.

5.81. Kiedy powinieneś użyć świateł awaryjnych?

zaznacz jedną odpowiedź

a) wtedy, gdy zaparkowałeś w podwójnym szyku pojazdów na drodze dwukierunkowej,
b) wtedy, gdy kierunkowskazy w Twoim pojeździe nie działają,
c) wtedy, gdy ostrzegasz pojazdy nadjeżdżające z przeciwka, że masz zamiar się zatrzymać,
d) wtedy, gdy Twój pojazd się zepsuł i utrudnia ruch innym.

5.82. Chcesz skręcić w lewo na tym skrzyżowaniu. Widoczność głównej drogi jest ograniczona. Co powinieneś zrobić?

zaznacz jedną odpowiedź

a) pozostać daleko z tyłu i zaczekać, aby zobaczyć, czy coś nadjeżdża,
b) nabrać prędkości, aby móc szybko wjechać na drogę,
c) zatrzymać się i zaciągnąć ręczny hamulec, nawet jeśli droga jest wolna od ruchu,
d) wolno podjechać i wysunąć się aż będziesz lepiej widział.

5.83. Kiedy możesz użyć świateł awaryjnych?

zaznacz jedną odpowiedź

a) wtedy, gdy parkujesz wzdłuż boku innego samochodu,
b) wtedy, gdy parkujesz na podwójnej żółtej linii,
c) wtedy, gdy Twój pojazd jest holowany,
d) wtedy, gdy Twój pojazd się zepsuł.

5.84. Światła awaryjne powinny być użyte, kiedy pojazd:

zaznacz jedną odpowiedź

a) jest zepsuty i powoduje utrudnienia w ruchu,
b) ma usterkę i wolno się porusza,
c) jest holowany drogą,
d) jest wycofywany w boczną drogę.

5.85. W jakim celu użyjesz funkcji kick down, prowadząc samochód z automatyczną skrzynią biegów?

zaznacz jedną odpowiedź

a) aby korzystać z tempomatu (cruise control),
b) aby gwałtownie przyspieszać,
c) aby wolno hamować,
d) dla oszczędności paliwa.

5.86. Jedziesz tą autostradą. Pada deszcz. Jadąc za tym samochodem ciężarowym powinieneś:

zaznacz dwie odpowiedzi

a) jechać z co najmniej dwusekundowym odstępem,
b) zjechać na lewo i prowadzić pojazd po pasie awaryjnym,
c) jechać z co najmniej czterosekundowym odstępem,
d) pamiętać o ograniczających Twoją widoczność obłokach rozpryśniętych małych kropel wody, które wydostają się spod kół innych pojazdów,
e) zjechać na prawo i pozostać na prawym pasie ruchu.

5.87. Jedziesz w kierunku tego zakrętu w lewo. Na co powinieneś zwrócić uwagę?

zaznacz jedną odpowiedź

a) na wyprzedzający Cię pojazd,
b) na brak białych linii na osi jezdni,
c) na brak znaku ostrzegającego Cię o zakręcie,
d) na pieszych idących w Twoim kierunku.

5.88. Pojazdy przed Tobą na lewym pasie ruchu zwalniają. Powinieneś:

zaznacz dwie odpowiedzi

a) uważać na samochody wjeżdżające na Twój pas z prawej strony, tuż przed Tobą,
b) przyspieszyć, wyprzedzając pojazdy na lewym pasie ruchu,
c) zjechać na lewe pobocze,
d) zjechać na prawo i kontynuować jazdę prawym pasem ruchu,
e) zwolnić, utrzymując bezpieczny odstęp.

5.89. Jako posiadaczowi tymczasowego prawa jazdy (provisional licence) nie wolno Ci jeździć samochodem:

zaznacz dwie odpowiedzi

a) z prędkością większą niż 40 mil na godzinę,
b) samemu,
c) po autostradzie,

d) w nocy, gdy masz mniej niż 18 lat,
e) z pasażerami na tylnych siedzeniach.

5.90. Nie jesteś pewien, czy lek przeciw kaszlowi będzie miał wpływ na Twoją zdolność do prowadzenia pojazdów. Co powinieneś zrobić?

zaznacz dwie odpowiedzi

a) spytać lekarza,
b) sprawdzić opakowanie po lekach,
c) prowadzić pojazd, jeśli dobrze się czujesz,
d) zapytać przyjaciela lub krewnego o radę.

5.91. W której z poniższych sytuacji możesz użyć świateł awaryjnych?

zaznacz jedną odpowiedź

a) kiedy prowadzisz pojazd autostradą i chcesz ostrzec kierowców za Tobą o zagrożeniu przed Tobą,
b) kiedy zaparkowałeś w podwójnym szyku pojazdów, na drodze dwukierunkowej,
c) kiedy kierunkowskazy w Twoim pojeździe nie działają,
d) kiedy ostrzegasz nadjeżdżających z przeciwka, że masz zamiar się zatrzymać.

5.92. Czekasz, żeby wjechać na skrzyżowanie. Twoja widoczność jest ograniczona z powodu zaparkowanych pojazdów. Co może poprawić Ci widoczność drogi, w którą się włączasz?

zaznacz jedną odpowiedź

a) obserwowanie pojazdów za Tobą,
b) odbicia pojazdów w szybach sklepowych,
c) kontakt wzrokowy z innymi uczestnikami ruchu,
d) sprawdzanie sytuacji na drodze w wewnętrznym lusterku.

5.93. Zdałeś egzamin z prawa jazdy i zaczynasz cierpieć z powodu złego stanu zdrowia. Wpływa to na Twoją zdolność do prowadzenia pojazdów. MUSISZ:

zaznacz jedną odpowiedź

a) poinformować o tym lokalny posterunek policji,
b) unikać jazdy autostradami,
c) prowadzić pojazd wyłącznie w obecności innej osoby,
d) poinformować o tym urząd wydający licencje lub pozwolenia (licensing authority).

5.94. Dlaczego skrzyżowanie z lewej strony nie powinno być blokowane?
zaznacz jedną odpowiedź

a) aby umożliwić pojazdom wjazd i zjazd,
b) aby umożliwić autobusowi cofanie,
c) aby umożliwić pojazdom zawracanie,
d) aby umożliwić pojazdom parkowanie.

5.95. Jeśli podróż autostradą nuży Cię i czujesz się senny, powinieneś:
zaznacz jedną odpowiedź

a) zatrzymać się na pasie awaryjnym, żeby się przespać,
b) otworzyć okno i jak najszybciej zatrzymać się w dozwolonym i bezpiecznym miejscu,
c) przyspieszyć, żeby szybciej dotrzeć do miejsca przeznaczenia,
d) zwolnić i pozwolić innym kierowcom Cię wyprzedzić.

5.96. Jedziesz autostradą. Z powodu wypadku pojazdy przed Tobą gwałtownie hamują. W jaki sposób możesz ostrzec kierowców za Tobą?
zaznacz jedną odpowiedź

a) włączając na krótko światła awaryjne,
b) włączając na dłużej światła awaryjne,
c) włączając na krótko tylne światła przeciwmgielne,
d) włączając na dłużej światła mijania (headlights).

6.1. Który znak oznacza, że piesi mogą iść wzdłuż drogi?

zaznacz jedną odpowiedź

a)

b)

c)

d)

6.2. Skręcasz w lewo na skrzyżowaniu. Piesi zaczęli właśnie przekraczać jezdnię. Powinieneś:

zaznacz jedną odpowiedź

a) kontynuować manewr, zostawiając im dużo miejsca,
b) zatrzymać się i dać im znak ręką, aby przeszli,
c) użyć sygnału dźwiękowego i kontynuować manewr,
d) ustąpić im pierwszeństwa.

6.3. Skręcasz w lewo z drogi głównej w boczną. W tym czasie piesi właśnie przekraczają jezdnię drogi bocznej, w którą skręcasz. Powinieneś:

zaznacz jedną odpowiedź

a) kontynuować manewr, ponieważ to Ty masz pierwszeństwo,
b) zasygnalizować im, aby kontynuowali przechodzenie przez jezdnię,
c) zaczekać, pozwalając im przejść,
d) użyć sygnału dźwiękowego, aby ich ostrzec o swojej obecności

6.4. Jesteś na skrzyżowaniu i skręcasz w drogę podporządkowaną, którą właśnie przekraczają piesi. Powinieneś:

zaznacz jedną odpowiedź

a) zatrzymać się i dać im znak ręką, aby przeszli,
b) użyć sygnału dźwiękowego, aby dać im znać o swojej obecności,
c) ustąpić pierwszeństwa pieszym, którzy już przechodzą,
d) kontynuować jazdę, gdyż to piesi powinni ustąpić Ci pierwszeństwa.

6.5. Skręcasz w lewo, w boczną drogę. Na jakie potencjalne zagrożenie powinieneś zwrócić szczególną uwagę?

zaznacz jedną odpowiedź

a) na to, czy ulica, w którą chcesz skręcić, nie jest jednokierunkowa,
b) na pieszych,
c) na zatłoczenie na drodze,
d) na zaparkowane pojazdy.

6.6. Zamierzasz skręcić w prawo, w boczną drogę. Zaraz przed skrętem powinieneś upewnić się, czy w pobliżu znajdują się motocykliści, którzy mogliby:

zaznacz jedną odpowiedź

a) wyprzedzać Cię z lewej strony,
b) jechać blisko za Tobą,
c) wjeżdżać z bocznej drogi na główną,
d) wyprzedzać Cię z prawej strony.

6.7. Przejście typu toucan jest inne od pozostałych, ponieważ:

zaznacz jedną odpowiedź

a) mogą z niego korzystać motorowerzyści,
b) ruch na tym przejściu jest kontrolowany przez strażnika miejskiego,
c) ruch na tym przejściu jest regulowany za pomocą dwóch pulsujących świateł,
d) mogą z niego korzystać rowerzyści.

6.8. W jaki sposób school crossing patrol zasygnalizuje Ci, żebyś się zatrzymał?

zaznacz jedną odpowiedź

a) wskaże Ci dzieci na przeciwległym chodniku,
b) pokaże Ci czerwone światło,
c) pokaże Ci znak stop,
d) da Ci znak ruchem ramienia.

6.9. Gdzie spotkasz się z tym znakiem?

zaznacz jedną odpowiedź

a) na oknie samochodu wiozącego dzieci do szkoły,
b) na poboczu drogi,
c) na placu zabaw,
d) z tyłu szkolnego autobusu lub autokaru.

6.10. Który znak informuje, że piesi mogą iść jezdnią, ponieważ nie ma wydzielonego chodnika?

zaznacz jedną odpowiedź

a)

b)

c)

d)

6.11. Co oznacza ten znak?

zaznacz jedną odpowiedź

a) brak ścieżki dla pieszych i rowerzystów,
b) ścieżkę wyznaczoną tylko dla pieszych,
c) ścieżkę wyznaczoną tylko dla rowerzystów,
d) ścieżkę wyznaczoną dla pieszych i rowerzystów.

6.12. Zauważasz przechodnia posługującego się białą laską z czerwoną obwódką. To oznacza, że osoba ta jest:

zaznacz jedną odpowiedź

a) fizycznie upośledzona,
b) głucha,
c) ociemniała,
d) głucha i ociemniała.

6.13. Co powinieneś zrobić, kiedy osoba w podeszłym wieku przekracza jezdnię?

zaznacz jedną odpowiedź

a) dać jej znak ręką, aby zasygnalizować, że ją zauważyłeś,
b) być cierpliwym i pozwolić jej przejść przez jezdnię we własnym tempie,
c) zwiększyć obroty silnika, aby jej zasygnalizować, że czekasz,
d) krótko użyć sygnału dźwiękowego na wypadek, gdyby miała trudności ze słyszeniem.

6.14. Zauważasz dwójkę przechodniów w podeszłym wieku, którzy mają zamiar przejść przez jezdnię przed Twoim pojazdem. Powinieneś:

zaznacz jedną odpowiedź

a) spodziewać się, że zaczekają, aż przejedziesz,
b) przyspieszyć, żeby ich szybko minąć,
c) zatrzymać się i dać im znak ręką, żeby przeszli przez jezdnię,
d) być ostrożnym, ponieważ mogą źle oszacować prędkość, z jaką jedziesz.

6.15. Dojeżdżasz do ronda. Rowerzysta sygnalizuje skręt w prawo. Jak powinieneś się zachować?

zaznacz jedną odpowiedź

a) wyprzedzić go z prawej strony,
b) użyć ostrzegawczego sygnału dźwiękowego,
c) dać rowerzyście znak, żeby przejechał,
d) zostawić rowerzyście dużo miejsca.

6.16. Którym typom pojazdów powinieneś zostawić więcej miejsca, kiedy je wyprzedzasz?

zaznacz dwie odpowiedzi

a) motocyklom,
b) traktorom,
c) rowerom,
d) zamiatarkom.

6.17. Dlaczego na skrzyżowaniach powinieneś zwracać szczególną uwagę na motocyklistów i rowerzystów?

zaznacz jedną odpowiedź

a) ponieważ mogą chcieć skręcić w boczną drogę,
b) ponieważ mogą zwolnić, żeby pozwolić Ci skręcić,
c) ponieważ trudniej jest ich zauważyć,
d) ponieważ mogą nie zauważyć, że skręcasz.

6.18. Czekasz, żeby wyjechać z bocznej drogi. Dlaczego powinieneś zwracać szczególną uwagę na motocyklistów?

zaznacz jedną odpowiedź

a) bo motocykle są zwykle szybsze niż samochody,
b) bo patrole policji często używają motocykli,
c) bo motocykle są małe i trudno je zauważyć,
d) bo motocykle mają pierwszeństwo przejazdu.

6.19. Nadjeżdżający z przeciwka motocyklista używa światła mijania (dipped headlight) w dzień. Dlaczego?

zaznacz jedną odpowiedź

a) aby być bardziej widocznym,
b) aby nie przeładowywać akumulatora,
c) aby poprawić swoje pole widzenia,
d) aby zasygnalizować Ci, żebyś kontynuował jazdę.

6.20. Motocykliści powinni ubierać jaskrawe ubrania przede wszystkim dlatego, że:

zaznacz jedną odpowiedź

a) tak stanowi prawo,
b) będzie im chłodniej latem,
c) takie kolory są powszechnie używane,
d) są w nich lepiej widoczni dla kierowców.

6.21. Motocyklista przed Tobą jedzie wolno. Nie jesteś pewien, co ma zamiar zrobić. Powinieneś:

zaznacz jedną odpowiedź

a) wyprzedzić go z lewej strony,
b) wyprzedzić go z prawej strony,
c) jechać za nim,
d) podjechać do niego bliżej.

6.22. Motocykliści często oglądają się przez prawe ramię, zanim wykonają skręt w prawo. Postępują tak, ponieważ:

zaznacz jedną odpowiedź

a) muszą nasłuchiwać odgłosów pojazdów za sobą,
b) motocykle nie mają lusterek,
c) patrzenie dookoła ułatwia im zachowanie równowagi, kiedy skręcają,
d) muszą sprawdzić to, czego nie widzą w lusterkach ze względu na ich tzw. martwe pole (blind spot).

6.23. Kto na skrzyżowaniach jest najbardziej narażony na wypadki?

zaznacz trzy odpowiedzi

a) rowerzyści,
b) motocykliści,
c) piesi,
d) kierowcy samochodów osobowych,
e) kierowcy samochodów ciężarowych.

6.24. Motocykliści są szczególnie narażeni na wypadki:

zaznacz jedną odpowiedź

a) kiedy ruszają,
b) na drogach typu dual carriageway (droga z pasem rozdzielającym jezdnie o przeciwnym kierunku ruchu),
c) kiedy dojeżdżają do skrzyżowań,
d) na autostradach.

6.25. Dojeżdżasz do ronda. Tuż przed sobą widzisz jadących konno jeźdźców. Powinieneś:

zaznacz dwie odpowiedzi

a) przygotować się do ewentualnego zatrzymania,
b) traktować ich jak inne pojazdy,
c) zostawić im dużo miejsca,
d) przyspieszyć, aby jak najszybciej ich wyprzedzić,
e) użyć sygnału dźwiękowego jako ostrzeżenia.

6.26. W chwili, gdy dojeżdżasz do przejścia typu pelican, światła zmieniają się na zielone. Osoby w podeszłym wieku właśnie znajdują się w połowie tego przejścia. Co powinieneś zrobić?

zaznacz jedną odpowiedź

a) dać im znak ręką, żeby jak najszybciej przeszli,
b) zwiększyć obroty silnika, żeby się pospieszyli,
c) zamrugać światłami na wypadek, gdyby Cię nie słyszeli,
d) zaczekać, ponieważ przejście zajmie im więcej czasu.

6.27. Pod znakiem ostrzegającym Cię, że znajdujesz się w rejonie szkoły, palą się pulsująco żółte światła. Co powinieneś zrobić?

zaznacz jedną odpowiedź

a) jechać ze zmniejszoną prędkością do momentu aż wyjedziesz z tego rejonu,
b) utrzymać prędkość i użyć sygnału dźwiękowego,
c) przyspieszyć, aby szybko przejechać przez ten rejon,
d) zaczekać na światłach aż się zmienią na zielone.

6.28. Na tych znakach na jezdni nie wolno parkować pojazdów. Ma to umożliwić:

zaznacz jedną odpowiedź

a) wysiadanie z pojazdów dzieciom w wieku szkolnym,
b) parkowanie nauczycielom,
c) zabieranie dzieci spod szkoły,
d) dobrą widoczność w rejonie przejścia przez jezdnię.

6.29. Gdzie można spotkać ten znak?

zaznacz jedną odpowiedź

a) w pobliżu przejścia dla dzieci znajdującego się koło szkoły,
b) przy wejściu na plac zabaw,
c) na szkolnym autobusie,
d) w rejonie „tylko dla pieszych".

6.30. Jedziesz za dwoma rowerzystami, którzy dojeżdżają do ronda lewym pasem. Jak sądzisz, w którym kierunku pojadą?

zaznacz jedną odpowiedź

a) w lewo,
b) w prawo,
c) gdziekolwiek,
d) prosto.

6.31. Jedziesz za motorowerem. Za chwilę będziesz skręcał w lewo. Powinieneś:

zaznacz jedną odpowiedź

a) wyprzedzić motorowerzystę przed skrzyżowaniem,
b) zrównać się z motorowerzystą i jechać obok niego prawie do skrzyżowania,
c) użyć sygnału dźwiękowego jako ostrzeżenia, wyprzedzić go i zjechać na jego stronę tuż przed nim,
d) jechać za motorowerzystą aż do momentu, gdy przejedzie przez skrzyżowanie.

6.32. Dojeżdżając do ronda zauważasz jeźdźca na koniu. Sygnalizuje on skręt w prawo, ale jedzie blisko lewej strony jezdni. Powinieneś:

zaznacz jedną odpowiedź

a) jechać tak, jak do tej pory,
b) jechać blisko za nim,
c) wyprzedzić go i zjechać na jego stronę, tuż przed nim,
d) jechać daleko za nim.

6.33. Jak powinieneś zareagować na kierowcę, który wygląda na niedoświadczonego?

zaznacz jedną odpowiedź

a) użyć sygnału dźwiękowego, żeby zasygnalizować mu swoją obecność,
b) być cierpliwy i przygotowany na to, że może wolniej reagować,
c) zasygnalizować mu światłami, że może bezpiecznie jechać dalej,
d) jak najszybciej go wyprzedzić.

6.34. Jedziesz za uczącym się kierowcą, któremu na skrzyżowaniu niespodziewanie gaśnie silnik. Powinieneś:

zaznacz jedną odpowiedź

a) być cierpliwy, ponieważ spodziewasz się po nim, że może popełniać błędy,
b) jadąc bardzo blisko za nim zamrugać światłami,
c) zacząć zwiększać obroty silnika, jeśli ruszanie zajmuje mu zbyt dużo czasu,
d) natychmiast go ominąć i odjechać.

6.35. Jesteś na drodze peryferyjnej. Kto może zbliżać się do Ciebie z przeciwka, poruszając się TWOJĄ stroną jezdni?

zaznacz jedną odpowiedź

a) motocyklista,
b) rowerzysta,
c) pieszy,
d) jeździec na koniu.

6.36. Skręcasz w lewo, w boczną drogę. Piesi właśnie przechodzą przez nią blisko skrzyżowania. Musisz:

zaznacz jedną odpowiedź

a) dać im znak ręką, żeby przeszli,
b) użyć sygnału dźwiękowego,
c) włączyć światła awaryjne,
d) zaczekać aż przejdą.

6.37. Jedziesz za samochodem prowadzonym przez osobę w podeszłym wieku. Powinieneś:

zaznacz jedną odpowiedź

a) spodziewać się, że ta osoba będzie prowadzić w niewłaściwy sposób,
b) zamrugać światłami i wyprzedzić ten samochód,
c) mieć świadomość, że reakcje tej osoby mogą nie być tak szybkie, jak Twoje,
d) jechać blisko za tym samochodem, ale zachować ostrożność.

6.38. Jedziesz za rowerzystą. Za chwilę będziesz skręcał w lewo. Powinieneś:

zaznacz jedną odpowiedź

a) wyprzedzić go przed skrzyżowaniem,
b) zrównać się z nim i jechać obok niego aż do momentu, gdy przejedziesz skrzyżowanie,
c) jechać za nim aż do momentu, gdy przejedzie skrzyżowanie,
d) wyprzedzić go na skrzyżowaniu.

6.39. Do ronda dojeżdża lewym pasem jeździec na koniu. Powinieneś się spodziewać, że pojedzie on:

zaznacz jedną odpowiedź

a) w jakimkolwiek kierunku,
b) w prawo,
c) w lewo,
d) prosto.

6.40. Pojazdy napędzane elektrycznie, których używają osoby niepełnosprawne, są małe i trudne do zauważenia. W jaki sposób takie pojazdy ostrzegają o swojej obecności, kiedy poruszają się po drodze typu dual carriageway (droga z pasem rozdzielającym jezdnie o przeciwnym kierunku ruchu)?

zaznacz jedną odpowiedź

a) mają pulsujące czerwone światło ostrzegawcze,
b) mają pulsujące zielone światło ostrzegawcze,
c) mają pulsujące niebieskie światło ostrzegawcze,
d) mają pulsujące żółte światło ostrzegawcze.

6.41. Nigdy nie powinieneś próbować wyprzedzać rowerzysty:

zaznacz jedną odpowiedź

a) tuż przed Twoim skrętem w lewo,
b) na zakręcie w lewą stronę,
c) na ulicy jednokierunkowej,
d) na drodze typu dual carriageway (droga z pasem rozdzielającym jezdnie o przeciwnym kierunku ruchu).

6.42. Przed Tobą jedzie pojazd z pulsującym żółtym światłem ostrzegawczym. Oznacza ono:

zaznacz jedną odpowiedź

a) pojazd wolno poruszający się,
b) pojazd zepsuty,
c) samochód lekarza,
d) school crossing patrol.

6.43. O czym informuje ten znak?

zaznacz jedną odpowiedź

a) o pasie dla rowerów jadących w przeciwnym do Twojego kierunku ruchu,
b) o pasie dla rowerów jadących zgodnie z Twoim kierunkiem ruchu,
c) o wjeździe tylko dla rowerów i autobusów,
d) o zakazie wjazdu dla rowerów i autobusów.

6.44. Zauważyłeś przed sobą jeźdźców na koniach. Co PRZEDE WSZYSTKIM powinieneś zrobić?

zaznacz jedną odpowiedź

a) zjechać na środek jezdni,
b) zwolnić i przygotować się do ewentualnego zatrzymania,
c) przyspieszyć w momencie, gdy ich mijasz,
d) włączyć prawy kierunkowskaz.

6.45. Nie wolno Ci się zatrzymywać na tych znakach na jezdni, ponieważ możesz ograniczać:

zaznacz jedną odpowiedź

a) widoczność dzieciom przekraczającym jezdnię,
b) dojazd do szkoły nauczycielom,
c) dojazd do szkoły samochodom dostawczym,
d) dojazd do szkoły pojazdom służb ratunkowych.

6.46. Chodnik po lewej stronie jest zamknięty z powodu robót drogowych. Jak powinieneś się zachować?

zaznacz jedną odpowiedź

a) uważać na pieszych idących drogą,
b) używać częściej prawego lusterka,
c) przyspieszyć, aby szybciej minąć roboty drogowe,
d) jechać bliżej lewego krawężnika.

6.47. Jedziesz za motocyklistą po nierównej nawierzchni. Powinieneś:

zaznacz jedną odpowiedź

a) zostawić mu mniej miejsca niż zwykle, aby mógł Cię widzieć w swoich lusterkach,
b) natychmiast go wyprzedzić,
c) zostawić mu więcej miejsca niż zwykle, na wypadek, gdyby się zachwiał, omijając dziury,
d) zostawić mu tyle samo miejsca co zwykle, ponieważ rodzaj nawierzchni nie ma wpływu na jazdę motocyklem.

6.48. O czym ostrzega ten znak?

zaznacz jedną odpowiedź

a) o zakazie wjazdu rowerów,
b) o drodze przeznaczonej dla rowerów,
c) o parkingu przeznaczonym tylko dla rowerów,
d) o końcu drogi przeznaczonej dla rowerów.

6.49. Dojeżdżasz do tego ronda i zauważasz rowerzystę sygnalizującego skręt w prawo. Dlaczego rowerzysta jedzie lewą stroną?

zaznacz jedną odpowiedź

a) ponieważ dla niego ta droga jest szybsza,
b) ponieważ w rzeczywistości ma zamiar skręcić w lewo,
c) ponieważ sądzi, że kodeks drogowy go nie dotyczy,
d) ponieważ jest wolniejszy i bardziej podatny na wypadki.

6.50. Dojeżdżasz do tego przejścia dla pieszych. Powinieneś:

zaznacz jedną odpowiedź

a) przygotować się do zwolnienia i zatrzymania,
b) zatrzymać się i dać znak ręką pieszym, aby przeszli,
c) przyspieszyć i szybko minąć pieszych,
d) kontynuować jazdę, chyba że piesi wejdą na jezdnię.

6.51. Zauważasz pieszego z psem. Pies ma na sobie kamizelkę w kolorze żółtym lub czerwonego wina. To Cię informuje przede wszystkim o tym, że pieszy:

zaznacz jedną odpowiedź

a) jest w podeszłym wieku,
b) szkoli psa,
c) jest daltonistą,
d) jest głuchy.

6.52. Na przejściach typu toucan:

zaznacz jedną odpowiedź

a) zatrzymujesz się tylko wtedy, kiedy ktoś czeka na przejście,
b) obowiązuje zakaz wjazdu rowerzystów,
c) pali się pulsujące żółte światło ostrzegawcze,
d) musisz liczyć się z obecnością zarówno pieszych, jak i rowerzystów.

6.53. Niektóre skrzyżowania kontrolowane sygnalizacją świetlną mają wyznaczoną przestrzeń pomiędzy dwoma liniami STOP. Dlaczego?

zaznacz jedną odpowiedź

a) aby umożliwić taksówkom ustawienie się przed innymi pojazdami,
b) aby umożliwić osobom niepełnosprawnym przejście przez jezdnię,
c) aby umożliwić pieszym i rowerzystom jednoczesne przekraczanie jezdni,
d) aby umożliwić rowerzystom ustawienie się przed innymi pojazdami.

6.54. Czasami na jezdni przed sygnalizacją świetlną namalowane są wysunięte do przodu linie STOP z zaznaczoną przestrzenią pomiędzy nimi. Dlaczego?

zaznacz jedną odpowiedź

a) aby umożliwić rowerzystom ustawienie się przed innymi pojazdami,
b) aby umożliwić pieszym przejście przez jezdnię, kiedy światła się zmienią,
c) aby zapobiec przejeżdżaniu pojazdów na czerwonym świetle,
d) aby umożliwić pasażerom wyjście z autobusu, który na światłach czeka na przejazd.

6.55. Kiedy wyprzedzasz rowerzystę, powinieneś zostawić mu tyle miejsca, ile zostawiłbyś samochodowi. Jaki jest tego główny powód?

zaznacz jedną odpowiedź

a) rowerzysta może przyspieszyć,
b) rowerzysta może zsiąść z roweru,
c) rowerzysta może nagle zmienić tor jazdy,
d) rowerzysta może chcieć skręcić w lewo.

6.56. Co powinieneś zrobić, kiedy mijasz stado owiec na drodze?

zaznacz trzy odpowiedzi

a) zostawić im dużo miejsca,
b) jechać bardzo wolno,
c) minąć je szybko, ale cicho,
d) przygotować się do ewentualnego zatrzymania,
e) krótko użyć sygnału dźwiękowego.

6.57. W nocy zauważasz przechodnia w odblaskowym ubraniu niosącego jaskrawe czerwone światło. Co to oznacza?

zaznacz jedną odpowiedź

a) to, że dojeżdżasz do robót drogowych,
b) to, że dojeżdżasz do zorganizowanej grupy pieszych,
c) to, że dojeżdżasz do wolno poruszającego się pojazdu,
d) to, że dojeżdżasz do czarnego punktu (danger spot).

6.58. Właśnie zdałeś egzamin na prawo jazdy. W jaki sposób możesz zmniejszyć ryzyko uczestniczenia w wypadku?

zaznacz jedną odpowiedź

a) starając się zawsze jechać tuż za pojazdem, który jedzie przed Tobą,
b) nigdy nie przekraczając prędkości 40 mil na godzinę,
c) jeżdżąc tylko lewym pasem ruchu,
d) podejmując dodatkowe szkolenie z jazdy.

6.59. Właśnie masz wycofać samochód w boczną drogę. Nie jesteś pewien, czy za Twoim pojazdem nie ma przeszkód. Jak powinieneś postąpić?

zaznacz jedną odpowiedź

a) wystarczy, gdy spojrzysz przez tylne okno,
b) wysiąść i sprawdzić, czy nie ma żadnej przeszkody,
c) wystarczy, gdy sprawdzisz sytuację w lusterkach,
d) cofać, przyjmując, że za Twoim pojazdem nie ma przeszkód.

6.60. Właśnie masz wycofać samochód w boczną drogę. Pieszy chce przejść za Twoim pojazdem. Powinieneś:

zaznacz jedną odpowiedź

a) dać mu znak ręką, żeby się zatrzymał,
b) ustąpić mu pierwszeństwa,
c) dać mu znak ręką, żeby przeszedł,
d) wycofać zanim pieszy zacznie przechodzić.

6.61. Cofasz samochód. Kto może być szczególnie narażony na niebezpieczeństwo z tego powodu, że go nie zauważysz?

zaznacz jedną odpowiedź

a) motocyklista,
b) kierowca innego samochodu,
c) rowerzysta,
d) dziecko.

6.62. Wycofujesz samochód po łuku i zauważasz pieszego idącego z tyłu za Twoim pojazdem. Co powinieneś zrobić?

zaznacz jedną odpowiedź

a) zwolnić i dać mu znak ręką, aby przeszedł,
b) kontynuować cofanie, omijając go,
c) zatrzymać się i ustąpić mu pierwszeństwa,
d) kontynuować cofanie i użyć sygnału dźwiękowego.

6.63. Na skrzyżowaniu chcesz skręcić w prawo, wjeżdżając na główną drogę z podporządkowanej, przy czym Twoja widoczność jest ograniczona przez zaparkowane pojazdy. Co powinieneś zrobić?

zaznacz jedną odpowiedź

a) szybko ruszyć, ale przygotować się do ewentualnego zatrzymania,
b) użyć sygnału dźwiękowego i wjechać na główną drogę, jeśli nie ma odzewu,
c) zatrzymać się, a następnie wolno ruszyć do przodu, do momentu, kiedy będziesz miał dobrą widoczność,
d) zatrzymać się, a następnie wysiąść i popatrzeć wzdłuż głównej drogi, żeby sprawdzić sytuację.

6.64. Jesteś na początku sznura pojazdów oczekujących na skręt w prawo, w boczną drogę. Dlaczego tuż przed skrętem powinieneś sprawdzić sytuację w prawym lusterku?

zaznacz jedną odpowiedź

a) aby upewnić się, że nie ma pieszych mających zamiar przejść przez jezdnię,
b) aby upewnić się, że nie mijają Cię właśnie inne pojazdy,
c) aby upewnić się, że na bocznej drodze nie stoją pojazdy blokujące wjazd,
d) aby upewnić się, że inne pojazdy nie wjeżdżają właśnie na drogę główną.

6.65. Co musi zrobić kierowca na przejściu typu pelican, kiedy pali się żółte pulsujące światło?

zaznacz jedną odpowiedź

a) dać znak oczekującym pieszym, żeby przeszli,
b) zanim ruszy, musi poczekać na zielone światło,
c) ustąpić pierwszeństwa pieszym na przejściu,
d) zanim ruszy, musi poczekać na czerwone i żółte światło.

6.66. Zatrzymałeś się na przejściu typu pelican. Niepełnosprawny pieszy wolno przekracza przejście. Światła zmieniły się teraz na zielone. Powinieneś:

zaznacz dwie odpowiedzi

a) pozwolić mu przejść,
b) przejechać przed nim,
c) przejechać za nim,
d) użyć sygnału dźwiękowego,
e) być cierpliwy,
f) wolno podjeżdżać w kierunku pieszego.

6.67. Przejeżdżasz wzdłuż zaparkowanych samochodów. Nagle zauważasz przed sobą piłkę odbijającą się na drodze. Co powinieneś zrobić?

zaznacz jedną odpowiedź

a) kontynuować jazdę z dotychczasową prędkością oraz użyć sygnału dźwiękowego,
b) kontynuować jazdę z dotychczasową prędkością oraz zamrugać światłami,
c) zwolnić i przygotować się do ewentualnego zatrzymania z powodu dzieci,
d) zatrzymać się i dać znak ręką dzieciom, żeby wzięły piłkę.

6.68. Chcesz skręcić w prawo, z głównej drogi w podporządkowaną. Zaraz przed skrętem powinieneś:

zaznacz jedną odpowiedź

a) wyłączyć prawy kierunkowskaz,
b) włączyć pierwszy bieg,
c) zwrócić uwagę, czy nie mijają Cię pojazdy z prawej strony.
d) zatrzymać się i zaciągnąć ręczny hamulec.

6.69. Jedziesz w sznurze wolno poruszających się pojazdów. Tuż przed zmianą pasa ruchu powinieneś:

zaznacz jedną odpowiedź

a) użyć sygnału dźwiękowego,
b) zwrócić uwagę na motocyklistów, którzy mogą jechać pomiędzy wolno poruszającymi się pojazdami (filter),
c) zasygnalizować ręką, że zwalniasz,
d) zmienić bieg na pierwszy.

6.70. Poruszasz się po mieście. Po drugiej stronie jezdni, na przystanku, stoi autobus. Dlaczego powinieneś być ostrożny?

zaznacz jedną odpowiedź

a) bo autobus może być zepsuty,
b) bo piesi mogą nagle wyjść zza autobusu,
c) bo autobus może nagle ruszyć,
d) bo autobus może nadal stać w miejscu.

6.71. W jaki sposób powinieneś wyprzedzać jeźdźców na koniach?

zaznacz jedną odpowiedź

a) blisko do nich podjechać, a następnie jak najszybciej ich wyprzedzić,
b) zostawić im dużo miejsca, przy czym Twoja prędkość nie jest ważna,
c) użyć tylko jeden raz sygnału dźwiękowego, aby ich ostrzec,
d) powoli ich wyprzedzić, zostawiając im dużo miejsca.

6.72. Jedziesz główną drogą. Masz zamiar skręcić w prawo, w drogę podporządkowaną. Zaraz przed skrętem powinieneś:

zaznacz jedną odpowiedź

a) wyregulować wewnętrzne lusterko,
b) zamrugać światłami,
c) skierować pojazd na lewą stronę jezdni,
d) zwrócić uwagę, czy nie wyprzedzają Cię pojazdy z prawej strony.

6.73. Dlaczego powinieneś zostawić motocykliście więcej miejsca, kiedy go wyprzedzasz w wietrzny dzień?

zaznacz jedną odpowiedź

a) bo motocyklista może nagle skręcić, żeby uniknąć podmuchu wiatru,
b) bo motocyklista może przed Tobą zostać zmieciony z jezdni podmuchem wiatru,
c) bo motocyklista może nagle się zatrzymać,
d) bo motocyklista może jechać szybciej niż zwykle.

6.74. W jakiej sytuacji powinieneś szczególnie zwracać uwagę na motocyklistów?

zaznacz jedną odpowiedź

a) na stacji paliw,
b) na skrzyżowaniu,
c) w pobliżu miejsca obsługi podróżnych (service area),
d) kiedy wjeżdżasz na parking.

6.75. Gdzie powinieneś szczególnie zwracać uwagę na motocyklistów i rowerzystów?

zaznacz jedną odpowiedź

a) na drodze typu dual carriageway (droga z pasem rozdzielającym jezdnie o przeciwnym kierunku ruchu),
b) na skrzyżowaniu,
c) na przejściu typu zebra,
d) na ulicy jednokierunkowej.

6.76. Na drodze przed tą szkołą są namalowane żółte zygzakowate linie. Co one oznaczają?

zaznacz jedną odpowiedź

a) to, że możesz zaparkować na liniach, kiedy odwozisz dzieci do szkoły,
b) to, że możesz zaparkować na liniach, kiedy odbierasz dzieci ze szkoły,
c) to, że nie wolno Ci się w ogóle tutaj zatrzymywać ani parkować,
d) to, że wtedy, gdy tu parkujesz, musisz pozostać przy lub w pojeździe.

6.77. Mijasz zaparkowane samochody. Zauważasz koło roweru wystające spomiędzy samochodów. Co powinieneś zrobić?

zaznacz jedną odpowiedź

a) gwałtownie przyspieszyć i użyć sygnału dźwiękowego,
b) zwolnić i dać znak ręką rowerzyście, żeby przejechał,
c) gwałtownie zahamować i zamrugać światłami,
d) zwolnić i przygotować się do ewentualnego zatrzymania z powodu rowerzysty.

6.78. Zostałeś oślepiony w nocy przez światła pojazdu jadącego za Tobą. Powinieneś:

zaznacz jedną odpowiedź

a) tak ustawić lusterko, aby zneutralizować oślepianie,
b) tak ustawić lusterko, żeby światło oślepiało tamtego kierowcę,
c) gwałtownie hamować aż do zatrzymania się,
d) włączyć i wyłączyć tylne światła.

6.79. Jedziesz w kierunku przejścia typu zebra. Osoba na wózku inwalidzkim czeka, żeby przejechać przez jezdnię. Co powinieneś zrobić?

zaznacz jedną odpowiedź

a) kontynuować jazdę,
b) dać znak tej osobie ręką, żeby przejechała,
c) dać znak tej osobie ręką, żeby zaczekała,
d) przygotować się do ewentualnego zatrzymania.

6.80. Żółte zygzakowate linie na drodze przed szkołą oznaczają, że:

zaznacz jedną odpowiedź

a) powinieneś użyć sygnału dźwiękowego, aby ostrzec innych uczestników ruchu drogowego,
b) powinieneś się zatrzymać, aby pozwolić dzieciom przejść przez jezdnię,
c) nie wolno Ci ani zatrzymywać się, ani parkować na tych liniach,
d) nie wolno Ci najechać na te linie.

6.81. O czym informują te oznaczenia na drodze przed szkołą?

zaznacz jedną odpowiedź

a) że możesz tutaj parkować, jeśli jesteś nauczycielem,
b) że przed zaparkowaniem powinieneś użyć sygnału dźwiękowego,
c) że podczas parkowania powinieneś użyć świateł awaryjnych,
d) że nie wolno Ci tutaj ani zatrzymywać się, ani parkować.

7.1. Masz zamiar wyprzedzić wolno jadącego motocyklistę. Wskaż znak, który w tej sytuacji poinformuje Cię, abyś zachował szczególną ostrożność:

zaznacz jedną odpowiedź

a) 

b) 

c) 

d) 

7.2. Czekasz, aby skręcić w lewo, z drogi podporządkowanej na główną. Z prawej strony nadjeżdża duży pojazd. Masz czas, aby wjechać na drogę, ale powinieneś zaczekać. Dlaczego?

zaznacz jedną odpowiedź

a) bo duży pojazd może łatwo zasłonić wyprzedzający go inny pojazd,
b) bo duży pojazd może nagle skręcić,
c) bo dużemu pojazdowi trudno jest jechać w linii prostej,
d) bo duży pojazd może łatwo zasłonić inne pojazdy jadące po jego lewej stronie.

7.3. Jedziesz za długim pojazdem. Dojeżdża on do skrzyżowania i sygnalizuje skręt w lewo, ale kieruje się w prawo. Powinieneś:

zaznacz jedną odpowiedź

a) podjechać bliżej, aby szybciej go wyprzedzić,
b) jechać za nim w dużej odległości, zostawiając mu więcej miejsca,
c) przyjąć, że kierunkowskaz został mylnie włączony, a pojazd w rzeczywistości skręca w prawo,
d) wyprzedzić go, kiedy zacznie zwalniać.

7.4. Jedziesz za długim pojazdem, który dojeżdża do skrzyżowania. Kierowca sygnalizuje skręt w prawo, ale zbliża się do lewego krawężnika. Co powinieneś zrobić?

zaznacz jedną odpowiedź

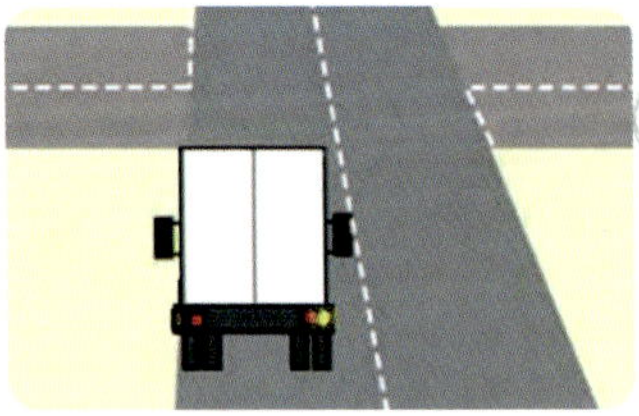

a) ostrzec kierowcę, że mylnie sygnalizuje swoje zamiary,
b) poczekać za tym pojazdem,
c) zgłosić kierowcę tego pojazdu na policję,
d) wyprzedzić ten pojazd z prawej strony.

7.5. Dojeżdżasz do mini ronda. Długi pojazd przed Tobą sygnalizuje skręt w lewo, ale ustawia się po prawej stronie jezdni. Powinieneś:

zaznacz jedną odpowiedź

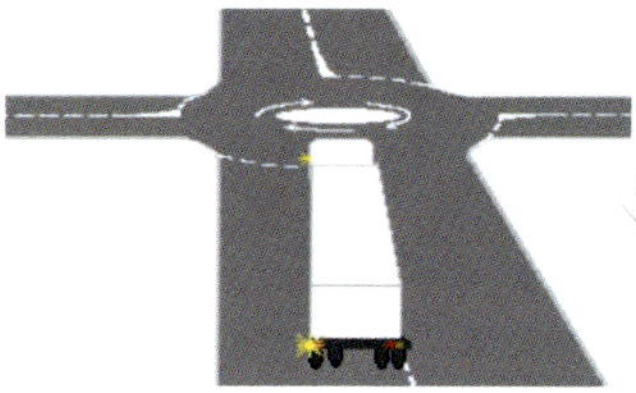

a) użyć sygnału dźwiękowego,
b) wyprzedzić go z lewej strony,
c) pojechać za nim,
d) jechać za nim w dużej odległości.

7.6. Przed wyprzedzeniem dużego pojazdu powinieneś jechać za nim w dużej odległości. Dlaczego?

zaznacz jedną odpowiedź

a) aby zostawić sobie miejsce na przyspieszenie, gdyby zaistniała konieczność szybkiego wyprzedzenia go na zakręcie o ograniczonej widoczności,
b) aby mieć jak najlepszą widoczność na drogę przed sobą,
c) aby zostawić odstęp na wypadek, gdyby pojazd się zatrzymał, a następnie zaczął staczać do tyłu,
d) aby zostawić innym kierowcom bezpieczną lukę, gdyby chcieli Cię wyprzedzić.

7.7. Jedziesz za autobusem, który zjeżdża na przystanek autobusowy. Co powinieneś zrobić?

zaznacz dwie odpowiedzi

a) przyspieszyć, używając sygnału dźwiękowego podczas wyprzedzania,
b) zwrócić szczególną uwagę na pieszych,
c) przygotować się do ewentualnego ustąpienia pierwszeństwa autobusowi,
d) zjechać na przystanek tuż za autobusem.

7.8. Jedziesz za dużym samochodem ciężarowym po mokrej nawierzchni. Obłoki rozpryśniętych małych kropel, wydostające się spod jego kół, powodują, że masz ograniczoną widoczność. Powinieneś:

zaznacz jedną odpowiedź

a) zwolnić do momentu, gdy będziesz miał lepszą widoczność,
b) włączyć światła drogowe (full beam),
c) jechać tuż za tym pojazdem, z dala od rozpryskującej się wody,
d) przyspieszyć i szybko go wyprzedzić.

7.9. Jedziesz za ciągnikiem siodłowym z naczepą. Jego kierowca ma zamiar skręcić w lewo, w wąską drogę. Co powinieneś zrobić?

zaznacz jedną odpowiedź

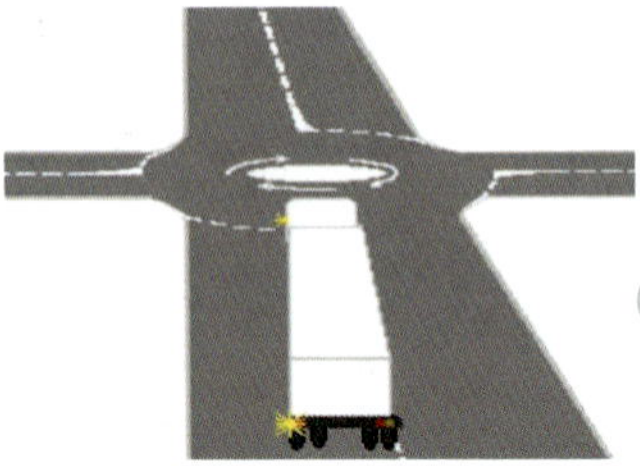

a) zjechać na prawą stronę jezdni i wyprzedzić go z prawej strony,
b) wyprzedzić go z lewej strony, w momencie gdy zjeżdża na prawą stronę jezdni przed skrętem w lewo,
c) przygotować się do ewentualnego zatrzymania za nim,
d) szybko go wyprzedzić, zanim zacznie zjeżdżać na prawą stronę jezdni przed skrętem w lewo.

7.10. Czekasz na wyprzedzenie dużego pojazdu, jadąc daleko za nim. W wolną lukę przed Tobą wjeżdża inny samochód. Powinieneś:

zaznacz jedną odpowiedź

a) użyć sygnału dźwiękowego,
b) zwiększyć odległość między Twoim pojazdem a tym samochodem,
c) zamrugać światłami,
d) zacząć go wyprzedzać.

7.11. Jedziesz za długim samochodem ciężarowym. Jego kierowca sygnalizuje skręt w lewo, w wąską drogę. Jak powinieneś się zachować?

zaznacz jedną odpowiedź

a) wyprzedzić go z lewej strony, zanim dojedzie do skrzyżowania,
b) wyprzedzić go z prawej strony, gdy tylko zwolni,
c) nie wyprzedzać go, chyba że z przeciwka nie nadjeżdżają inne pojazdy,
d) nie wyprzedzać go, jechać w dużej odległości od niego i przygotować się do ewentualnego zatrzymania.

7.12. Kiedy dojeżdżasz do autobusu sygnalizującego wyjazd z przystanku, powinieneś:

zaznacz jedną odpowiedź

a) przejechać zanim autobus ruszy,
b) pozwolić mu włączyć się do ruchu, jeżeli jest to bezpieczne,
c) zamrugać światłami, gdy się do niego zbliżasz,
d) włączyć lewy kierunkowskaz i dać znak ręką kierowcy autobusu, aby włączył się do ruchu.

7.13. Jadąc ruchliwą drogą, masz zamiar wyprzedzić długi, wolno poruszający się pojazd. Powinieneś:

zaznacz jedną odpowiedź

a) jechać tuż za nim, zjeżdżając często na prawą stronę, aby zobaczyć drogę przed sobą,
b) zamrugać światłami, żeby nadjeżdżające pojazdy ustąpiły Ci pierwszeństwa,
c) jechać za nim do momentu, kiedy jego kierowca da Ci znak ręką, żebyś go wyprzedził,
d) jechać w znacznej odległości od niego do momentu, kiedy będziesz widział, że droga jest wolna.

7.14. Wskaż uczestników ruchu drogowego, którzy są NAJMNIEJ narażeni na wypadki powodowane przez boczne podmuchy wiatru.

zaznacz jedną odpowiedź

a) rowerzyści,
b) motocykliści,
c) pojazdy o wysokich ścianach bocznych,
d) samochody osobowe.

7.15. Co powinieneś zrobić, kiedy dojeżdżasz do tego samochodu ciężarowego?

zaznacz jedną odpowiedź

a) zwolnić i przygotować się na ewentualne czekanie,
b) spowodować, aby kierowca samochodu ciężarowego zaczekał aż go miniesz,
c) zamrugać światłami,
d) zjechać na prawą stronę jezdni.

7.16. Jedziesz za dużym pojazdem dojeżdżającym do skrzyżowania. Kierowca sygnalizuje skręt w lewo. Jak powinieneś się zachować?

zaznacz jedną odpowiedź

a) powinieneś wyprzedzić go, ale tylko wtedy, gdy możesz mu zostawić dużo miejsca,
b) powinieneś wyprzedzić go, ale tylko wtedy, gdy nie nadjeżdżają pojazdy z przeciwka,
c) nie powinieneś wyprzedzać go aż do momentu, gdy zacznie skręcać,
d) nie powinieneś w ogóle wyprzedzać, kiedy jesteś na skrzyżowaniu lub do niego dojeżdżasz.

7.17. Pojazdy napędzane elektrycznie, takie jak wózki inwalidzkie lub skutery używane przez osoby niepełnosprawne, osiągają prędkość maksymalną:

zaznacz jedną odpowiedź

a) 8 mil na godzinę,
b) 12 mil na godzinę,
c) 16 mil na godzinę,
d) 20 mil na godzinę.

7.18. Dlaczego trudniej jest wyprzedzić duży pojazd niż samochód osobowy?

zaznacz jedną odpowiedź

a) ponieważ wyprzedzenie takiego pojazdu trwa dłużej,
b) ponieważ takie pojazdy mogą nagle zjechać na pobocze,
c) ponieważ hamulce w dużych pojazdach nie działają tak dobrze jak hamulce w samochodach osobowych,
d) ponieważ duże pojazdy wolniej podjeżdżają pod górę.

7.19. Przed Tobą jedzie napędzany elektrycznie pojazd (wózek inwalidzki) – pojazd klasy 3, którym kieruje osoba niepełnosprawna. Takie pojazdy osiągają prędkość maksymalną:

zaznacz jedną odpowiedź

a) 8 mil na godzinę (12 km/h),
b) 18 mil na godzinę (29 km/h),
c) 28 mil na godzinę (45 km/h),
d) 38 mil na godzinę (61 km/h).

7.20. Wieje porywisty wiatr. Jedziesz za motocyklistą, który wyprzedza pojazd o wysokich ścianach bocznych. Co powinieneś zrobić?

zaznacz jedną odpowiedź

a) natychmiast wyprzedzić motocyklistę,
b) jechać za motocyklistą w większej odległości,
c) zrównać się z motocyklistą,
d) jechać tuż za motocyklistą.

7.21. Jest bardzo wietrznie. Masz zamiar wyprzedzić motocyklistę. Powinieneś:

zaznacz jedną odpowiedź

a) wyprzedzić go powoli,
b) zostawić mu więcej miejsca,

c) użyć sygnału dźwiękowego,
d) w momencie wyprzedzania jechać blisko niego.

7.22. Poruszasz się po mieście. Przed Tobą na przystanku stoi autobus. Jak powinieneś się zachować?

zaznacz dwie odpowiedzi

a) przygotować się do ewentualnego ustąpienia autobusowi pierwszeństwa, na wypadek, gdyby nagle ruszył z miejsca,
b) kontynuować jazdę z dotychczasową prędkością, ostrzegając kierowcę autobusu sygnałem dźwiękowym,
c) zwrócić szczególną uwagę na to, czy piesi nie wchodzą nagle na jezdnię,
d) jak najszybciej minąć autobus.

7.23. Jedziesz tą drogą. Na wszelki wypadek powinieneś przygotować się na:

zaznacz jedną odpowiedź

a) użycie sygnału dźwiękowego podczas kontynuowania jazdy,
b) zwolnienie i ustąpienie pierwszeństwa kierowcy samochodu ciężarowego,
c) zgłoszenie kierowcy na policji,
d) wjechanie w lukę z lewej strony samochodu ciężarowego.

7.24. Dlaczego podczas prowadzenia pojazdu powinieneś być szczególnie ostrożny w miejscach, gdzie jeżdżą tramwaje?

zaznacz jedną odpowiedź

a) ponieważ tramwaj nie ma sygnału dźwiękowego,
b) ponieważ tramwaj nie zatrzyma się z powodu nadjeżdżającego samochodu,
c) ponieważ tramwaj nie ma świateł,
d) ponieważ motorniczy nie może manewrować, nawet jeśli chce uniknąć zderzenia z Twoim pojazdem.

7.25. Holujesz przyczepę kempingową. Wskaż typ wstecznego lusterka, którego używanie jest najbardziej bezpieczne w tej sytuacji:

zaznacz jedną odpowiedź

a) wewnętrzne szerokokątne,
b) z przedłużonymi ramionami, montowane na boczne lusterka pojazdu,
c) zwykłe drzwiowe,
d) zwykłe wewnętrzne.

7.26. Jedziesz drogą o dużym natężeniu ruchu, po mokrej nawierzchni. Obłoki rozpryśniętych małych kropel wydostające się spod kół innych pojazdów powodują, że jesteś słabo widoczny dla innych uczestników ruchu drogowego. Powinieneś użyć:

zaznacz dwie odpowiedzi

a) światel drogowych (full beam),
b) tylnych świateł przeciwmgielnych, jeśli widoczność jest mniejsza niż 100 m (328 stóp),
c) tylnych świateł przeciwmgielnych, jeśli widoczność jest większa niż 100 m (328 stóp),
d) świateł mijania (dipped headlights),
e) wyłącznie świateł pozycyjnych (sidelights).

7.27. Jest bardzo wietrzny dzień, a Ty masz zamiar wyprzedzić rowerzystę. Co powinieneś zrobić?

zaznacz jedną odpowiedź

a) wyprzedzić go, jadąc bardzo blisko niego,
b) w momencie wyprzedzania jechać bardzo blisko niego,
c) użyć kilkakrotnie sygnału dźwiękowego,
d) zostawić mu więcej miejsca.

8.1. Wskaż sytuacje, w których możesz wyprzedzić inny pojazd z lewej strony:

zaznacz trzy odpowiedzi

a) jedziesz ulicą jednokierunkową,
b) dojeżdżasz do drogi zjazdowej z autostrady, a następnie opuszczasz autostradę,
c) pojazd przed Tobą sygnalizuje skręt w prawo,
d) na drodze z pasem rozdzielającym jezdnie o przeciwnym kierunku ruchu (dual carriageway), gdy prawym pasem jedzie pojazd z prędkością mniejszą od Twojej,
e) sznur pojazdów jadących prawym pasem ruchu posuwa się do przodu wolniej niż pojazdy jadące lewym pasem.

8.2. Jedziesz w bardzo ulewnym deszczu. Całkowity dystans zatrzymania się pojazdu w takich warunkach prawdopodobnie będzie:

zaznacz jedną odpowiedź

a) dwa razy dłuższy niż zwykle,
b) o połowę krótszy niż zwykle,
c) do dziesięciu razy dłuższy niż zwykle,
d) bez zmian.

8.3. Podczas wyprzedzania w nocy powinieneś:

zaznacz dwie odpowiedzi

a) zaczekać z wykonaniem manewru aż dojedziesz do zakrętu, by widzieć światła nadjeżdżających pojazdów,
b) przed rozpoczęciem wyprzedzania dwukrotnie użyć sygnału dźwiękowego,
c) być ostrożny, ponieważ masz ograniczoną widoczność,
d) zwracać uwagę na zakręty przed sobą,
e) włączyć światła drogowe (full beam).

8.4. Kiedy możesz czekać na skrzyżowaniu oznaczonym żółtym kwadratem (box junction)?

zaznacz jedną odpowiedź

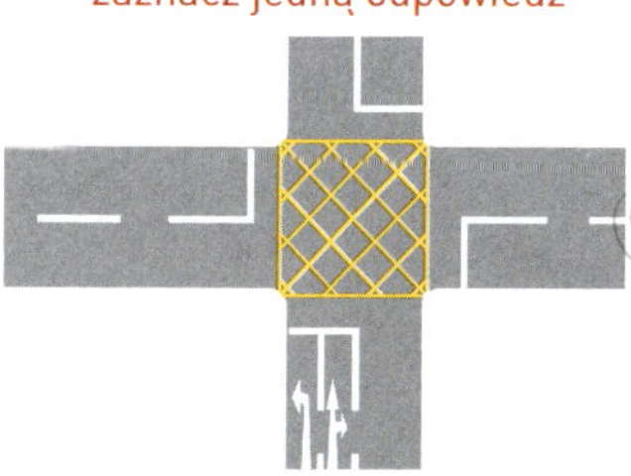

a) wtedy, gdy stoisz w sznurze pojazdów,
b) wtedy, gdy dojeżdżasz do przejścia typu pelican,
c) wtedy, gdy dojeżdżasz do przejścia typu zebra,
d) wtedy, gdy nadjeżdżające z przeciwka pojazdy uniemożliwiają Ci skręt w prawo.

8.5. Wskaż tablicę, która zazwyczaj pojawia się razem z tym znakiem:
zaznacz jedną odpowiedź

a) Humps for ½ mile

b) Hump Bridge

c) Low Bridge

d) Soft Verge

8.6. Traffic calmings:
zaznacz jedną odpowiedź

a) mają powstrzymywać kierowców preferujących agresywny styl prowadzenia pojazdów,
b) pomagają w wyprzedzaniu,
c) zwalniają ruch pojazdów,
d) pomagają w parkowaniu.

8.7. Jedziesz autostradą we mgle. Lewa krawędź jezdni autostrady jest widoczna dzięki punktowym elementom odblaskowym montowanym na jezdni (studs). Jakiego są one koloru?
zaznacz jedną odpowiedź

a) zielonego,
b) żółtego,
c) czerwonego,
d) białego.

8.8. Jakie funkcje pełnią pasy na jezdni typu „rumble”?
zaznacz dwie odpowiedzi

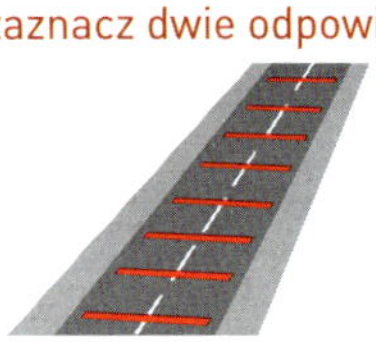

a) wskazują kierunki,
b) zapobiegają ucieczce bydła,
c) ostrzegają o niskim ciśnieniu w oponach,
d) ostrzegają o zagrożeniu,
e) zachęcają do zmniejszenia prędkości.

8.9. Musisz podróżować we mgle. Powinieneś:
zaznacz jedną odpowiedź

a) jechać tuż za tylnymi światłami poprzedzającego Cię pojazdu,
b) unikać używania świateł mijania (dipped headlights),

c) przeznaczyć bardzo dużo czasu na podróż,
d) utrzymywać odstęp dwóch sekund między Twoim pojazdem a pojazdem jadącym przed Tobą.

8.10. Jeśli chcesz w nocy wyprzedzić samochód, musisz przed rozpoczęciem tego manewru:

zaznacz jedną odpowiedź

a) zasygnalizować swój zamiar światłami,
b) włączyć wyższy bieg,
c) włączyć światła drogowe (full beam),
d) pamiętać, że nie wolno Ci oślepiać innych uczestników ruchu drogowego.

8.11. Jedziesz drogą, na której są zamontowane progi zwalniające (speed humps). Kierowca przed Tobą jedzie wolniej niż Ty. Powinieneś:

zaznacz jedną odpowiedź

a) użyć sygnału dźwiękowego,
b) jak najszybciej go wyprzedzić,
c) zamrugać światłami,
d) zwolnić i jechać za nim.

8.12. Zauważasz te znaki na jezdni. Dlaczego zostały one tu umieszczone?

zaznacz jedną odpowiedź

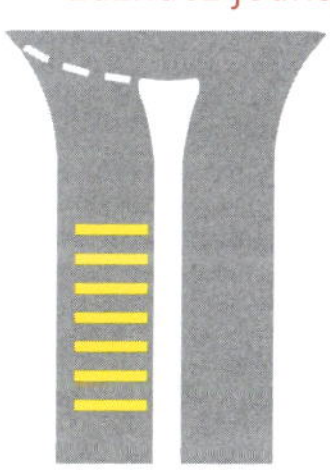

a) aby określić bezpieczny odstęp pomiędzy pojazdami,
b) aby poinformować, że w tym rejonie zabroniony jest ruch pojazdów,
c) aby uświadomić Ci, z jaką prędkością jedziesz,
d) aby nakazać Ci zmianę kierunku jazdy.

8.13. Rejony przeznaczone wyłącznie dla tramwajów są wydzielone za pomocą:

zaznacz trzy odpowiedzi

a) metalowych słupków,
b) białych linii namalowanych na jezdni,
c) zygzakowatych linii namalowanych na jezdni,
d) innego koloru nawierzchni,
e) żółtych linii hatch,
f) innej faktury nawierzchni.

8.14. Zauważasz pojazd nadjeżdżający z przeciwka na wąskiej drodze typu single-track road. Powinieneś:

zaznacz jedną odpowiedź

a) wrócić na drogę główną,
b) wykonać manewr awaryjnego zatrzymania się w sytuacji zagrożenia (emergency STOP),
c) zatrzymać się w zatoczce do mijania,
d) włączyć światła awaryjne.

8.15. Wtedy, gdy nawierzchnia jezdni jest mokra, motocyklista może omijać studzienki kanalizacyjne na zakręcie. Dlaczego?

zaznacz jedną odpowiedź

a) aby uniknąć przebicia opony na krawędzi pokrywy studzienki,
b) aby zapobiec poślizgowi motocykla na metalowych pokrywach studzienki,
c) aby ułatwić sobie ocenę zakrętu, używając pokrywy studzienki jako punktu orientacyjnego,
d) aby uniknąć ochlapywania wodą pieszych na chodniku.

8.16. Po przejechaniu strefy zagrożenia oznaczonej takim znakiem powinieneś przetestować hamulce. Dlaczego?

zaznacz jedną odpowiedź

a) bo znajdziesz się na śliskiej nawierzchni jezdni,
b) bo hamulce będą bardzo mokre,
c) bo będziesz zjeżdżał z długiego wzniesienia,
d) bo zaraz przejedziesz przez długi most.

8.17. Dlaczego powinieneś zawsze redukować prędkość, kiedy jedziesz we mgle?

zaznacz jedną odpowiedź

a) bo wtedy hamulce nie są tak sprawne,
b) bo mogą Cię oślepiać światła innych pojazdów,
c) bo wtedy silnik wolniej się nagrzewa,
d) bo nie widzisz dobrze, co się dzieje przed Tobą.

8.18. Ukształtowanie terenu może mieć wpływ na sprawność Twojego pojazdu. Gdy wjeżdżasz na strome wzniesienie:

zaznacz dwie odpowiedzi

a) i używasz wyższych biegów, Twój pojazd jedzie szybciej,
b) Twój pojazd zwalnia wcześniej niż zazwyczaj,
c) wyprzedzanie staje się łatwiejsze,

d) silnik ciężej pracuje,
e) masz uczucie cięższego niż zazwyczaj prowadzenia pojazdu.

8.19. Jedziesz autostradą i wieje wiatr. Kiedy wyprzedzasz pojazd o wysokich ścianach bocznych, powinieneś:

zaznacz jedną odpowiedź

a) zwiększyć prędkość,
b) uważać na nagłe podmuchy wiatru,
c) jechać jak najbliżej tego pojazdu w chwili, gdy przejeżdżasz obok niego,
d) oczekiwać, że warunki jazdy będą normalne.

8.20. Aby wyeliminować poślizg tylnych kół, powinieneś:

zaznacz jedną odpowiedź

a) w ogóle nie manewrować,
b) manewrować w kierunku przeciwnym do poślizgu,
c) manewrować zgodnie z kierunkiem poślizgu,
d) zaciągnąć ręczny hamulec.

8.21. Prowadzisz pojazd we mgle. Dlaczego powinieneś jechać w dużej odległości od pojazdu poruszającego się przed Tobą?

zaznacz jedną odpowiedź

a) na wypadek, gdyby ten pojazd nagle zmienił kierunek jazdy,
b) na wypadek, gdyby oślepiały Cię jego światła przeciwmgielne,
c) na wypadek, gdyby ten pojazd nagle się zatrzymał,
d) na wypadek, gdyby oślepiały Cię jego światła hamowania.

8.22. Powinieneś włączyć tylne światła przeciwmgielne, kiedy widoczność spada poniżej:

zaznacz jedną odpowiedź

a) całkowitego dystansu zatrzymania się Twojego pojazdu,
b) dziesięciu długości samochodu,
c) 200 metrów (656 stóp),
d) 100 metrów (328 stóp).

8.23. Podczas jazdy mgła opada i masz lepszą widoczność. Musisz pamiętać, aby:

zaznacz jedną odpowiedź

a) wyłączyć światła przeciwmgielne,
b) zmniejszyć prędkość,
c) wyłączyć nadmuch na przednią szybę,
d) zamknąć otwarte okna.

8.24. Podczas mgły musisz zaparkować pojazd na drodze. Powinieneś zostawić włączone światła:

zaznacz jedną odpowiedź

a) pozycyjne (sidelights),
b) mijania (dipped headlights) i przeciwmgielne,
c) mijania (dipped headlights),
d) drogowe (main beam).

8.25. W mglisty dzień jesteś zmuszony zaparkować samochód na drodze. Powinieneś zostawić włączone światła:

zaznacz jedną odpowiedź

a) mijania (headlights),
b) przeciwmgielne,
c) pozycyjne (sidelights),
d) awaryjne.

8.26. Jedziesz nocą. Oślepiają Cię światła nadjeżdżających z przeciwka pojazdów. Powinieneś:

zaznacz jedną odpowiedź

a) opuścić osłonę przeciwsłoneczną,
b) zwolnić lub się zatrzymać,
c) włączyć światła drogowe (main beam),
d) zasłonić sobie oczy ręką.

8.27. Przednie światła przeciwmgielne mogą być używane TYLKO wtedy, gdy:

zaznacz jedną odpowiedź

a) widoczność jest poważnie ograniczona,
b) są zamontowane powyżej zderzaka,
c) nie są tak jasne, jak światła mijania (headlights),
d) używasz dźwiękowego urządzenia ostrzegawczego.

8.28. Przednie światła przeciwmgielne mogą być używane TYLKO wtedy, gdy:

zaznacz jedną odpowiedź

a) w Twoim pojeździe nie działają przednie światła,
b) są włączone razem z tylnymi światłami przeciwmgielnymi,
c) zostały zamontowane przez producenta pojazdu,
d) widoczność jest poważnie ograniczona.

8.29. Jedziesz z włączonymi przednimi światłami przeciwmgielnymi. Właśnie wyjechałeś z obszaru, na którym była mgła. Co powinieneś zrobić?

zaznacz jedną odpowiedź

a) zostawić te światła włączone, jeśli inni kierowcy postępują tak samo,
b) wyłączyć je wtedy, gdy widoczność jest dobra,
c) zamrugać nimi, aby ostrzec nadjeżdżające pojazdy, że wjeżdżają w strefę mgły,
d) jechać z włączonymi światłami przeciwmgielnymi, zastępując nimi światła mijania (headlights).

8.30. Przednie światła przeciwmgielne powinny być używane TYLKO wtedy, gdy:

zaznacz jedną odpowiedź

a) podróżujesz w mżawce,
b) widoczność jest poważnie ograniczona,
c) zapada zmrok,
d) prowadzisz pojazd po północy.

8.31. Zapomniałeś wyłączyć tylne światła przeciwmgielne, kiedy opadła mgła. To może:

zaznacz trzy odpowiedzi

a) oślepiać innych uczestników ruchu drogowego,
b) ograniczyć żywotność akumulatora,
c) spowodować, że światła hamowania będą mniej widoczne,
d) powodować łamanie prawa,
e) poważnie wpłynąć na moc silnika.

8.32. Prowadziłeś pojazd w gęstej mgle, która właśnie opadła. Musisz WYŁĄCZYĆ tylne światła przeciwmgielne, ponieważ:

zaznacz jedną odpowiedź

a) pobierają one dużo energii z akumulatora,
b) powodują one, że światła hamowania są mniej widoczne,
c) powodują one, że oślepia Cię światło odbite w Twoim wewnętrznym lusterku,
d) mogą być one nieodpowiednio ustawione.

8.33. Przednie światła przeciwmgielne powinny być używane:

zaznacz jedną odpowiedź

a) wtedy, gdy widoczność jest ograniczona do 100 m (328 stóp),
b) jako ostrzeżenie dla nadjeżdżających z przeciwka pojazdów,
c) wtedy, gdy prowadzisz pojazd w nocy,
d) w dowolnych warunkach i o dowolnej porze.

8.34. Użycie tylnych świateł przeciwmgielnych w pogodny dzień:

zaznacz jedną odpowiedź

a) będzie pomocne, jeśli holujesz przyczepę,
b) będzie stanowić Twoją dodatkową ochronę,
c) oślepi innych uczestników ruchu drogowego,
d) spowoduje, że inni kierowcy będą jechać w dużej odległości za Tobą.

8.35. Użycie przednich świateł przeciwmgielnych w pogodny dzień:

zaznacz jedną odpowiedź

a) spowoduje rozładowanie akumulatora,
b) będzie oślepiać innych kierowców,
c) poprawi Ci widoczność,
d) poprawi Twoją koncentrację.

8.36. Możesz używać przednich świateł przeciwmgielnych łącznie ze światłami mijania (headlights) TYLKO wtedy, gdy widoczność jest ograniczona do mniej niż:

zaznacz jedną odpowiedź

a) 100 m (328 stóp),
b) 200 m (656 stóp),
c) 300 m (984 stóp),
d) 400 m (1312 stóp).

8.37. Łańcuchy śniegowe mocuje się na koła, aby zapobiec:

zaznacz jedną odpowiedź

a) uszkodzeniom nawierzchni jezdni,
b) zużyciu opon,
c) poślizgowi w głębokim śniegu,
d) blokowaniu się hamulców.

8.38. W jaki sposób możesz wykorzystać silnik, aby zapanować nad prędkością, z jaką porusza się Twój pojazd?

zaznacz jedną odpowiedź

a) poprzez zmianę biegu na niższy,
b) poprzez wybranie biegu wstecznego,
c) poprzez zmianę biegu na wyższy,
d) poprzez wybranie biegu neutralnego.

8.39. Dlaczego trzymanie wciśniętego pedału sprzęgła lub jazda na neutralnym biegu przez długi czas mogą być niebezpieczne?

zaznacz jedną odpowiedź

a) bo spowoduje to wyciek paliwa,
b) bo może nastąpić uszkodzenie silnika,
c) bo nie będziesz miał pełnej kontroli nad manewrowaniem i hamowaniem,
d) bo opony będą się szybciej zużywać.

8.40. Jedziesz oblodzoną drogą. W jakiej odległości od samochodu przed Tobą powinieneś jechać?

zaznacz jedną odpowiedź

a) cztery razy większej niż zwykle,
b) sześć razy większej niż zwykle,
c) osiem razy większej niż zwykle,
d) dziesięć razy większej niż zwykle.

8.41. Jedziesz w nocy dobrze oświetloną autostradą. Musisz:

zaznacz jedną odpowiedź

a) używać tylko świateł pozycyjnych (sidelights),
b) zawsze używać świateł mijania (headlights),
c) zawsze używać tylnych świateł przeciwmgielnych,
d) używać świateł mijania (headlights) tylko podczas złej pogody.

8.42. W nocy jedziesz autostradą. Przed Tobą jadą inne pojazdy. Jakie światła powinieneś mieć włączone?

zaznacz jedną odpowiedź

a) przednie przeciwmgielne,
b) drogowe (main beam),
c) tylko pozycyjne (sidelights),
d) mijania (dipped headlights).

8.43. Co wpływa na dystans zatrzymania się Twojego pojazdu?

zaznacz trzy odpowiedzi

a) prędkość, z jaką się poruszasz,
b) opony,
c) pora dnia,
d) pogoda,
e) oświetlenie uliczne.

8.44. Jedziesz w nocy autostradą. MUSISZ mieć włączone światła mijania (headlights), chyba że:

zaznacz jedną odpowiedź

a) inne pojazdy jadą tuż przed Tobą,
b) jedziesz z prędkością mniejszą niż 50 mil na godzinę,
c) autostrada jest oświetlona,
d) Twój pojazd stoi zepsuty na pasie awaryjnym.

8.45. Będziesz odczuwał efekt hamowania silnikiem wtedy, gdy:

zaznacz jedną odpowiedź

a) użyjesz tylko hamulca ręcznego,
b) użyjesz tylko neutralnego biegu,
c) zmienisz bieg na niższy,
d) zmienisz bieg na wyższy.

8.46. Podczas dnia widoczność jest słaba, ale nie poważnie ograniczona. Powinieneś włączyć światła:

zaznacz jedną odpowiedź

a) mijania (headlights) i przeciwmgielne,
b) przednie przeciwmgielne,
c) mijania (dipped headlights),
d) tylne przeciwmgielne.

8.47. Dlaczego pojazdy są zaopatrzone w tylne światła przeciwmgielne?

zaznacz jedną odpowiedź

a) aby były widoczne, kiedy jadą z dużą prędkością,
b) aby można było z nich korzystać, jeśli pojazd zepsuje się i zacznie zagrażać innym uczestnikom ruchu,
c) aby były bardziej widoczne w gęstej mgle,
d) aby ostrzec kierowców jadących zbyt blisko z tyłu, żeby zachowali bezpieczną odległość.

8.48. Podczas jazdy we mgle stwierdzasz, że konieczne staje się włączenie przednich świateł przeciwmgielnych. Powinieneś:

zaznacz jedną odpowiedź

a) włączyć je tylko wtedy, gdy na drodze panuje intensywny ruch,
b) pamiętać, aby ich nie używać na autostradach,
c) używać ich tylko na drogach z pasem rozdzielającym jezdnie o przeciwnym kierunku ruchu (dual carriageways),
d) pamiętać, aby je wyłączyć, jeśli widoczność się poprawi.

8.49. Kiedy pada gęsty śnieg:

zaznacz jedną odpowiedź

a) możesz prowadzić pojazd tylko pod warunkiem, że masz włączone światła awaryjne,
b) nie powinieneś prowadzić pojazdu, chyba że masz przy sobie telefon komórkowy,
c) możesz prowadzić pojazd tylko na krótkiej trasie,
d) nie powinieneś prowadzić pojazdu, chyba że podróż jest absolutnie konieczna.

8.50. Zjeżdżasz z długiego, stromego wzniesienia. Nagle zauważasz, że hamulce w Twoim pojeździe nie działają tak dobrze, jak zwykle. Jaka jest tego najczęstsza przyczyna?

zaznacz jedną odpowiedź

a) przegrzanie hamulców,
b) powietrze w płynie hamulcowym,
c) olej na hamulcach,
d) źle wyregulowane hamulce.

8.51. Musisz jechać we mgle. Wskaż najważniejsze czynności, które powinieneś wykonać przed wyruszeniem w trasę w takich warunkach:

zaznacz dwie odpowiedzi

a) dopełnienie chłodnicy płynem chłodniczym,
b) upewnienie się, że masz w pojeździe trójkąt bezpieczeństwa,
c) sprawdzenie, czy światła w Twoim pojeździe są sprawne,
d) sprawdzenie akumulatora,
e) upewnienie się, że szyby są czyste.

8.52. Właśnie wyjechałeś z mgły i widoczność jest już dobra. MUSISZ:

zaznacz jedną odpowiedź

a) wyłączyć wszystkie światła przeciwmgielne,
b) mieć nadal włączone tylne światła przeciwmgielne,
c) mieć nadal włączone przednie światła przeciwmgielne,
d) zostawić włączone światła przeciwmgielne na wypadek, gdyby mgła znów się pojawiła.

8.53. Możesz prowadzić pojazd z włączonymi przednimi światłami przeciwmgielnymi:

zaznacz jedną odpowiedź

a) jeśli widoczność jest mniejsza niż 100 m (328 stóp),
b) zawsze wtedy, gdy chcesz być dobrze widoczny,
c) zamiast świateł mijania (headlights), ale tylko na drogach szybkiego ruchu,
d) jeśli zostałeś oślepiony przez światła nadjeżdżających z przeciwka pojazdów.

8.54. Zostawianie włączonych tylnych świateł przeciwmgielnych wtedy, gdy nie są potrzebne, jest niebezpieczne. Dlaczego?

zaznacz dwie odpowiedzi

a) bo światła hamowania są wtedy mniej widoczne,
b) bo mogą one oślepiać kierowców z tyłu,
c) bo system elektryczny pojazdu może być zbyt obciążony,
d) bo kierunkowskazy mogą działać niewłaściwie,
e) bo może zepsuć się akumulator.

8.55. Trzymanie podczas jazdy wciśniętego pedału sprzęgła lub toczenie się na neutralnym biegu przez zbyt długi czas:

zaznacz jedną odpowiedź

a) spowoduje większe zużycie paliwa,
b) doprowadzi do przegrzania silnika,
c) ograniczy Twoją kontrolę nad pojazdem,
d) zmniejszy zużycie opon.

8.56. Zjeżdżasz ze stromego wzgórza. Trzymanie wciśniętego pedału sprzęgła lub jechanie na neutralnym biegu przez zbyt długi czas może być w tych warunkach niebezpieczne. Dlaczego?

zaznacz jedną odpowiedź

a) bo spowoduje to większe zużycie paliwa,
b) bo Twój pojazd będzie nabierał prędkości,
c) bo to uszkodzi silnik,
d) bo zwiększa się zużycie opon.

8.57. Dlaczego nie powinno się zjeżdżać ze wzgórza na neutralnym biegu lub z wciśniętym pedałem sprzęgła?

zaznacz dwie odpowiedzi

a) bo zwiększa się zużycie paliwa,
b) bo pojazd nabiera prędkości,
c) bo zwiększa się zużycie opon,
d) bo zmniejsza się kontrola nad hamowaniem i manewrowaniem pojazdem,
e) bo takie postępowanie szkodzi silnikowi.

8.58. Mijając ten znak, musisz pamiętać, że:

zaznacz cztery odpowiedzi

a) przejechanie oznakowanego obszaru może być trudniejsze w zimie,
b) konieczne będzie użycie niskiego biegu i jechanie z małą prędkością,
c) konieczne będzie użycie wysokiego biegu, zapobiegające poślizgowi kół,
d) konieczne będzie przetestowanie hamulców po wyjechaniu ze strefy zasygnalizowanej znakiem,
e) konieczne będzie włączenie świateł przeciwmgielnych,
f) przy drodze może znajdować się wskaźnik głębokości wody.

8.59. Dlaczego jazda na luzie (znana jako coasting) na długich dystansach jest niewskazana?

zaznacz jedną odpowiedź

a) bo może spowodować poślizg samochodu,
b) bo może spowodować, że silnik nagle zgaśnie,
c) bo silnik wtedy szybciej pracuje,
d) bo nie ma wtedy możliwości hamowania silnikiem.

8.60. Kiedy MUSISZ używać świateł mijania (dipped headlights) za dnia?

zaznacz jedną odpowiedź

a) zawsze,
b) na wąskich ulicach,
c) wtedy, gdy widoczność jest ograniczona,
d) podczas parkowania.

8.61. Hamujesz na mokrej drodze. Twój pojazd zaczyna wpadać w poślizg. Nie posiada systemu ABS. Co należy zrobić w PIERWSZEJ kolejności?

zaznacz jedną odpowiedź

a) szybko zaciągnąć hamulec ręczny,
b) zdjąć nogę z pedału hamulca,
c) mocniej wcisnąć pedał hamulca,
d) delikatnie nacisnąć na pedał gazu.

8.62. Jazda z włączonymi tylnymi światłami przeciwmgielnymi podczas przejrzystej, suchej nocy:

zaznacz dwie odpowiedzi

a) zredukuje odbicie światła od nawierzchni drogi,
b) spowoduje, że światła hamowania w Twoim pojeździe będą słabiej widoczne,
c) zapewni lepszą widoczność,
d) oślepi kierowców jadących za Tobą,
e) sprawi, że kierunkowskazy w Twoim pojeździe będą lepiej widoczne.

9.1. Kiedy wjeżdżasz na autostradę, musisz zawsze:

zaznacz jedną odpowiedź

a) wjechać najpierw na pas awaryjny,
b) zatrzymać się na końcu pasa rozbiegowego,
c) zatrzymać się przed włączeniem do ruchu,
d) udzielić pierwszeństwa pojazdom, które są już na autostradzie.

9.2. Jakie jest krajowe ograniczenie prędkości (national speed limit) dla samochodów osobowych i motocykli poruszających się środkowym pasem trzypasmowej autostrady?

zaznacz jedną odpowiedź

a) 40 mil na godzinę,
b) 50 mil na godzinę,
c) 60 mil na godzinę,
d) 70 mil na godzinę.

9.3. Jakie jest krajowe ograniczenie prędkości (national speed limit) dla samochodów osobowych i motocykli jadących autostradą?

zaznacz jedną odpowiedź

a) 30 mil na godzinę,
b) 50 mil na godzinę,
c) 60 mil na godzinę,
d) 70 mil na godzinę.

9.4. Na trzypasmowej autostradzie lewy pas przeznaczony jest:

zaznacz jedną odpowiedź

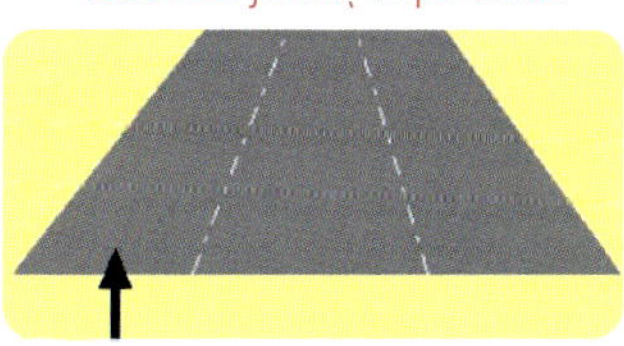

a) dla wszystkich pojazdów,
b) wyłącznie dla dużych pojazdów,
c) wyłącznie dla pojazdów służb ratowniczych,
d) wyłącznie dla pojazdów wolno poruszających się.

9.5. Wskaż pojazd, któremu NIE wolno jechać prawym pasem trzypasmowej autostrady:

zaznacz jedną odpowiedź

a) mały samochód typu van,
b) motocykl,
c) pojazd holujący przyczepę,
d) motocykl z bocznym koszem.

9.6. Twój samochód zepsuł się na autostradzie. Musisz zadzwonić po pomoc. Dlaczego w tym celu lepiej jest użyć telefonu awaryjnego zainstalowanego przy autostradzie niż telefonu komórkowego?

zaznacz jedną odpowiedź

a) bo telefon awaryjny połączy Cię z lokalnym warsztatem naprawczym,
b) bo użycie przez Ciebie telefonu komórkowego będzie rozpraszać uwagę innych kierowców,
c) bo połączenie z telefonu awaryjnego umożliwia służbom ratunkowym łatwą lokalizację Twojego pojazdu,
d) bo telefony komórkowe nie działają na autostradach.

9.7. Po uporaniu się z awarią pojazdu chcesz się ponownie włączyć do ruchu, wjeżdżając na właściwy pas autostrady z pasa awaryjnego. W tym celu powinieneś:

zaznacz jedną odpowiedź

a) wjechać na właściwy pas autostrady i stopniowo zwiększać prędkość,
b) wjechać na właściwy pas autostrady, używając przy tym świateł awaryjnych,
c) zwiększyć prędkość na pasie awaryjnym przed wjechaniem na właściwy pas autostrady,
d) zaczekać na pasie awaryjnym aż ktoś da Ci sygnał światłami, że możesz się włączyć do ruchu.

9.8. Na autostradzie pas dla wolno jadących pojazdów (crawler lane) znajduje się:

zaznacz jedną odpowiedź

a) na stromym podjeździe,
b) przed miejscem obsługi podróżnych (service area),
c) przed węzłem komunikacyjnym,
d) wzdłuż pasa awaryjnego.

9.9. Co na autostradzie oznaczają te znaki?

zaznacz jedną odpowiedź

a) informują o zmniejszającej się odległości do mostu,
b) informują o odległości do następnego telefonu,
c) informują o odległości do następnego zjazdu,
d) ostrzegają, że zbliżasz się do miejsca kontroli policyjnej.

9.10. Żółte punktowe elementy odblaskowe montowane na jezdni (studs) na autostradzie znajdują się pomiędzy:

zaznacz jedną odpowiedź

a) pasem awaryjnym i jezdnią,
b) pasem rozbiegowym i jezdnią,
c) pasem rozdzielającym jezdnie o przeciwnym kierunku ruchu (central reservation) i jezdnią,
d) dowolną parą pasów ruchu.

9.11. Jaki kolor mają punktowe elementy odblaskowe montowane na jezdni (studs) znajdujące się pomiędzy pasami ruchu na autostradzie?

zaznacz jedną odpowiedź

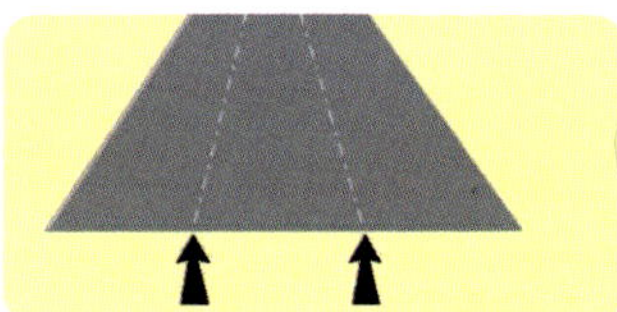

a) zielony,
b) żółty,
c) biały,
d) czerwony.

9.12. Jakiego koloru są punktowe elementy odblaskowe montowane na jezdni (studs), znajdujące się pomiędzy autostradą i jej drogami wjazdowymi lub zjazdowymi?

zaznacz jedną odpowiedź

a) żółtego,
b) białego,
c) zielonego,
d) czerwonego.

9.13. Na autostradzie zepsuł Ci się samochód. Żeby znaleźć najbliższy telefon awaryjny, powinieneś zawsze iść:

zaznacz jedną odpowiedź

a) zgodnie z kierunkiem ruchu,
b) przeciwnie do kierunku ruchu,
c) w kierunku pokazanym na słupkach,
d) w kierunku najbliższego zjazdu.

9.14. Włączasz się do ruchu na autostradzie. Powinieneś jak najlepiej wykorzystać czas, kiedy jedziesz drogą dojazdową. W jakim celu?

zaznacz jedną odpowiedź

a) aby w tym miejscu zawrócić, jeśli masz taką potrzebę,
b) aby wjechać bezpośrednio na pasy ruchu przeznaczone do wyprzedzania,
c) aby osiągnąć prędkość podobną do prędkości pojazdów już znajdujących się na autostradzie,
d) aby kontynuować jazdę na pasie awaryjnym.

9.15. W jaki sposób należy używać telefonu awaryjnego na autostradzie?

zaznacz jedną odpowiedź

a) stojąc blisko jezdni,
b) będąc zwróconym twarzą do nadjeżdżających pojazdów,
c) będąc zwróconym plecami do nadjeżdżających pojazdów,
d) stojąc na pasie awaryjnym.

9.16. Jedziesz autostradą. Jaki kolor mają punktowe elementy odblaskowe montowane na jezdni (studs) po lewej stronie jezdni?

zaznacz jedną odpowiedź

a) zielony,
b) czerwony,
c) biały,
d) żółty.

9.17. Którego pasa ruchu powinieneś zwykle używać, jadąc trzypasmową autostradą?

zaznacz jedną odpowiedź

a) lewego,
b) prawego,
c) centralnego,
d) prawego lub centralnego.

9.18. Kiedy jedziesz na autostradzie przez odcinek, gdzie obowiązuje zmieniona organizacja ruchu – tzw. contraflow system (pojazdy są kierowane na tę część drogi, na której w normalnych warunkach odbywa się ruch w tylko jednym, przeciwnym kierunku), powinieneś:

zaznacz jedną odpowiedź

a) upewnić się, że nie przekraczasz prędkości 30 mil na godzinę,
b) utrzymywać odpowiedni odstęp między swoim pojazdem a pojazdem przed Tobą,
c) zmieniać pasy ruchu, aby utrzymać płynność ruchu,
d) jechać blisko pojazdu znajdującego się przed Tobą, aby zmniejszyć zatłoczenie na autostradzie.

9.19. Jedziesz trzypasmową autostradą. Po Twojej lewej stronie są czerwone, a po prawej białe punktowe elementy odblaskowe montowane na jezdni (studs). Gdzie dokładnie się znajdujesz?

zaznacz jedną odpowiedź

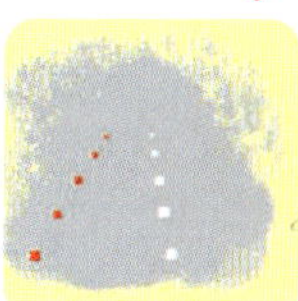

a) na prawym pasie,
b) na środkowym pasie,
c) na pasie awaryjnym,
d) na lewym pasie.

9.20. Jedziesz autostradą. Dojeżdżasz do robót drogowych. Co powinieneś zrobić?

zaznacz jedną odpowiedź

a) przyspieszyć, aby szybko opuścić ten rejon,
b) jechać tylko pasem awaryjnym,
c) przestrzegać wszystkich ograniczeń prędkości,
d) jechać blisko pojazdu znajdującego się przed Tobą.

9.21. Którym uczestnikom ruchu drogowego NIE wolno korzystać z autostrad?

zaznacz cztery odpowiedzi

a) kierowcom samochodów osobowych, którzy dopiero uczą się jeździć,
b) motocyklistom prowadzącym motocykle o pojemności silnika powyżej 50 cm3 (cc),
c) kierującym autobusami piętrowymi,
d) traktorzystom,
e) jeźdźcom na koniach,
f) rowerzystom.

9.22. Wskaż uczestników ruchu drogowego, którym NIE wolno korzystać z autostrad:

zaznacz cztery odpowiedzi

a) uczący się jeździć kierowca samochodu osobowego,
b) motocyklista jadący motocyklem o pojemności silnika powyżej 50 cm3 (cc),
c) kierujący autobusem piętrowym,
d) kierujący traktorem,
e) uczący się jeździć motocyklista,
f) rowerzysta.

9.23. Zazwyczaj natychmiast po wjechaniu na autostradę powinieneś:

zaznacz jedną odpowiedź

a) próbować wyprzedzać,
b) poprawić ustawienie lusterek,
c) wjechać na środkowy pas,
d) jechać lewym pasem.

9.24. Prawy pas na trzypasmowej autostradzie powinien być używany:

zaznacz jedną odpowiedź

a) tylko przez pojazdy służb ratunkowych,
b) do wyprzedzania,
c) przez pojazdy holujące przyczepy,
d) tylko przez autobusy turystyczne.

9.25. Do czego służy pas awaryjny autostrady?

zaznacz jedną odpowiedź

a) do zatrzymania się w awaryjnej sytuacji,
b) do opuszczenia autostrady,
c) do zatrzymania się, kiedy jesteś zmęczony,
d) do włączania się do ruchu.

9.26. Jedziesz prawym pasem autostrady. Zauważasz nad jezdnią te znaki. Sygnalizują one, że:

zaznacz jedną odpowiedź

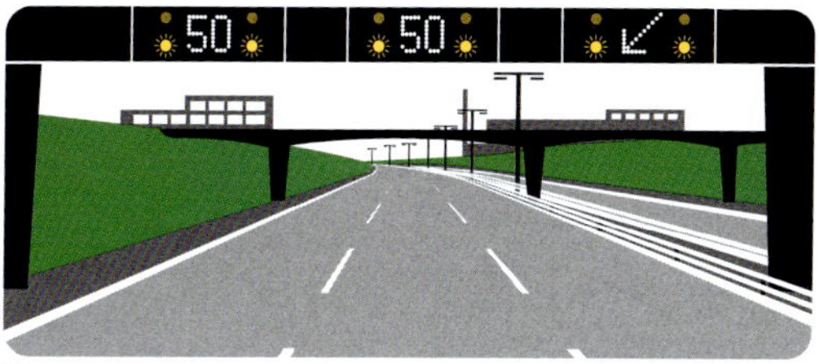

a) powinieneś zjechać na lewo i zredukować prędkość do 50 mil na godzinę,
b) 50 m (55 yardów) przed Tobą zaczynają się roboty drogowe,
c) powinieneś jechać pasem awaryjnym do momentu aż miniesz strefę zagrożenia oznaczoną znakami,
d) powinieneś opuścić autostradę na najbliższym zjeździe.

9.27. Na autostradzie wolno Ci się zatrzymać wtedy, gdy:

zaznacz jedną odpowiedź

a) chcesz pospacerować i zaczerpnąć świeżego powietrza,
b) chcesz zabrać autostopowiczów,
c) zobaczyłeś pulsujące czerwone światła oznaczające właśnie konieczność zatrzymania pojazdu,
d) chcesz skorzystać z telefonu komórkowego.

9.28. Jedziesz lewym pasem trzypasmowej autostrady. Z drogi dojazdowej do ruchu włączają się inne pojazdy. Powinieneś:

zaznacz jedną odpowiedź

a) się z nimi ścigać,
b) zjechać na inny pas,
c) utrzymywać stałą prędkość,
d) włączyć światła awaryjne.

9.29. Podstawową zasadą poruszania się po autostradzie jest:

zaznacz jedną odpowiedź

a) używanie tego pasa, na którym jest w danym momencie najmniejszy ruch,
b) jazda lewym pasem, chyba że wyprzedzasz,
c) wyprzedzanie pojazdu po tej jego stronie, po której jest mniejszy ruch,
d) utrzymywanie prędkości powyżej 50 mil na godzinę, aby zapobiec tworzeniu się korków.

9.30. Jadąc autostradą nigdy nie powinieneś wyprzedzać z lewej strony, chyba że:

zaznacz jedną odpowiedź

a) widzisz daleko przed sobą, że pas awaryjny jest pusty,
b) pojazdy jadące prawym pasem mają włączone prawe kierunkowskazy,
c) ostrzeżesz kierowców jadących za Tobą, włączając lewy kierunkowskaz,
d) sznur wolno poruszających się pojazdów z Twojej prawej strony jedzie wolniej niż Ty.

IP 9.31. Telefony alarmowe na autostradach są zwykle połączone z policją. Obecnie w niektórych miejscach są one również połączone z:

zaznacz jedną odpowiedź

a) centrum monitoringu Agencji Dróg i Autostrad (Highways Agency Control Centre),
b) DVLA (Driver and Vehicle Licensing Agency),
c) DSA (Driving Standards Agency),
d) lokalnym oddziałem rejestracji pojazdów.

9.32. Emergency Refugee Area to rejon:

zaznacz jedną odpowiedź

a) na autostradzie, do użytku w przypadkach zagrożenia lub awarii pojazdu,
b) gdzie możesz zjechać, jeśli masz wrażenie, że któryś z kierowców na drodze ma zamiar zachowywać się agresywnie wobec Ciebie i Twojego pojazdu,
c) na autostradzie, wyznaczony patrolowi policji w celu parkowania i obserwowania ruchu,
d) wyznaczony dla pracowników budowlanych i drogowych, aby mogli przechowywać tam sprzęt awaryjny.

9.33. W jakim celu na autostradzie znajduje się obszar „Emergency Refugee Area"?

zaznacz jedną odpowiedź

a) abyś mógł tam zaparkować, kiedy chcesz użyć telefonu komórkowego,
b) abyś mógł z niego skorzystać w przypadku zagrożenia lub awarii Twojego pojazdu,
c) aby pojazdy pomocy drogowej mogły zaparkować tam, gdzie obowiązuje zmieniona organizacja ruchu – tzw. contraflow system,
d) abyś mógł tam wjechać, gdy przed Tobą jest korek.

IP 9.34. Funkcjonariusze Agencji Dróg i Autostrad (Highways Agency Traffic Officers):

zaznacz jedną odpowiedź

a) nie będą w stanie pomóc Ci w przypadku awarii Twojego pojazdu lub innego zagrożenia,

b) nie mogą nikogo zatrzymywać i nie mogą kierować ruchem na autostradzie,

c) doholują zepsuty pojazd do miejsca zamieszkania kierowcy i odwiozą pasażerów do ich domów,

d) mogą każdego zatrzymać i mogą kierować ruchem na autostradzie.

IP 9.35. Jesteś na autostradzie. Nad pasem awaryjnym wyświetlony jest czerwony znak „X". Oznacza on, że:

zaznacz jedną odpowiedź

a) należy zjechać na ten pas, aby odebrać rozmowę przychodzącą na telefon komórkowy,

b) należy użyć tego pasa jako rozbiegowego,

c) możesz skorzystać z tego pasa, jeśli potrzebujesz odpocząć,

d) nie powinieneś jechać tym pasem.

IP 9.36. Jedziesz autostradą, gdzie działa system aktywnego zarządzania ruchem (Active Traffic Management - ATM). Nad pasem awaryjnym wyświetlone jest obowiązujące ograniczenie prędkości. Co to oznacza?

zaznacz jedną odpowiedź

a) że nie powinieneś podróżować tym pasem,

b) że pas awaryjny może być używany jako pas rozbiegowy,

c) że możesz zaparkować na pasie awaryjnym, jeśli czujesz się zmęczony,

d) że możesz zjechać na ten pas, aby odebrać rozmowę przychodzącą na Twój telefon komórkowy.

IP 9.37. Celem systemu aktywnego zarządzania ruchem (Active Traffic Management scheme) na autostradzie jest:

zaznacz jedną odpowiedź

a) zapobieganie wyprzedzaniu,

b) zredukowanie liczby przystanków przeznaczonych na odpoczynek,

c) zapobieganie sytuacjom, gdy pojazdy poruszają się w zbyt małej odległości od siebie,

d) ograniczenie tworzenia się korków.

IP 9.38. Jesteś na autostradzie, gdzie działa system aktywnego zarządzania ruchem (Active Traffic Management area). Kiedy system jest aktywny:

zaznacz jedną odpowiedź

a) wskazane przez niego ograniczenia prędkości są jedynie sugerowane,
b) obowiązuje krajowe ograniczenie prędkości (national speed limit),
c) ograniczenie prędkości wynosi zawsze 30 mil na godzinę,
d) wszystkie sygnalizatory ograniczenia prędkości są również aktywne.

IP 9.39. Jedziesz autostradą. Nad pasem awaryjnym wyświetlony jest czerwony znak „X". Co on oznacza?

zaznacz jedną odpowiedź

a) że można wykorzystać ten pas jako miejsce odpoczynku,
b) że można wykorzystać ten pas jako zwykły pas rozbiegowy,
c) że nie wolno używać tego pasa do jazdy,
d) że na tym pasie obowiązuje krajowe ograniczenie prędkości (national speed limit).

9.40. Dlaczego na długim dystansie korzystne jest utrzymywanie stałej prędkości jazdy?

zaznacz jedną odpowiedź

a) bo będziesz częściej prowadził pojazd w sposób stop-start,
b) bo dzięki temu zużyjesz znacznie więcej paliwa,
c) bo dzięki temu będziesz mógł częściej jechać głównymi drogami,
d) bo dzięki temu może skrócić się całkowity czas Twojej podróży.

IP 9.41. Zazwyczaj nie powinieneś jechać pasem awaryjnym autostrady. Kiedy możesz to robić?

zaznacz jedną odpowiedź

a) gdy masz zamiar opuścić autostradę na najbliższym zjeździe,
b) gdy inne pojazdy na autostradzie zatrzymały się,
c) gdy nakazują Ci to znaki drogowe,
d) gdy inne pojazdy na autostradzie wolno się poruszają.

9.42. Z jakiego powodu możesz wjechać na prawy pas autostrady?

zaznacz jedną odpowiedź

a) aby uniknąć wjechania na tor jazdy samochodu ciężarowego,
b) aby jechać szybciej niż 70 mil na godzinę,
c) aby skręcić w prawo,
d) aby wyprzedzać inne pojazdy.

9.43. Aby ograniczyć korki na autostradach, stosuje się:

zaznacz jedną odpowiedź

a) zmieniające się ograniczenia prędkości,
b) contraflow systems,
c) krajowe ograniczenia prędkości (national speed limits),
d) zamykanie pasów.

9.44. Jedziesz autostradą. Wskaż, w jakiej sytuacji powinieneś się zatrzymać:

zaznacz trzy odpowiedzi

a) wtedy, gdy musisz zajrzeć do mapy,
b) wtedy, gdy jesteś zmęczony i potrzebujesz odpoczynku,
c) wtedy, gdy czerwone światła są zapalone nad każdym pasem,
d) wtedy, gdy poinformuje Cię o tym policja,
e) wtedy, gdy zadzwoni Twój telefon komórkowy,
f) wtedy, gdy jest to sygnalizowane przez funkcjonariusza Agencji Dróg i Autostrad (Highways Agency Traffic Officers).

9.45. W jakiej sytuacji możesz zatrzymać się na autostradzie?

zaznacz jedną odpowiedź

a) wtedy, gdy musisz zajrzeć do mapy,
b) wtedy, gdy jesteś zmęczony i potrzebujesz odpocząć,
c) wtedy, gdy dzwoni Twój telefon komórkowy,
d) w razie zagrożenia lub awarii pojazdu.

IP 9.46. Jedziesz autostradą. Jeżeli znaki nie informują Cię o ograniczeniach prędkości, NIE wolno Ci przekraczać:

zaznacz jedną odpowiedź

a) 50 mil na godzinę,
b) 60 mil na godzinę,
c) 70 mil na godzinę,
d) 80 mil na godzinę.

9.47. Telefony awaryjne na autostradach zwykle połączą Cię z policją. Niektóre z nich mogą Cię obecnie połączyć również:

zaznacz jedną odpowiedź

a) z lokalną stacją karetek pogotowia,
b) z centrum monitoringu Agencji Dróg i Autostrad (Highways Agency control centre),
c) z najbliższą jednostką straży pożarnej,
d) z centrum monitoringu pomocy drogowej.

9.48. Jedziesz autostradą. Nad każdym pasem palą się pulsujące czerwone światła. W tej sytuacji musisz:

zaznacz jedną odpowiedź

a) zjechać na pas awaryjny,
b) zwolnić, a następnie zwracać uwagę na kolejne oznaczenia,
c) zjechać z autostrady na najbliższym zjeździe,
d) zatrzymać się i poczekać.

IP 9.49. Jesteś na trzypasmowej autostradzie. Nad pasem awaryjnym wyświetlony jest czerwony znak „X", a nad innymi pasami sygnalizowane jest obowiązkowe ograniczenie prędkości. Oznacza to, że:

zaznacz jedną odpowiedź

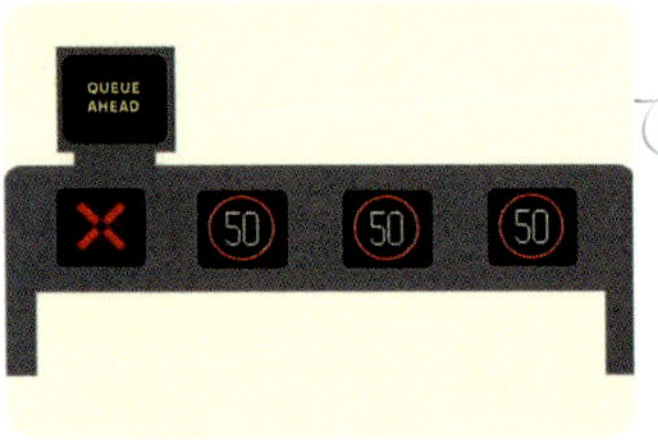

a) pas awaryjny może być miejscem odpoczynku dla kierowców, którzy poczuli się zmęczeni,
b) na pas awaryjny można wjechać tylko w razie zagrożenia lub awarii pojazdu,
c) pas awaryjny może być używany jako zwykły pas rozbiegowy,
d) na pasie awaryjnym obowiązuje ograniczenie prędkości do 50 mil na godzinę.

IP 9.50. Jedziesz trzypasmową autostradą i zauważasz ten znak. Oznacza on, że możesz jechać:

zaznacz jedną odpowiedź

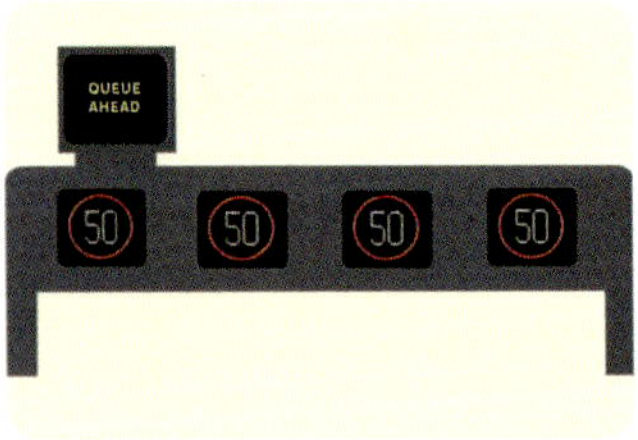

a) którymkolwiek pasem, oprócz pasa awaryjnego,
b) tylko pasem awaryjnym,
c) tylko jednym z trzech pasów prawych,
d) każdym pasem, włącznie z awaryjnym.

9.51. Jedziesz autostradą. Zaczynasz odczuwać zmęczenie i decydujesz się na odpoczynek. Co powinieneś zrobić?

zaznacz jedną odpowiedź

a) zatrzymać się na pasie awaryjnym,
b) zatrzymać się w najbliższym miejscu obsługi podróżnych (service area),

c) zatrzymać się na zjeździe z autostrady,
d) zaparkować na pasie rozdzielającym jezdnie o przeciwnym kierunku ruchu (central reservation).

9.52. Jedziesz autostradą. Zaczynasz odczuwać zmęczenie i decydujesz się na odpoczynek. Co powinieneś zrobić?

zaznacz jedną odpowiedź

a) zatrzymać się na pasie awaryjnym,
b) zatrzymać się na zjeździe z autostrady,
c) zaparkować na pasie rozdzielającym jezdnie o przeciwnym kierunku ruchu (central reservation),
d) opuścić autostradę na następnym zjeździe.

9.53. Jedziesz autostradą i holujesz przyczepę. Z jaką maksymalną prędkością możesz się poruszać?

zaznacz jedną odpowiedź

a) 40 mil na godzinę,
b) 50 mil na godzinę,
c) 60 mil na godzinę,
d) 70 mil na godzinę.

9.54. Lewy pas autostrady powinien być używany:

zaznacz jedną odpowiedź

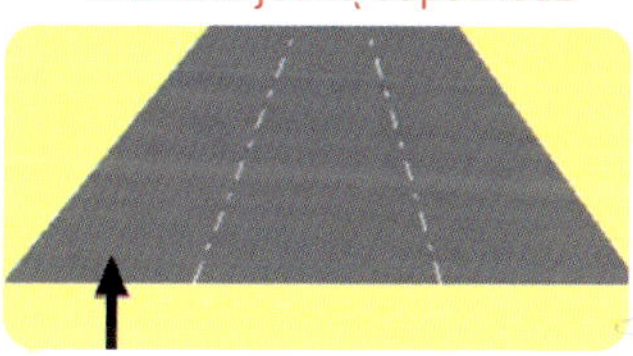

a) tylko w razie awarii pojazdu lub innego zagrożenia ruchu,
b) do wyprzedzania wolniej poruszających się pojazdów, jadących innymi pasami,
c) tylko przez wolno poruszające się pojazdy,
d) do normalnej jazdy.

9.55. Jedziesz autostradą. Z powodu jakiegoś niebezpieczeństwa musisz gwałtownie zwolnić. Powinieneś:

zaznacz jedną odpowiedź

a) włączyć światła awaryjne,
b) włączyć światła mijania (headlights),
c) użyć sygnału dźwiękowego,
d) zamrugać światłami.

9.56. Jedziesz autostradą. Nagle jedna z opon w Twoim pojeździe ulega przebiciu. Udaje Ci się zjechać na pas awaryjny. Powinieneś:

zaznacz jedną odpowiedź

a) natychmiast samodzielnie zmienić koło,
b) skorzystać z telefonu alarmowego i poprosić o pomoc,
c) próbować zatrzymać inny pojazd, aby jego kierowca udzielił Ci pomocy,
d) zmienić koło, ale tylko wtedy, gdy wieziesz pasażera, który może Ci pomóc.

9.57. Jedziesz autostradą. Przez pomyłkę przejechałeś zjazd, którym chciałeś opuścić autostradę. Powinieneś:

zaznacz jedną odpowiedź

a) ostrożnie wycofać pojazd, korzystając z pasa awaryjnego,
b) kontynuować jazdę do następnego zjazdu,
c) ostrożnie wycofać pojazd, korzystając z lewego pasa,
d) zawrócić, korzystając z najbliższej przerwy na pasie rozdzielającym jezdnie o przeciwnym kierunku ruchu (central reservation).

9.58. Jedziesz z prędkością 70 mil na godzinę trzypasmową autostradą. Przed Tobą nie jadą inne pojazdy. Którym pasem powinieneś się poruszać?

zaznacz jedną odpowiedź

a) którymkolwiek,
b) środkowym,
c) prawym,
d) lewym.

9.59. Twój pojazd zepsuł się na autostradzie. Nie jesteś w stanie zatrzymać się na pasie awaryjnym. Co powinieneś zrobić?

zaznacz jedną odpowiedź

a) włączyć światła awaryjne,
b) zatrzymać jadące za Tobą pojazdy i poprosić o pomoc,
c) próbować szybko naprawić pojazd,
d) stanąć za swoim pojazdem, aby ostrzec innych uczestników ruchu.

9.60. Dlaczego szczególnie ważne jest, aby sprawdzić swój pojazd przed długą podróżą autostradą?

zaznacz jedną odpowiedź

a) bo na autostradach częściej gwałtownie się hamuje,
b) bo miejsca obsługi podróżnych (service areas) na autostradach nie zajmują się awariami pojazdów,

c) bo nawierzchnia autostrady powoduje szybsze zużywanie się opon,
d) bo utrzymywanie dużej prędkości może zwiększyć ryzyko awarii pojazdu.

9.61. Jedziesz autostradą. Samochód przed Tobą włącza na krótko światła awaryjne. To Cię informuje, że:

zaznacz jedną odpowiedź

a) kierowca chce, żebyś go wyprzedził,
b) kierowca ma zamiar zmienić pas ruchu,
c) pojazdy przed Tobą zwalniają lub nagle się zatrzymały,
d) patrol policji właśnie kontroluje prędkość.

9.62. Masz zamiar opuścić autostradę na następnym zjeździe. Zanim dojedziesz do zjazdu, na ogół powinieneś zająć miejsce na pasie:

zaznacz jedną odpowiedź

a) środkowym,
b) lewym,
c) awaryjnym,
d) dowolnym.

9.63. Jako posiadacz tymczasowego prawa jazdy (provisional licence) nie powinieneś prowadzić samochodu:

zaznacz jedną odpowiedź

a) z prędkością większą niż 30 mil na godzinę,
b) w nocy,
c) na autostradzie,
d) z pasażerami na tylnych siedzeniach.

9.64. Twój samochód zepsuł się i znajduje się na pasie awaryjnym. Zdecydowałeś się użyć telefonu komórkowego, żeby zadzwonić po pomoc. Powinieneś:

zaznacz jedną odpowiedź

a) podczas wykonywania połączenia stać z tyłu pojazdu,
b) mimo wszystko spróbować samodzielnie naprawić pojazd,
c) wysiąść z pojazdu prawymi drzwiami,
d) sprawdzić swoją lokalizację na słupkach, znajdujących się z lewej strony.

IP 9.65. Jedziesz trzypasmową autostradą i holujesz przyczepę. Możesz użyć prawego pasa wtedy, gdy:

zaznacz jedną odpowiedź

a) niektóre pasy ruchu są zamknięte,
b) inne pojazdy poruszają się wolno,
c) możesz utrzymać dużą prędkość na stałym poziomie,
d) po lewym i centralnym pasie poruszają się duże pojazdy.

9.66. Jesteś na autostradzie. Przed Tobą znajduje się odcinek, gdzie obowiązuje odwrotny kierunek ruchu (contraflow system). Czego powinieneś się spodziewać?

zaznacz jedną odpowiedź

a) tymczasowej sygnalizacji świetlnej,
b) ograniczenia prędkości,
c) szerszych pasów ruchu niż zwykle,
d) progów zwalniających (speed humps).

9.67. Na autostradzie możesz się zatrzymać na pasie awaryjnym tylko:

zaznacz jedną odpowiedź

a) w razie zagrożenia,
b) jeśli czujesz się zmęczony i potrzebujesz odpoczynku,
c) jeśli przez przypadek przejedziesz zjazd, którym chciałeś opuścić autostradę,
d) po to, by zabrać autostopowicza.

10.1. Co oznacza ten znak?

zaznacz jedną odpowiedź

a) na drodze obowiązuje lokalne ograniczenie prędkości,
b) zakaz postoju na drodze,
c) na drodze obowiązuje krajowe ograniczenie prędkości (national speed limit),
d) zakaz ruchu pojazdów.

10.2. Jakie jest krajowe ograniczenie prędkości (national speed limit) dla samochodów osobowych i motocykli poruszających się po drogach typu dual carriageway (droga z pasem rozdzielającym jezdnie o przeciwnym kierunku ruchu)?

zaznacz jedną odpowiedź

a) 30 mil na godzinę,
b) 50 mil na godzinę,
c) 60 mil na godzinę,
d) 70 mil na godzinę.

10.3. Jedziesz drogą, na której nie ma znaków ograniczających prędkość. Jednak uczestnicy ruchu są informowani o ograniczeniu prędkości do 30 mil na godzinę w inny sposób. Jaki?

zaznacz jedną odpowiedź

a) wskazują na to linie na jezdni ostrzegające przed zagrożeniem,
b) wskazują na to lampy uliczne,
c) wskazują na to wysepki dla pieszych na środku jezdni,
d) wskazują na to podwójne lub pojedyncze żółte linie na jezdni.

10.4. Kiedy widzisz przy drodze lampy uliczne, a nie ma znaków ograniczających prędkość, to zwykle ograniczenie to wynosi:

zaznacz jedną odpowiedź

a) 30 mil na godzinę,
b) 40 mil na godzinę,
c) 50 mil na godzinę,
d) 60 mil na godzinę.

10.5. Co oznacza ten znak?

zaznacz jedną odpowiedź

a) nakaz utrzymywania prędkości minimalnej 30 mil na godzinę,
b) koniec ograniczenia prędkości,
c) koniec obowiązywania nakazu utrzymywania prędkości minimalnej,
d) ograniczenie prędkości do 30 mil na godzinę.

10.6. Przed Tobą jedzie ciągnik rolniczy. Masz zamiar go wyprzedzić, ale NIE jesteś pewien, czy jest to bezpieczne. Powinieneś:

zaznacz jedną odpowiedź

a) wyprzedzić ciągnik, jadąc za innym wyprzedzającym go pojazdem,
b) użyć sygnału dźwiękowego, aby dać znać kierowcy ciągnika, żeby zjechał na pobocze,
c) szybko go wyprzedzić, ale zamrugać światłami do nadjeżdżających z przeciwka pojazdów,
d) w ogóle nie wyprzedzać, jeśli masz jakieś wątpliwości.

10.7. Wskaż uczestników ruchu drogowego, którzy na rondzie mogą przyjąć niespodziewany kierunek jazdy:

zaznacz trzy odpowiedzi

a) jeźdźcy na koniach,
b) pojazdy rozwożące mleko,
c) samochody typu van,
d) długie pojazdy,
e) samochody osobowe typu kombi,
f) rowerzyści.

10.8. Kiedy nie wolno zatrzymywać się w miejscu, gdzie obowiązuje zakaz zatrzymywania się określany jako clearway?

zaznacz jedną odpowiedź

a) nigdy,
b) gdy jest duży ruch,
c) w godzinach szczytu,
d) w ciągu dnia.

10.9. Co oznacza ten znak?

zaznacz jedną odpowiedź

a) zakaz wjazdu,
b) strefa ograniczonego postoju,
c) obowiązuje krajowe ograniczenie prędkości (national speed limit),
d) school crossing patrol.

10.10. W nocy możesz parkować po prawej stronie jezdni:

zaznacz jedną odpowiedź

a) na ulicy jednokierunkowej,
b) z włączonymi światłami pozycyjnymi (sidelights),
c) w odległości większej niż 10 m (32 stopy) od skrzyżowania,
d) pod słupem lampy ulicznej.

10.11. Na trzypasmowej dual carriageway – drodze z pasem rozdzielającym jezdnie o przeciwnym kierunku ruchu, prawy pas ruchu może być używany:

zaznacz jedną odpowiedź

a) tylko do wyprzedzania, a nigdy do skrętu w prawo,

b) do wyprzedzania lub skrętu w prawo,

c) tylko przez szybko poruszające się pojazdy,

d) tylko do skrętu w prawo, a nigdy do wyprzedzania.

10.12. Dojeżdżasz do ruchliwego skrzyżowania z wieloma pasami ruchu i oznaczeniami na jezdni. W ostatnim momencie zdajesz sobie sprawę, że jesteś na niewłaściwym pasie. Powinieneś:

zaznacz jedną odpowiedź

a) kontynuować jazdę tym pasem, na którym się obecnie znajdujesz,

b) wymusić pierwszeństwo, przecinając pasy ruchu,

c) zatrzymać się i zaczekać aż droga będzie wolna,

d) wykonać czytelny znak ramieniem, informując innych uczestników ruchu drogowego, że masz zamiar przeciąć pasy ruchu.

10.13. W którym miejscu możesz wyprzedzać na ulicy jednokierunkowej?

zaznacz jedną odpowiedź

a) tylko po lewej stronie jezdni,

b) na ulicy jednokierunkowej wyprzedzanie w ogóle nie jest dozwolone,

c) tylko po prawej stronie jezdni,

d) po prawej lub lewej stronie jezdni.

10.14. Kiedy masz zamiar przejechać prosto przez rondo, powinieneś:

zaznacz jedną odpowiedź

a) zasygnalizować skręt w lewo przed opuszczeniem ronda,

b) w ogóle nie włączać kierunkowskazu,

c) dojeżdżając do ronda, włączyć prawy kierunkowskaz,

d) dojeżdżając do ronda, włączyć lewy kierunkowskaz.

10.15. Wskaż pojazd, który na rondzie może przyjąć niespodziewany kierunek jazdy:

zaznacz jedną odpowiedź

a) samochód sportowy,

b) samochód typu van,

c) samochód typu kombi,

d) długi pojazd.

10.16. Możesz wjechać na skrzyżowanie oznaczone żółtym kwadratem (box junction) tylko wtedy, gdy:

zaznacz jedną odpowiedź

a) przed Tobą znajdują się mniej niż dwa pojazdy,
b) masz zielone światło,
c) droga, w którą chcesz wjechać, nie jest zablokowana,
d) masz zamiar skręcić w lewo.

10.17. Możesz czekać na skrzyżowaniu oznaczonym żółtym kwadratem (box junction), kiedy:

zaznacz jedną odpowiedź

a) nadjeżdżające pojazdy uniemożliwiają Ci skręt w prawo,
b) jesteś w sznurze pojazdów skręcających w lewo,
c) jesteś w sznurze pojazdów jadących prosto,
d) jesteś na rondzie.

10.18. MUSISZ się zatrzymać, gdy nakazuje Ci to:

zaznacz trzy odpowiedzi

a) policjant,
b) pieszy,
c) school crossing patrol,
d) kierowca autobusu,
e) czerwone światło sygnalizacji świetlnej.

10.19. Ktoś czeka, żeby przejść na przejściu typu zebra. Stoi na chodniku. Zazwyczaj w tej sytuacji powinieneś:

zaznacz jedną odpowiedź

a) szybko przejechać, zanim pieszy wejdzie na przejście,
b) zatrzymać się przed zygzakowatymi liniami namalowanymi przed przejściem i pozwolić mu przejść,
c) zatrzymać się i cierpliwie czekać, pozwalając mu przejść,
d) zignorować go, skoro wciąż jeszcze jest na chodniku.

10.20. Na przejściu typu toucan poza pieszymi powinieneś uważać na:

zaznacz jedną odpowiedź

a) mogące nadjechać pojazdy służb ratunkowych,
b) włączające się do ruchu autobusy,
c) przejeżdżające przed Tobą tramwaje,
d) jadących w poprzek jezdni rowerzystów.

10.21. Kto lub co może korzystać z przejścia typu toucan?

zaznacz dwie odpowiedzi

a) pociąg,
b) rowerzysta,
c) autobus,
d) pieszy,
e) tramwaj.

10.22. Co oznacza pulsujące żółte światło na przejściu typu pelican?

zaznacz jedną odpowiedź

a) to, że nie wolno Ci ruszyć do momentu aż żółte światło przestanie pulsować,
b) to, że musisz udzielić pierwszeństwa pieszym, którzy wciąż znajdują się na przejściu,
c) to, że możesz ruszyć, nawet jeśli piesi wciąż znajdują się na przejściu,
d) to, że musisz się zatrzymać, ponieważ światła zaraz zmienią się na czerwone.

10.23. Czekasz na przejściu typu pelican. Czerwone światło zmienia się na pulsujące żółte. Oznacza to, że musisz:

zaznacz jedną odpowiedź

a) zaczekać aż piesi znajdujący się na przejściu przejdą,
b) natychmiast ruszyć,
c) zaczekać na zielone światło zanim ruszysz,
d) przygotować się i ruszyć, kiedy pojawi się ciągłe żółte światło.

10.24. Kiedy możesz zaparkować naprzeciw tych poziomych znaków po lewej stronie jezdni?

zaznacz jedną odpowiedź

a) gdy linia znajdująca się najbliżej Ciebie jest przerywana,
b) gdy linie nie mają koloru żółtego,
c) gdy masz zamiar odebrać lub wysadzić pasażerów,
d) tylko w ciągu dnia.

10.25. Na skrzyżowaniu masz zamiar skręcić w prawo. Nadjeżdżający z przeciwka kierowca też skręca w prawo. Zwykle będzie dla Ciebie bezpieczniej:

zaznacz jedną odpowiedź

a) mieć nadjeżdżający pojazd po swojej PRAWEJ stronie i skręcić za nim (prawa do prawej),
b) mieć nadjeżdżający pojazd po swojej LEWEJ stronie i skręcić przed nim (lewa do lewej),
c) kontynuować jazdę prosto i skręcić na następnym skrzyżowaniu,
d) zwolnić i zaczekać aż drugi kierowca skręci pierwszy.

10.26. Jedziesz drogą, przy której nie ma pionowych znaków drogowych, ale znajdują się lampy uliczne. Jakie ograniczenie prędkości zwykle obowiązuje w tej sytuacji?

zaznacz jedną odpowiedź

a) 20 mil na godzinę,
b) 30 mil na godzinę,
c) 40 mil na godzinę,
d) 60 mil na godzinę.

10.27. Jedziesz ulicą, na której z lewej strony są zaparkowane pojazdy. Dlaczego powinieneś utrzymać niewielką prędkość?

zaznacz trzy odpowiedzi

a) po to, by kierowcy nadjeżdżających pojazdów mogli Cię lepiej widzieć,
b) bo możesz uruchomić alarmy tych pojazdów,
c) bo pojazdy te mogą wjeżdżać na drogę,
d) bo w którymś z tych pojazdów mogą się otworzyć drzwi od strony kierowcy,
e) bo spomiędzy tych pojazdów mogą nagle na jezdnię wybiec dzieci.

10.28. Dojeżdżasz do miejsca, gdzie Twój pas ruchu jest częściowo nieprzejezdny. Powinieneś:

zaznacz jedną odpowiedź

a) jechać dalej, gdyż masz pierwszeństwo,
b) ustąpić pierwszeństwa pojazdom jadącym z przeciwka,
c) dać znak ręką nadjeżdżającym z przeciwka pojazdom, żeby przejechały,
d) przyspieszyć, żeby przejechać jako pierwszy.

10.29. Jedziesz dwupasmową drogą z pasem rozdzielającym jezdnie o przeciwnym kierunku ruchu (dual carriageway). Kiedy możesz wjechać na prawy pas?

zaznacz dwie odpowiedzi

a) gdy skręcasz w prawo,
b) gdy zwyczajnie kontynuujesz jazdę,
c) gdy jedziesz z minimalną dozwoloną prędkością,
d) gdy jedziesz ze stałą, dużą prędkością,
e) gdy wyprzedzasz wolniejsze pojazdy,
f) gdy masz zamiar zatrzymać się i załatać dziurę w oponie.

10.30. Kto na nieoznaczonym skrzyżowaniu ma pierwszeństwo?

zaznacz jedną odpowiedź

a) większy pojazd,
b) nikt nie ma pierwszeństwa,
c) szybszy pojazd,
d) mniejszy pojazd.

IP 10.31. Wskaż minimalną odległość od skrzyżowania, którą powinieneś zachować parkując:

zaznacz jedną odpowiedź

a) 10 m (32 stopy),
b) 12 m (39 stóp),
c) 15 m (49 stóp),
d) 20 m (66 stóp).

IP 10.32. Wskaż miejsca, w których NIE wolno Ci parkować:

zaznacz trzy odpowiedzi

a) wierzchołek wzgórza i jego okolica,
b) przystanek autobusowy i jego okolica,
c) miejsce, gdzie nie ma chodnika,
d) miejsce będące w odległości mniejszej niż 10 m (32 stopy) od skrzyżowania,
e) na drodze z ograniczeniem prędkości do 40 mil na godzinę.

10.33. Czekasz na przejeździe kolejowym. Pociąg przejechał, ale palące się światła ciągle pulsują. Musisz:

zaznacz jedną odpowiedź

a) czekać dalej,
b) zadzwonić do dróżnika kolejowego,
c) nieznacznie przejechać linię STOP i rozejrzeć się, czy nie widać nadjeżdżających pociągów,
d) zaparkować i zbadać sytuację.

10.34. Na skrzyżowaniu nie ma pionowych ani poziomych znaków drogowych. Nadjeżdżają dwa pojazdy. Który z nich ma pierwszeństwo?

zaznacz jedną odpowiedź

a) żaden z nich,
b) pojazd jadący szybciej,
c) pojazd skręcający w prawo,
d) pojazd nadjeżdżający z prawej strony.

10.35. O czym informuje ten znak?

zaznacz jedną odpowiedź

a) o drodze bez przejazdu,
b) o końcu strefy z traffic calmings - środkami ograniczania prędkości pojazdów,
c) o końcu strefy darmowego parkowania,
d) o końcu strefy zakazu postoju.

10.36. Wjeżdżasz w rejon robót drogowych. Tymczasowe ograniczenie prędkości jest określone znakami. Powinieneś:

zaznacz jedną odpowiedź

a) nie przekraczać tego ograniczenia prędkości,
b) przestrzegać tego ograniczenia prędkości tylko podczas godzin szczytu,
c) zignorować oznaczone ograniczenie prędkości,
d) przestrzegać tego ograniczenia prędkości, z wyjątkiem godzin nocnych.

10.37. Gdzie NIE powinieneś parkować?

zaznacz dwie odpowiedzi

a) blisko wejścia do szkoły,
b) blisko posterunku policji,
c) na bocznej drodze,
d) na przystanku autobusowym,
e) na ulicy jednokierunkowej.

10.38. Jedziesz w nocy dobrze oświetloną drogą w terenie zabudowanym. Jeśli będziesz używał świateł mijania (dipped headlights), będziesz mógł:

zaznacz jedną odpowiedź

a) widzieć z większej odległości, co się dzieje na drodze przed Tobą,
b) jechać ze znacznie większą prędkością,
c) szybko zmienić je na światła drogowe (main beam),
d) być dobrze widoczny dla innych.

10.39. Droga, w którą skręcasz w prawo, jest drogą typu dual carriageway i ma bardzo wąski pas rozdzielający jezdnie o przeciwnym kierunku ruchu (central reservation). Co powinieneś zrobić?

zaznacz jedną odpowiedź

a) podjechać do pasa rozdzielającego jezdnie (central reservation) i poczekać,
b) zaczekać aż droga będzie wolna w obu kierunkach,
c) zatrzymać się na pierwszym pasie, żeby inne pojazdy ustąpiły Ci pierwszeństwa,
d) nieznacznie podjechać, aby okazać swoje intencje innym uczestnikom ruchu.

10.40. Ile wynosi krajowe ograniczenie prędkości (national speed limit) dla samochodów osobowych i motocykli na drogach typu single carriageway (droga bez pasa rozdzielającego jezdnie o przeciwnym kierunku ruchu)?

zaznacz jedną odpowiedź

a) 30 mil na godzinę,
b) 50 mil na godzinę,
c) 60 mil na godzinę,
d) 70 mil na godzinę,

10.41. Parkujesz nocą na drodze z ograniczeniem prędkości do 40 mil na godzinę. Powinieneś:

zaznacz jedną odpowiedź

a) ustawić swój pojazd przodem do pojazdów nadjeżdżających z przeciwka,
b) mieć włączone światła postojowe (parking lights),
c) mieć włączone światła mijania (dipped headlights),
d) ustawić swój pojazd w pobliżu lampy ulicznej.

10.42. Zobaczysz te biało-czerwone znaki, kiedy będziesz dojeżdżał do:

zaznacz jedną odpowiedź

a) końca autostrady,
b) na razie niewidocznego dla Ciebie przejazdu kolejowego,
c) na razie niewidocznego dla Ciebie znaku ograniczenia prędkości,
d) końca drogi z pasem rozdzielającym jezdnie o przeciwnym kierunku ruchu (dual carriageway).

IP 10.43. Jedziesz autostradą. Wskaż sytuację, w której MUSISZ się zatrzymać:

zaznacz jedną odpowiedź

a) nad pasem, którym jedziesz, pali się pulsujące żółte światło,
b) zatrzymuje Cię funkcjonariusz Agencji Dróg i Autostrad (Highways Agency Traffic Officer),
c) zatrzymują Cię piesi na pasie awaryjnym,
d) zatrzymuje Cię kierowca, któremu zepsuł się pojazd.

10.44. Wskaż pojazdy, które mają pierwszeństwo na ruchliwych, nieoznaczonych skrzyżowaniach:

zaznacz jedną odpowiedź

a) te, które jadą prosto przez skrzyżowanie,
b) te, które skręcają w prawo,
c) żaden z pojazdów nie ma pierwszeństwa,
d) te, które pojawiły się tam jako pierwsze.

10.45. Masz zamiar przejechać prosto przez rondo. Jak powinieneś to zasygnalizować?

zaznacz jedną odpowiedź

a) dojeżdżając do ronda, włączyć prawy kierunkowskaz, a następnie lewy, aby opuścić rondo,
b) włączyć lewy kierunkowskaz, gdy opuszczasz rondo,
c) dojeżdżając do ronda, włączyć lewy kierunkowskaz i trzymać włączony aż do momentu, gdy opuścisz rondo,
d) włączyć lewy kierunkowskaz zaraz po minięciu zjazdu z ronda poprzedzającego ten, w który masz zamiar skręcić.

10.46. Możesz przejechać przez chodnik lub ścieżkę dla pieszych:

zaznacz jedną odpowiedź

a) aby wyprzedzić wolno poruszające się pojazdy,
b) gdy chodnik jest bardzo szeroki,
c) jeśli w pobliżu nie ma pieszych,
d) aby dostać się do posesji.

10.47. Przy drodze bez pasa rozdzielającego jezdnie o przeciwnym kierunku ruchu (single carriageway) stoi ten znak. Jaka w tej sytuacji jest dozwolona prędkość dla samochodu osobowego holującego przyczepę?

zaznacz jedną odpowiedź

a) 30 mil na godzinę,
b) 40 mil na godzinę,
c) 50 mil na godzinę,
d) 60 mil na godzinę.

10.48. Holujesz małą przyczepę kempingową na drodze typu dual carriageway (droga z pasem rozdzielającym jezdnie o przeciwnym kierunku ruchu). Nie wolno Ci przekraczać prędkości:

zaznacz jedną odpowiedź

a) 50 mil na godzinę,
b) 40 mil na godzinę,
c) 70 mil na godzinę,
d) 60 mil na godzinę.

10.49. Chcesz zaparkować, ale widzisz ten znak. W podanych na nim dniach i godzinach powinieneś zaparkować:

zaznacz jedną odpowiedź

a) w zatoce i nie płacić,
b) na żółtych liniach i płacić,
c) na żółtych liniach i nie płacić,
d) w zatoce i płacić.

10.50. Jedziesz drogą, przy której jest pas dla rowerów. Pas jest zaznaczony ciągłą białą linią. Oznacza to, że w godzinach, kiedy korzystają z niego rowerzyści:

zaznacz jedną odpowiedź

a) można na nim zaparkować samochód,
b) zawsze możesz na niego wjechać,
c) możesz na niego wjechać, gdy jest to konieczne,
d) nie wolno Ci w ogóle jechać tym pasem.

10.51. Pas dla rowerów jest oznaczony ciągłą białą linią. Nie wolno Ci nim jechać ani na nim parkować:

zaznacz jedną odpowiedź

a) w ogóle,
b) podczas godzin szczytu,
c) jeśli korzysta z niego rowerzysta,
d) w godzinach, kiedy mogą z niego korzystać rowerzyści.

10.52. Podczas jazdy masz zamiar skręcić w lewo, w drogę podporządkowaną. Dojeżdżając do niej powinieneś:

zaznacz jedną odpowiedź

a) jechać bardzo blisko osi jezdni, po jej lewej stronie,
b) jechać środkiem jezdni,
c) zatoczyć szeroki łuk tuż przed skrętem,
d) jechać blisko lewej strony jezdni.

10.53. Czekasz na przejeździe kolejowym. Czerwone ostrzegawcze światło nadal pali się i pulsuje, pomimo tego, że pociąg już przejechał. Co powinieneś zrobić?

zaznacz jedną odpowiedź

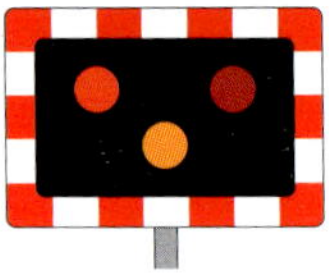

a) wysiąść i zbadać sytuację,
b) zatelefonować do dróżnika kolejowego,
c) nadal czekać,
d) przejechać ostrożnie przez przejazd.

10.54. Przejeżdżasz przez przejazd kolejowy. Zapalają się ostrzegawcze światła i brzęczy dzwonek. Co powinieneś zrobić?

zaznacz jedną odpowiedź

a) sprawić, aby wszyscy natychmiast wysiedli z pojazdu,
b) zatrzymać się i wycofać pojazd, aby opuścić przejazd,
c) kontynuować jazdę, aby opuścić przejazd,
d) natychmiast zatrzymać się i włączyć światła awaryjne.

10.55. Jesteś na ruchliwej drodze głównej i nagle zdajesz sobie sprawę z tego, że jedziesz w złym kierunku. Co powinieneś zrobić?

zaznacz jedną odpowiedź

a) skręcić w boczną drogę po prawej stronie, a następnie wycofać pojazd na drogę główną,
b) zawrócić na drodze głównej,
c) pozostając na drodze głównej, wykonać manewr trzypunktowego zawracania,
d) zawrócić na bocznej drodze.

10.56. Dozwolone jest wypięcie pasów bezpieczeństwa wtedy, gdy:

zaznacz jedną odpowiedź

a) cofasz,
b) ruszasz pod górę,

c) wykonujesz manewr awaryjnego zatrzymania się w sytuacji zagrożenia (emergency STOP),
d) jedziesz z niewielką prędkością.

10.57. Nie wolno Ci cofać:

zaznacz jedną odpowiedź

a) dalej niż jest to konieczne,
b) na odległość większą niż długość Twojego samochodu,
c) w boczną drogę.
d) w terenie zabudowanym.

10.58. Kiedy NIE jesteś pewien, czy możesz bezpiecznie wycofać pojazd, powinieneś:

zaznacz jedną odpowiedź

a) użyć sygnału dźwiękowego,
b) zwiększyć obroty silnika,
c) wysiąść i sprawdzić sytuację,
d) wycofywać go powoli.

10.59. Kiedy możesz wycofać pojazd z drogi bocznej na główną?

zaznacz jedną odpowiedź

a) tylko wtedy, gdy obie drogi są wolne od jadących pojazdów,
b) nigdy,
c) zawsze,
d) tylko wtedy, gdy drogą główną nie jadą pojazdy.

10.60. Chcesz wjechać na skrzyżowanie oznaczone żółtym kwadratem (box junction), a następnie skręcić w prawo na skrzyżowaniu. Z przeciwka nadjeżdżają pojazdy. Powinieneś:

zaznacz jedną odpowiedź

a) wjechać na box junction, jeśli Twój wyjazd ze skrzyżowania nie jest zablokowany,
b) czekać przed skrzyżowaniem do momentu aż nie będzie na nim pojazdów,
c) kontynuować jazdę, bo znajdując się na box junction w ogóle nie można skręcać w prawo,
d) wjechać wolno na box junction, jeśli kierowca nadjeżdżającego z przeciwka pojazdu sygnalizuje Ci, że możesz to zrobić.

10.61. Cofasz pojazd w boczną drogę. Wskaż, w którym momencie Twojego manewru możesz stanowić największe zagrożenie dla wymijających Cię pojazdów:

zaznacz jedną odpowiedź

a) gdy już skończysz manewr,
b) chwilę przed rozpoczęciem manewru,
c) gdy już wjedziesz w boczną drogę,
d) gdy przód Twojego pojazdu podczas wykonywania manewru coraz bardziej wystaje na drogę.

10.62. Wskaż najbezpieczniejsze miejsce, w którym możesz zaparkować swój pojazd w nocy:

zaznacz jedną odpowiedź

a) garaż,
b) ruchliwa droga,
c) spokojny parking,
d) miejsce blisko trasy, gdzie obowiązuje bezwzględny zakaz zatrzymywania się (red route).

10.63. Znajdujesz się w miejscu obowiązywania zakazu zatrzymywania się (urban clearway). Możesz się tam zatrzymać tylko po to, by:

zaznacz jedną odpowiedź

a) wysadzić lub zabrać pasażerów,
b) użyć telefonu komórkowego,
c) zapytać o kierunek,
d) załadować albo rozładować towar.

10.64. Szukasz miejsca do zaparkowania pojazdu. W okolicy nie ma wolnych miejsc parkingowych, Z WYJĄTKIEM miejsc przeznaczonych dla niepełnosprawnych (disabled use). Czy możesz tam zaparkować?

zaznacz jedną odpowiedź

a) tak, jeśli nigdzie indziej nie ma wolnych miejsc,
b) tak, jeśli pozostaniesz w swoim pojeździe lub w jego pobliżu,
c) tak, bez względu na to, czy jesteś niepełnosprawny, czy nie,
d) nie, chyba że masz pozwolenie na parkowanie w takich miejscach.

10.65. Twój pojazd jest zaparkowany w nocy na drodze. Wskaż miejsca, w których musisz użyć w tej sytuacji świateł pozycyjnych (sidelights):

zaznacz jedną odpowiedź

a) wszędzie tam, gdzie są ciągłe białe linie na osi jezdni,

b) wszędzie tam, gdzie ograniczenie prędkości przekracza 30 mil na godzinę,
c) wszędzie tam, gdzie Twój pojazd jest zwrócony przodem do nadjeżdżających z przeciwka pojazdów,
d) w pobliżu przystanków autobusowych.

10.66. Jedziesz wąską drogą, której szerokość pozwala na poruszanie się tylko jednemu pojazdowi. Z przeciwka jedzie jakiś samochód. Co powinieneś zrobić?

zaznacz jedną odpowiedź

a) wjechać w zatokę po Twojej prawej stronie,
b) wymusić na kierowcy z przeciwka, żeby się wycofał,
c) wjechać w zatokę, jeśli Twój pojazd jest szerszy od nadjeżdżającego samochodu,
d) wjechać w zatokę po Twojej lewej stronie.

10.67. Jedziesz w nocy z włączonymi światłami drogowymi (full beam). Wyprzedza Cię jakiś pojazd. Powinieneś włączyć światła mijania (dipped headlights):

zaznacz jedną odpowiedź

a) jakiś czas po tym, gdy ten pojazd Cię wyprzedzi,
b) zanim ten pojazd zacznie Cię wyprzedzać,
c) tylko wtedy, gdy kierowca tego pojazdu włączy swoje światła mijania (dip headlights),
d) niezwłocznie po tym, gdy ten pojazd Cię wyprzedzi.

10.68. Kiedy możesz jechać samochodem osobowym po oznaczonym w taki sposób pasie dla autobusów?

zaznacz jedną odpowiedź

a) w godzinach, gdy przestaje obowiązywać ograniczenie,
b) gdy chcesz dostać się na początek sznura pojazdów,
c) w ogóle nie możesz z niego korzystać,
d) gdy chcesz wyprzedzić wolno poruszające się pojazdy.

10.69. Sygnały świetlne są zwykle wysyłane za pomocą kierunkowskazów pojazdu i jego:

zaznacz jedną odpowiedź

a) świateł hamowania,
b) świateł pozycyjnych (sidelights),
c) świateł przeciwmgielnych,
d) świateł wewnętrznych.

10.70. Zaparkowałeś przy ruchliwej głównej ulicy handlowej. Wskaż najbezpieczniejszy sposób, żeby zawrócić pojazd i pojechać w przeciwnym kierunku:

zaznacz jedną odpowiedź

a) należy znaleźć spokojną boczną drogę, aby na niej zawrócić,
b) należy wjechać w boczną drogę, a następnie wycofać z niej pojazd na drogę główną,
c) należy znaleźć kogoś, kto zatrzyma ruch,
d) należy zawrócić na ulicy, na której się znajdujesz.

10.71. Gdzie powinieneś zaparkować swój pojazd na noc, aby był bezpieczny?

zaznacz jedną odpowiedź

a) blisko posterunku policji,
b) na spokojnej drodze,
c) na trasie, gdzie obowiązuje bezwzględny zakaz zatrzymywania się (red route),
d) w dobrze oświetlonym miejscu.

10.72. Jesteś na prawym pasie drogi typu dual carriageway (droga z pasem rozdzielającym jezdnie o przeciwnym kierunku ruchu). Widzisz znaki sygnalizujące, że ten pas będzie zamknięty za 800 jardów. Powinieneś:

zaznacz jedną odpowiedź

a) jechać tym pasem aż dojedziesz do sznura pojazdów,
b) zjechać natychmiast na lewo,
c) zaczekać i zobaczyć, którym pasem pojazdy posuwają się szybciej,
d) w odpowiednim momencie zjechać na lewą stronę.

10.73. Jedziesz drogą, która ma wydzielony pas dla rowerów. Pas jest zaznaczony przerywaną białą linią. Oznacza to, że:

zaznacz dwie odpowiedzi

a) nie powinieneś jechać tym pasem, chyba że nie możesz tego uniknąć,
b) nie powinieneś parkować na tym pasie, chyba że nie możesz tego uniknąć,
c) rowerzyści mogą jechać tym pasem w obu kierunkach,
d) motocykliści muszą jechać tym pasem, jeżeli ruch jest bardzo intensywny.

10.74. Co MUSISZ posiadać, żeby móc zaparkować na miejscu dla niepełnosprawnych?

zaznacz jedną odpowiedź

a) zezwolenie na ułatwione parkowanie (Blue Badge),
b) wózek inwalidzki,
c) certyfikat zaawansowanego kierowcy,
d) zmodyfikowany pojazd.

10.75. Kiedy MUSISZ zatrzymać swój pojazd?

zaznacz trzy odpowiedzi

a) gdy w wyniku wypadku zostały wyrządzone jakieś szkody lub są ranni,
b) gdy na sygnalizatorze pali się czerwone światło,
c) gdy nakazuje to policjant lub funkcjonariusz Agencji Dróg i Autostrad (traffic officer),
d) na skrzyżowaniu oznaczonym podwójnymi przerywanymi białymi liniami,
e) na przejściu typu pelican, gdy pali się żółte pulsujące światło i nie ma przechodzących przez przejście pieszych.

Rozdział XI

Znaki i sygnały drogowe

11.1. MUSISZ przestrzegać znaków zakazu. Takie znaki mają najczęściej kształt:

zaznacz jedną odpowiedź

a) zielonych prostokątów,
b) czerwonych trójkątów,
c) niebieskich prostokątów,
d) czerwonych kółek.

11.2. Jakiego kształtu są zwykle znaki zakazu?

zaznacz jedną odpowiedź

a)

b)

c)

d)

11.3. Który typ znaku informuje Cię, żebyś czegoś NIE robił?

zaznacz jedną odpowiedź

a)

b)

c)

d)

11.4. Co oznacza ten znak?

zaznacz jedną odpowiedź

a) że zaczyna obowiązywać ograniczenie prędkości, a na drodze będą się znajdować traffic calmings - środki ograniczania prędkości pojazdów,
b) że zaczyna obowiązywać nakaz utrzymywania prędkości minimalnej, a na drodze będą się znajdować traffic calmings - środki ograniczania prędkości pojazdów,
c) strefę parkowania przeznaczoną tylko dla 20 samochodów,
d) jednocześnie może się w tej strefie znajdować tylko 20 samochodów.

11.5. Który znak oznacza zakaz wjazdu pojazdów silnikowych?

zaznacz jedną odpowiedź

a)

b)

c)

d)

11.6. Który z tych znaków oznacza zakaz wjazdu pojazdów silnikowych?

zaznacz jedną odpowiedź

a)  b)  c)  d) 

11.7. Co oznacza ten znak?

zaznacz jedną odpowiedź

a) nowe ograniczenie prędkości do 20 mil na godzinę,
b) zakaz wjazdu pojazdów o masie powyżej 30 ton,
c) nakaz utrzymywania prędkości minimalnej wynoszącej 30 mil na godzinę,
d) koniec strefy ograniczenia prędkości do 20 mil na godzinę.

11.8. Co oznacza ten znak?

zaznacz jedną odpowiedź

a) zakaz wyprzedzania,
b) zakaz wjazdu pojazdów silnikowych,
c) miejsce, gdzie obowiązuje zakaz zatrzymywania się typu clearway,
d) wjazd tylko dla samochodów osobowych i motocykli.

11.9. Co oznacza ten znak?

zaznacz jedną odpowiedź

a) zakaz parkowania,
b) brak oznaczeń poziomych na jezdni,
c) drogę bez przejazdu,
d) zakaz wjazdu.

11.10. Co oznacza ten znak?

zaznacz jedną odpowiedź

a) zakręt w prawo,
b) że droga z prawej strony jest zamknięta,
c) zakaz ruchu po prawej stronie drogi,
d) zakaz skrętu w prawo.

11.11. Który znak oznacza zakaz wjazdu?

zaznacz jedną odpowiedź

a) 
b) 
c) 
d) 

11.12. Co oznacza ten znak?

zaznacz jedną odpowiedź

a) trasę tylko dla tramwajów,
b) trasę tylko dla autobusów,
c) parking tylko dla autobusów,
d) parking tylko dla tramwajów.

11.13. Wskaż, do jakiego pojazdu odnosi się ten znak:

zaznacz jedną odpowiedź

a) do szerokiego,
b) do długiego,
c) do wysokiego,
d) do ciężkiego.

11.14. Który znak oznacza ZAKAZ wjazdu pojazdów silnikowych?

zaznacz jedną odpowiedź

a) 
b) 
c) 
d) 

11.15. Co oznacza ten znak?

zaznacz jedną odpowiedź

a) że masz pierwszeństwo przejazdu,
b) zakaz wjazdu pojazdów silnikowych,
c) ruch dwukierunkowy,
d) zakaz wyprzedzania.

11.16. Co oznacza ten znak?

zaznacz jedną odpowiedź

a) nie zmieniaj pasa ruchu,
b) ustąp pierwszeństwa pojazdom nadjeżdżającym z przeciwka,
c) nie wyprzedzaj,
d) uczestnicy ruchu drogowego powinni utworzyć dwa pasy ruchu.

11.17. Który znak oznacza zakaz wyprzedzania?

zaznacz jedną odpowiedź

a) 
b) 
c) 
d) 

11.18. Co oznacza ten znak?

zaznacz jedną odpowiedź

a) że obowiązują ograniczenia w postoju,
b) że zezwala się na postój,
c) że obowiązuje krajowe ograniczenie prędkości (national speed limit),
d) miejsce, gdzie obowiązuje zakaz zatrzymywania się typu clearway.

11.19. Co oznacza ten znak?

zaznacz jedną odpowiedź

a) koniec obszaru z ograniczeniem prędkości,
b) koniec obszaru z limitem miejsc parkingowych,
c) koniec obowiązywania zakazu zatrzymywania się (clearway),
d) koniec ścieżki rowerowej.

11.20. Który znak oznacza „zakaz zatrzymywania się"?

zaznacz jedną odpowiedź

a) 
b) 
c) 
d) 

11.21. Co oznacza ten znak?

zaznacz jedną odpowiedź

a) rondo,
b) skrzyżowanie,
c) zakaz zatrzymywania się,
d) zakaz wjazdu.

11.22. Zauważasz ten znak przed sobą. Oznacza on:

zaznacz jedną odpowiedź

a) że obowiązuje krajowe ograniczenie prędkości (national speed limit),
b) że obowiązują ograniczenia w postoju,
c) zakaz zatrzymywania się,
d) zakaz wjazdu.

11.23. Co oznacza ten znak?

zaznacz jedną odpowiedź

a) odległość do najbliższego parkingu,
b) odległość do najbliższego telefonu publicznego,
c) odległość do najbliższego pubu,
d) odległość do najbliższej zatoki do mijania.

11.24. Co oznacza ten znak?

zaznacz jedną odpowiedź

a) że pojazdy nie mogą parkować na poboczu lub ścieżce dla pieszych,
b) że pojazdy mogą parkować tylko po lewej stronie drogi,
c) że pojazdy mogą swobodnie parkować na poboczu lub ścieżce dla pieszych,
d) że pojazdy mogą parkować tylko po prawej stronie drogi.

11.25. Co oznacza ten znak?

zaznacz jedną odpowiedź

a) zakaz wyprzedzania,
b) ustąp pierwszeństwa pojazdom jadącym z przeciwka,
c) ruch dwukierunkowy,
d) obowiązuje wyłącznie ruch jednokierunkowy.

11.26. Co oznacza ten znak?

zaznacz jedną odpowiedź

a) koniec drogi dwukierunkowej,
b) ustąp pierwszeństwa pojazdom jadącym z przeciwka,
c) masz pierwszeństwo przed pojazdami jadącymi z przeciwka,
d) pas autobusowy.

11.27. Co oznacza ten znak?

zaznacz jedną odpowiedź

a) zakaz wyprzedzania,
b) wjazd w ulicę jednokierunkową,
c) ruch dwukierunkowy,
d) że masz pierwszeństwo przed pojazdami jadącymi z przeciwka.

11.28. Jaki kształt ma znajdujący się na skrzyżowaniu znak STOP?

zaznacz jedną odpowiedź

a) 
b) 
c) 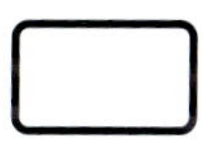
d) 

11.29. Na skrzyżowaniu zauważasz ten znak, który jest częściowo zalepiony śniegiem. Co on oznacza?

zaznacz jedną odpowiedź

a) skrzyżowanie,
b) ustąp pierwszeństwa,
c) zatrzymaj się,
d) skręć w prawo.

11.30. Co oznacza ten znak?

zaznacz jedną odpowiedź

a) miejsce obsługi podróżnych (service area) znajduje się 30 mil przed Tobą,
b) ograniczenie prędkości do 30 mil na godzinę,
c) nakaz utrzymywania prędkości minimalnej wynoszącej 30 mil na godzinę,
d) zatoka typu lay-by znajduje się 30 mil przed Tobą.

11.31. Co oznacza ten znak?

zaznacz jedną odpowiedź

a) ustąp pierwszeństwa pojazdom jadącym z przeciwka,
b) pojazdy jadące z przeciwka mogą Cię omijać z obu stron,
c) opuść drogę na najbliższym możliwym skrzyżowaniu,
d) możesz poruszać się którąkolwiek stroną drogi, żeby dojechać w to samo miejsce.

11.32. Co oznacza ten znak?

zaznacz jedną odpowiedź

a) trasę dla tramwajów,
b) ustąp pierwszeństwa tramwajom,
c) trasę dla autobusów,
d) ustąp pierwszeństwa autobusom.

11.33. Do czego są stosowane okrągłe znaki drogowe z niebieskim tłem?

zaznacz jedną odpowiedź

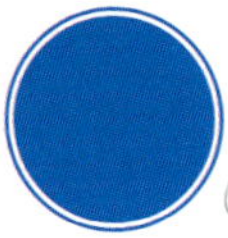

a) do ostrzegania, że zbliżasz się do autostrady,
b) do wskazywania, gdzie jest parking,
c) do podawania informacji, ale wyłącznie na autostradzie,
d) do oznaczania nakazów.

11.34. Gdzie można zobaczyć pas dla autobusów i rowerów z kierunkiem ruchu przeciwnym do Twojego?

zaznacz jedną odpowiedź

a) na drogach typu dual carriageway (droga z pasem rozdzielającym jezdnie o przeciwnym kierunku ruchu),
b) na rondzie,
c) na autostradzie biegnącej w obrębie miasta,
d) na ulicy jednokierunkowej.

11.35. Co oznacza ten znak?

zaznacz jedną odpowiedź

a) po prawej stronie znajduje się dworzec autobusowy,
b) pas dla autobusów z kierunkiem ruchu przeciwnym do Twojego,
c) pas dla autobusów z kierunkiem ruchu zgodnym z Twoim,
d) ustąp pierwszeństwa autobusom.

11.36. Co wskazuje znak z brązowym tłem?

zaznacz jedną odpowiedź

a) kierunek, którym mogą być zainteresowani turyści,
b) drogę główną,
c) autostradę,
d) drogę podrzędną.

11.37. Ten znak oznacza:

zaznacz jedną odpowiedź

a) atrakcję turystyczną,
b) „uwaga na pociągi",
c) przejazd kolejowy,
d) „uwaga na tramwaje".

11.38. Znaki w kształcie trójkąta to znaki:

zaznacz jedną odpowiedź

a) ostrzegawcze,
b) informacyjne,
c) nakazu,
d) kierunku.

11.39. Co oznacza ten znak?

zaznacz jedną odpowiedź

a) skręt w lewo,
b) skrzyżowanie w kształcie litery „T",
c) drogę bez przejazdu,
d) ustąp pierwszeństwa przejazdu.

11.40. Co oznacza ten znak?

zaznacz jedną odpowiedź

a) rondo z wieloma drogami wyjazdowymi,
b) ryzyko oblodzenia nawierzchni jezdni,
c) zbiegnięcie się sześciu dróg,
d) miejsce atrakcji historycznych.

11.41. Co oznacza ten znak?

zaznacz jedną odpowiedź

a) skrzyżowanie,
b) przejazd kolejowy z zaporami,
c) przejazd kolejowy bez zapór,
d) nakaz jazdy prosto.

11.42. Co oznacza ten znak?

zaznacz jedną odpowiedź

a) obwodnicę,
b) mini-rondo,
c) zakaz wjazdu pojazdów,
d) rondo.

11.43. Co jest sygnalizowane przez znak w kształcie trójkąta?

zaznacz cztery odpowiedzi

a) zwężenie drogi,
b) nakaz jazdy prosto,
c) niski wiadukt,
d) nakaz utrzymywania minimalnej prędkości,
e) uwaga na dzieci przechodzące przez jezdnię,
f) skrzyżowanie w kształcie litery „T".

11.44. Co oznacza ten znak?

zaznacz jedną odpowiedź

a) że rowerzyści muszą zsiąść z rowerów,
b) zakaz wjazdu rowerów,
c) drogę dla rowerów,
d) że rowerzyści powinni tędy jeździć w pojedynczym szyku.

11.45. Który znak oznacza, że piesi mogą iść wzdłuż drogi?

zaznacz jedną odpowiedź

a) 
b) 
c) 
d) 

11.46. Który z tych znaków oznacza, że przed Tobą znajdują się dwa niebezpieczne zakręty?

zaznacz jedną odpowiedź

a) 
b) 
c) 
d) 

11.47. Co oznacza ten znak?

zaznacz jedną odpowiedź

a) czekaj przed zaporami,
b) czekaj na skrzyżowaniu,
c) ustąp pierwszeństwa tramwajom,
d) ustąp pierwszeństwa pojazdom rolniczym.

11.48. Co oznacza ten znak?

zaznacz jedną odpowiedź

a) most typu humpback,
b) progi zwalniające (humps) na drodze,
c) wjazd do tunelu,
d) nieutwardzone pobocze.

11.49. Który z tych znaków oznacza koniec drogi typu dual carriageway (droga z pasem rozdzielającym jezdnie o przeciwnym kierunku ruchu)?

zaznacz jedną odpowiedź

a) 
b) 
c) 
d) 

11.50. Co oznacza ten znak?

zaznacz jedną odpowiedź

a) koniec drogi z pasem rozdzielającym jezdnie o przeciwnym kierunku ruchu (dual carriageway),
b) wysoki most,
c) zwężenie drogi,
d) koniec wąskiego wiaduktu lub mostu.

11.51. Co oznacza ten znak?

zaznacz jedną odpowiedź

a) boczny wiatr,
b) hałas powodowany przez ruch drogowy,
c) lotnisko,
d) pochylenie nawierzchni jezdni (adverse camber).

11.52. Co oznacza ten znak?

zaznacz jedną odpowiedź

a) śliską nawierzchnię,
b) że opony są narażone na przebicie,
c) uwaga na niebezpieczeństwo,
d) miejsce obsługi podróżnych (service area).

11.53. Masz zamiar wyprzedzić pojazd, gdy nagle zauważasz ten znak. Powinieneś:

zaznacz jedną odpowiedź

a) jak najszybciej wyprzedzić ten pojazd,
b) zjechać na prawą stronę, żeby mieć lepszą widoczność,
c) przed rozpoczęciem wyprzedzania włączyć światła mijania (headlights),
d) jechać za pojazdem do momentu, gdy będziesz miał dobrą widoczność.

11.54. Co oznacza ten znak?

zaznacz jedną odpowiedź

a) przejazd kolejowy z zaporami,
b) drogę z bramą wjazdową,
c) przejazd kolejowy bez zapór,
d) przeszkodę dla bydła (cattle grid).

11.55. Co oznacza ten znak?

zaznacz jedną odpowiedź

a) zakaz wjazdu dla tramwajów,
b) że z przeciwka może nadjechać tramwaj,
c) że drogę może w poprzek przejechać tramwaj,
d) wjazd tylko dla tramwajów.

11.56. Co oznacza ten znak?

zaznacz jedną odpowiedź

a) pochylenie nawierzchni jezdni (adverse camber),
b) stromy zjazd,
c) nierówną nawierzchnię,
d) stromy podjazd.

11.57. Co oznacza ten znak?

zaznacz jedną odpowiedź

a) nierówną nawierzchnię,
b) wiadukt,
c) że droga przed Tobą zaraz się skończy,
d) przeszkodę wodną w poprzek jezdni.

11.58. Co oznacza ten znak?

zaznacz jedną odpowiedź

a) skręt w lewo na parking,
b) że z lewej strony znajduje się droga bez przejazdu,
c) zakaz wjazdu dla pojazdów skręcających w lewo,
d) skręt w lewo na przystań promową.

11.59. Co oznacza ten znak?

zaznacz jedną odpowiedź

a) skrzyżowanie w kształcie litery „T",
b) drogę bez przejazdu,
c) budkę telefoniczną,
d) toaletę.

11.60. Który znak oznacza drogę bez przejazdu?

zaznacz jedną odpowiedź

a) 
b) 
c) 
d) 

11.61. Który z tych znaków oznacza obwodnicę?

zaznacz jedną odpowiedź

a) 
b) 
c) 

d) 

11.62. Co oznacza ten znak?

zaznacz jedną odpowiedź

a) że prawy pas jest wąski,
b) że prawy pas jest przeznaczony tylko dla autobusów,
c) że prawy pas jest przeznaczony dla skręcających w prawo,
d) że prawy pas jest zamknięty.

11.63. Co oznacza ten znak?

zaznacz jedną odpowiedź

a) zjedź na lewy pas ruchu,
b) opuść tę drogę na najbliższym zjeździe,
c) odcinek drogi, gdzie obowiązuje odwrotny kierunek ruchu (contra-flow system),
d) ulicę jednokierunkową.

11.64. Co oznacza ten znak?

zaznacz jedną odpowiedź

a) opuść autostradę na najbliższym zjeździe,
b) pas dla ciężkich i wolnych pojazdów,
c) że wszystkie samochody ciężarowe mają używać pasa awaryjnego,
d) miejsce odpoczynku dla kierowców samochodów ciężarowych.

11.65. Czerwone światło oznacza, że:

zaznacz jedną odpowiedź

a) powinieneś się zatrzymać, chyba że skręcasz w lewo,
b) musisz się zatrzymać, jeśli jesteś w stanie bezpiecznie zahamować,
c) musisz się zatrzymać i czekać przed linią STOP,
d) powinieneś ostrożnie kontynuować jazdę.

11.66. Żółte światło na sygnalizatorze świetlnym, gdy jednocześnie nie palą się inne światła, oznacza:

zaznacz jedną odpowiedź

a) przygotuj się do jazdy,
b) jedź, jeśli droga jest wolna,
c) jedź, jeśli piesi nie przekraczają jezdni,
d) zatrzymaj się na linii STOP.

11.67. Jesteś na skrzyżowaniu kontrolowanym przez sygnalizację świetlną. Kiedy NIE powinieneś jechać na zielonym świetle?

zaznacz jedną odpowiedź

a) gdy piesi czekają na przejście,
b) gdy Twój zjazd ze skrzyżowania jest zablokowany,
gdy sądzisz, że światła mogą się zaraz zmienić,
dy masz zamiar skręcić w prawo.

11.68. Jesteś na lewym pasie przed sygnalizacją świetlną. Czekasz, żeby skręcić w lewo. Wskaż kombinację świateł, na których NIE wolno Ci ruszyć:

zaznacz jedną odpowiedź

a)  b)  c) 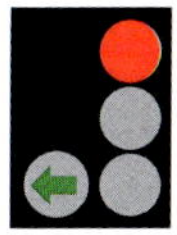 d) 

11.69. Co oznacza ten znak?

zaznacz jedną odpowiedź

a) że sygnalizacja świetlna nie działa,
b) że żółte światło nie działa,
c) tymczasową sygnalizację świetlną,
d) nową sygnalizację świetlną.

11.70. Kto ma pierwszeństwo, kiedy sygnalizacja świetlna nie działa?

zaznacz jedną odpowiedź

a) pojazdy jadące prosto,
b) pojazdy skręcające w prawo,
c) nikt,
d) pojazdy skręcające w lewo.

11.71. Takie pulsujące czerwone światła oznaczają STOP. Wskaż miejsca, w których możesz je spotkać:

zaznacz trzy odpowiedzi

a) przejście typu pelican,
b) most zwodzony,
c) przejście typu zebra,
d) przejazd kolejowy,
e) zjazd z autostrady,
f) remiza strażacka.

11.72. Co oznaczają te zygzakowate linie przed przejściem dla pieszych?

zaznacz jedną odpowiedź

a) że nie wolno tutaj parkować w żadnych okolicznościach,
b) że zezwala się na parkowanie tutaj, ale tylko na krótki czas,
c) zwolnij do 20 mil na godzinę,
d) że używanie sygnału dźwiękowego jest tutaj niedozwolone.

11.73. Kiedy możesz przejechać podwójną ciągłą białą linię biegnącą wzdłuż osi jezdni?

zaznacz jedną odpowiedź

a) wtedy, gdy chcesz ominąć pojazdy, które czekają na skrzyżowaniu,
b) wtedy, gdy chcesz wyprzedzić lub ominąć samochód przed Tobą sygnalizujący skręt w lewo,
c) wtedy, gdy chcesz wyprzedzić pojazd robót drogowych, jadący z prędkością 10 mil na godzinę lub wolniej,
d) wtedy, gdy chcesz wyprzedzić pojazd holujący przyczepę.

11.74. Co znaczą te linie na jezdni?

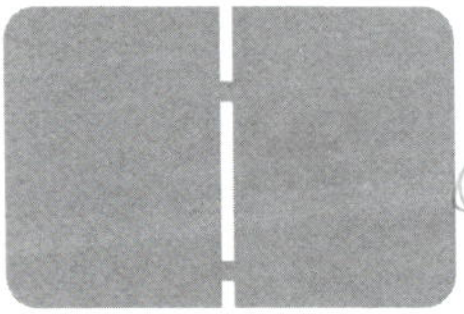

zaznacz jedną odpowiedź

a) nie przejeżdżaj tej linii,
b) zakaz zatrzymywania się,
c) że dojeżdżasz do miejsca potencjalnie niebezpiecznego,
d) zakaz wyprzedzania.

11.75. W którym miejscu jezdni można spotkać te oznaczenia?

zaznacz jedną odpowiedź

a) przy sygnalizacji świetlnej,
b) na progach zwalniających (road humps),
c) blisko przejazdu kolejowego,
d) na skrzyżowaniu oznaczonym żółtym kwadratem (box junction).

11.76. Która z tych linii jest ostrzeżeniem przed miejscem potencjalnie niebezpiecznym?

zaznacz jedną odpowiedź

a) 

b) 

c) 

d) 

11.77. Na tym skrzyżowaniu znajduje się znak STOP oraz ciągła biała linia w poprzek jezdni. Dlaczego w tym miejscu ustawiono ten znak?

zaznacz jedną odpowiedź

a) bo zniesiono ograniczenie prędkości na drodze głównej,
b) bo to jest ruchliwe skrzyżowanie,
c) bo widoczność wzdłuż głównej drogi jest ograniczona,
d) bo na osi jezdni są namalowane linie ostrzegające przed miejscem potencjalnie niebezpiecznym.

11.78. Zauważasz tę linię w poprzek drogi, przy wjeździe na rondo. Co ona oznacza?

zaznacz jedną odpowiedź

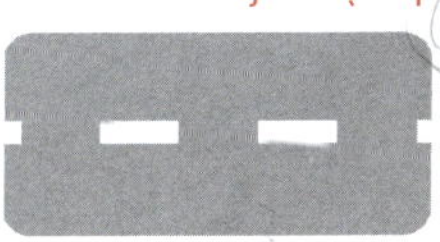

a) ustąp pierwszeństwa pojazdom jadącym z prawej strony,
b) że pojazdy z lewej strony mają pierwszeństwo przejazdu,
c) że masz prawo pierwszeństwa przejazdu,
d) zatrzymaj się na linii.

11.79. W jaki sposób policjant jadący radiowozem zwykle nakazuje Ci się zatrzymać?

zaznacz jedną odpowiedź

a) mruga światłami, włącza lewy kierunkowskaz i wskazuje na lewo,
b) niczego nie nakazuje, po prostu czeka aż się zatrzymasz, a następnie podchodzi do Ciebie,
c) włącza syrenę, wyprzedza, szybko zajeżdża Ci drogę i zatrzymuje się,
d) jedzie równo z Tobą, włącza syrenę i daje znak ręką, żebyś się zatrzymał.

11.80. Dojeżdżasz do skrzyżowania. Sygnalizacja świetlna nie działa. Policjant daje Ci znak w ten sposób. Powinieneś:

zaznacz jedną odpowiedź

a) skręcić w lewo,
b) skręcić w prawo,
c) zatrzymać się równo z ramieniem policjanta,
d) zatrzymać się na linii STOP.

11.81. Kierowca przed Tobą daje znak ręką w pokazany na rysunku sposób. Co to oznacza?

zaznacz jedną odpowiedź

a) że zwalnia,
b) że zamierza skręcić w prawo,
c) że ma zamiar wyprzedzać,
d) że ma zamiar skręcić w lewo.

11.82. W którym miejscu jezdni można spotkać te oznaczenia?

zaznacz jedną odpowiedź

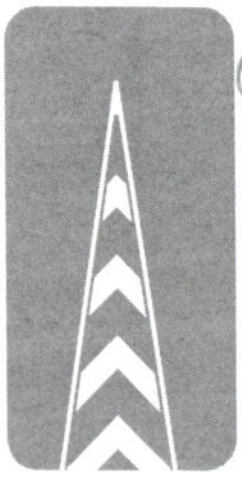

a) przed przejazdem kolejowym,
b) na drodze wjazdowej lub zjazdowej z autostrady,
c) na przejściu dla pieszych,
d) na wąskiej drodze typu single-track road.

11.83. Co oznacza ten znak na autostradzie?

zaznacz jedną odpowiedź

a) zjedź na pas z Twojej lewej strony,
b) opuść autostradę na najbliższym zjeździe,
c) przekierowanie ruchu na jezdnię autostrady biegnącą w przeciwnym kierunku,
d) zjedź na pas awaryjny.

11.84. Co oznacza ten znak na autostradzie?

zaznacz jedną odpowiedź

a) tymczasowy nakaz utrzymania prędkości minimalnej wynoszącej 50 mil na godzinę,
b) brak udogodnień (services) na odcinku 50 mil,
c) utrudnienia w ruchu, które wystąpią za 50 m (164 stopy),
d) tymczasowe ograniczenie prędkości do 50 mil na godzinę.

11.85. Co oznacza ten znak?

zaznacz jedną odpowiedź

a) ruch przelotowy musi korzystać z lewego pasa,
b) prawy pas jest przeznaczony tylko dla pojazdów jadących do skrzyżowania w kształcie litery „T",
c) prawy pas jest zamknięty,
d) zakaz wjazdu dla pojazdów o masie powyżej 11 ton.

11.86. Na autostradzie ten znak oznacza:

zaznacz jedną odpowiedź

a) zjedź na pas awaryjny,
b) wyprzedzanie jest dozwolone tylko z lewej strony,
c) opuść autostradę na najbliższym zjeździe,
d) zjedź na pas z Twojej lewej strony.

11.87. Co oznacza „25" na tym znaku, znajdującym się na autostradzie?

zaznacz jedną odpowiedź

a) odległość do najbliższego miasta,
b) numer drogi,
c) numer następnego zjazdu z autostrady,
d) ograniczenie prędkości na drodze zjazdowej.

11.88. Prawy pas ruchu na trzypasmowej autostradzie jest pasem:

zaznacz jedną odpowiedź

a) przeznaczonym tylko dla samochodów ciężarowych,
b) do wyprzedzania,
c) dla skręcających w prawo,
d) rozbiegowym.

11.89. Do czego służą żółte punktowe elementy odblaskowe montowane na jezdni (studs) na autostradzie?

zaznacz jedną odpowiedź

a) oddzielają autostradę od jej drogi wjazdowej lub zjazdowej,
b) wyznaczają lewą krawędź jezdni,
c) wyznaczają prawą krawędź jezdni,
d) oddzielają pasy ruchu.

11.90. Gdzie na autostradzie znajdują się zielone punktowe elementy odblaskowe montowane na jezdni (studs)?

zaznacz jedną odpowiedź

a) pomiędzy dwoma dowolnymi pasami ruchu,
b) pomiędzy pasem awaryjnym a jezdnią autostrady,
c) na drogach wjazdowych lub zjazdowych z autostrady,
d) pomiędzy jezdnią i pasem rozdzielającym jezdnie o przeciwnym kierunku ruchu (central reservation).

11.91. Jedziesz autostradą. Zauważasz ten znak. Powinieneś:

zaznacz jedną odpowiedź

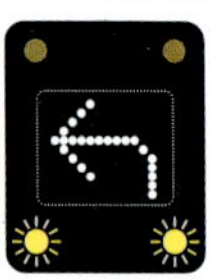

a) opuścić autostradę na najbliższym zjeździe,
b) skręcić natychmiast w lewo,
c) zmienić pas ruchu,
d) zjechać na pas awaryjny.

11.92. Co oznacza ten znak?

zaznacz jedną odpowiedź

a) zakaz wjazdu pojazdów silnikowych,
b) koniec autostrady,
c) drogę bez przejazdu,
d) koniec pasa dla autobusów.

11.93. Wskaż znak, który oznacza, że od tego miejsca obowiązuje krajowe ograniczenie prędkości (national speed limit):

zaznacz jedną odpowiedź

a) 
b) 
c) 
d) 

11.94. Jaka jest maksymalna prędkość na drodze typu single carriageway (droga bez pasa rozdzielającego jezdnie o przeciwnym kierunku ruchu)?

zaznacz jedną odpowiedź

a) 50 mil na godzinę,
b) 60 mil na godzinę,
c) 40 mil na godzinę,
d) 70 mil na godzinę.

11.95. Co oznacza ten znak?

zaznacz jedną odpowiedź

a) koniec autostrady,
b) koniec ograniczeń,
c) że kończy się pas przed Tobą,
d) koniec odcinka drogi objętego darmową pomocą drogową.

11.96. Ten znak sugeruje Ci, abyś:

zaznacz jedną odpowiedź

a) podążał za takimi znakami wyznaczającymi objazd,
b) podążał za znakami kierującymi na miejsce przeznaczone na piknik,
c) ustąpił pierwszeństwa pieszym,
d) ustąpił pierwszeństwa rowerzystom.

11.97. W jakim celu stawiany jest ten znak tymczasowego ograniczenia prędkości?

zaznacz jedną odpowiedź

a) aby Cię ostrzec, że zbliżasz się do końca autostrady,
b) aby Cię ostrzec, że zbliżasz się do niskiego wiaduktu,
c) aby Cię ostrzec, że zbliżasz się do skrzyżowania,
d) aby Cię ostrzec, że zbliżasz się do rejonu robót drogowych.

11.98. Ten znak drogowy oznacza, że wjeżdżasz w obszar:

zaznacz jedną odpowiedź

a) obowiązkowego ograniczenia prędkości,
b) sugerowanego ograniczenia prędkości,
c) obowiązkowego utrzymywania prędkości minimalnej,
d) sugerowanego utrzymywania określonego odstępu pomiędzy pojazdami znajdującymi się w ruchu.

11.99. Na skrzyżowaniu zauważasz ten znak. Powinieneś:

zaznacz jedną odpowiedź

a) utrzymać tę samą prędkość,
b) kontynuować jazdę z dużą ostrożnością,
c) poszukać innej trasy,
d) zadzwonić na policję.

11.100. W intensywnym ruchu drogowym sygnalizujesz, że chcesz skręcić w prawo. Jak w bezpieczny sposób powinieneś potwierdzić swoje intencje?

zaznacz jedną odpowiedź

a) używając sygnału dźwiękowego,
b) dając znak ręką,
c) mrugając światłami,
d) ustawiając się na linii osi jezdni.

11.101. Co oznacza ten znak?

zaznacz jedną odpowiedź

a) wjazd tylko dla motocykli,
b) zakaz wjazdu samochodów osobowych,
c) wjazd tylko dla samochodów osobowych,
d) zakaz wjazdu motocykli.

11.102. Jesteś na autostradzie. Zauważasz ten znak na samochodzie ciężarowym, który zatrzymał się na prawym pasie. Powinieneś:

zaznacz jedną odpowiedź

a) ustawić się również na prawym pasie,
b) zatrzymać się przed pulsującymi światłami,
c) ominąć samochód ciężarowy z lewej strony,
d) opuścić autostradę na najbliższym zjeździe.

11.103. Jesteś na autostradzie. Tylko nad Twoim pasem ruchu pojawiają się czerwone pulsujące światła. Co powinieneś zrobić?

zaznacz jedną odpowiedź

a) kontynuować jazdę tym pasem i zwracać uwagę na kolejne informacje,
b) przemieścić się w odpowiednim czasie na inny pas,
c) zjechać na pas awaryjny,
d) zatrzymać się i czekać na pozwolenie kontynuowania jazdy.

11.104. Czerwone światło sygnalizacji świetlnej oznacza, że:

zaznacz jedną odpowiedź

a) musisz się zatrzymać przed białą linią STOP,
b) możesz jechać prosto, jeżeli nie ma innych pojazdów,
c) możesz skręcić w lewo, jeśli jest to bezpieczne,
d) musisz zwolnić i przygotować się do ewentualnego zatrzymania, jeśli pojazdy jadące z innych kierunków zaczęły już przejeżdżać za sygnalizację świetlną.

11.105. Kierowca tego samochodu w przedstawiony sposób daje znak ręką. Co zamierza zrobić?

zaznacz jedną odpowiedź

a) skręcić w prawo,
b) skręcić w lewo,
c) jechać prosto,
d) ustąpić pierwszeństwa pieszym.

11.106. Kiedy możesz użyć sygnału dźwiękowego?

zaznacz jedną odpowiedź

a) gdy chcesz, aby inni udzielili Ci pierwszeństwa przejazdu,
b) gdy chcesz przyciągnąć uwagę znajomego,
c) gdy chcesz ostrzec innych o swojej obecności,
d) gdy chcesz spowodować, żeby kierowcy jadący z mniejszą prędkością zjechali i ustąpili Ci pierwszeństwa.

11.107. Nie wolno używać Ci sygnału dźwiękowego w trakcie postoju:

zaznacz jedną odpowiedź

a) chyba że jadący pojazd może zagrażać Twojemu bezpieczeństwu,
b) nigdy, pod żadnym pozorem,
c) chyba że użyjesz go tylko przez krótką chwilę,
d) z wyjątkiem zasygnalizowania komuś, że właśnie przyjechałeś.

11.108. Co oznacza ten znak?

zaznacz jedną odpowiedź

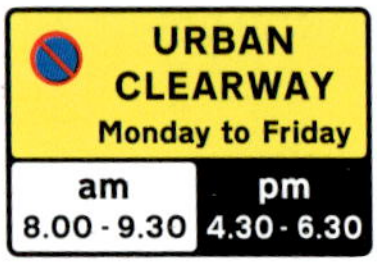

a) że możesz parkować w podanych na nim dniach i godzinach,
b) zakaz parkowania w podanych dniach i godzinach,
c) całkowity zakaz parkowania od poniedziałku do piątku,
d) koniec obowiązywania zakazu zatrzymywania się (urban clearway).

11.109. Co oznacza ten znak?

zaznacz jedną odpowiedź

a) przystań wodną lub nabrzeże rzeki,
b) stromy zjazd,
c) nierówną nawierzchnię,
d) drogę narażoną na zalewanie przez powódź.

11.110. Który znak oznacza, że masz pierwszeństwo przed pojazdami nadjeżdżającymi z przeciwka?

zaznacz jedną odpowiedź

a) 
b) 
c) 
d) 

11.111. Biała linia, jak ta wzdłuż osi jezdni:

zaznacz jedną odpowiedź

a) oznacza pas dla autobusów,
b) ostrzega przed miejscem potencjalnie niebezpiecznym,
c) oznacza nakaz, abyś udzielił pierwszeństwa przejazdu,
d) oznacza pas ruchu.

11.112. Dlaczego jezdnię w tym miejscu oznakowano żółtymi przecinającymi się liniami?

zaznacz jedną odpowiedź

a) aby wyznaczyć obszar przeznaczony tylko dla tramwajów,
b) aby zapobiec blokowaniu wjazdu na skrzyżowanie, przeznaczonego dla pojazdów wjeżdżających z lewej strony,
c) aby wyznaczyć pas wjazdowy na parking,
d) aby ostrzec Cię przed torami tramwajowymi, przecinającymi jezdnię.

11.113. Dlaczego ten obszar na osi jezdni oznakowano na czerwono i biało?

zaznacz jedną odpowiedź

a) aby oddzielić ruch pojazdów jadących w przeciwne strony,
b) aby zaznaczyć obszar, na który wjeżdżają motocykliści wyprzedzający inne pojazdy,
c) aby ostrzec Cię przed robotami drogowymi (oznaczenia te są tymczasowe),
d) aby na drodze typu dual carriageway oddzielić od siebie biegnące w przeciwnych kierunkach jezdnie.

11.114. Inni kierowcy mogą czasami mrugać do Ciebie światłami. W jakiej sytuacji wolno im to robić?

zaznacz jedną odpowiedź

a) aby ostrzec Cię przed radarową kontrolą prędkości,
b) aby pokazać, że ustępują Ci pierwszeństwa,
c) aby Cię ostrzec przed swoją obecnością,
d) aby dać Ci znać, że jest jakaś usterka w Twoim pojeździe.

11.115. Na niektórych wąskich osiedlowych ulicach możesz spotkać się z limitem prędkości do:

zaznacz jedną odpowiedź

a) 20 mil na godzinę,
b) 25 mil na godzinę,
c) 35 mil na godzinę,
d) 40 mil na godzinę.

11.116. Na skrzyżowaniu widzisz taką sygnalizację świetlną. Oznacza to, że:

zaznacz jedną odpowiedź

a) samochody osobowe muszą się zatrzymać,
b) tramwaje muszą się zatrzymać,
c) zarówno tramwaje, jak i samochody osobowe muszą się zatrzymać,
d) zarówno tramwaje, jak i samochody osobowe mogą kontynuować jazdę.

11.117. Gdzie można spotkać takie oznaczenia na jezdni?

zaznacz jedną odpowiedź

a) na przejeździe kolejowym,
b) na skrzyżowaniu,
c) na autostradzie,
d) na przejściu dla pieszych.

11.118. Za Tobą jedzie radiowóz policyjny. Policjant mruga światłami i wskazuje na lewo. Co powinieneś zrobić?

zaznacz jedną odpowiedź

a) skręcić w lewo na następnym skrzyżowaniu,
b) zjechać na lewo i zatrzymać się,
c) natychmiast się zatrzymać,
d) zjechać na lewo.

11.119. Zauważasz przed sobą to żółte światło sygnalizacji świetlnej. Które światło lub światła zapalą się jako następne?

zaznacz jedną odpowiedź

a) tylko czerwone,
b) razem czerwone i żółte,
c) razem zielone i żółte,
d) tylko zielone.

11.120. Ta biała przerywana linia, namalowana na osi jezdni, oznacza, że:

zaznacz jedną odpowiedź

a) nadjeżdżające z przeciwka pojazdy mają pierwszeństwo przejazdu,
b) powinieneś ustąpić pierwszeństwa nadjeżdżającym z przeciwka pojazdom,
c) przed Tobą jest miejsce potencjalnie niebezpieczne,
d) na tym obszarze obowiązuje krajowe ograniczenie prędkości (national speed limit).

11.121. Jedziesz autostradą. Zauważasz nad sobą ten świetlny znak. Co on oznacza?

zaznacz jedną odpowiedź

a) opuść autostradę na najbliższym zjeździe,
b) że wszystkie pojazdy muszą korzystać z pasa awaryjnego,
c) ostry zakręt w lewo,
d) zatrzymaj się, wszystkie pasy ruchu przed Tobą są zamknięte.

11.122. W jakim celu oznaczono tutaj jezdnię żółtymi przecinającymi się liniami?

zaznacz jedną odpowiedź

a) aby zwrócić Twoją uwagę na sygnalizację świetlną,
b) aby naprowadzić Cię na właściwą pozycję przed skrętem,
c) abyś nie blokował skrzyżowania,
d) aby pokazać Ci, gdzie się zatrzymać, gdy zmienią się światła.

11.123. Co MUSISZ zrobić, kiedy zobaczysz ten znak?

zaznacz jedną odpowiedź

a) zatrzymać się, ale tylko wtedy, gdy nadjeżdżają jakieś pojazdy,
b) zatrzymać się, nawet jeśli droga jest wolna od ruchu,
c) zatrzymać się, ale tylko wtedy, gdy dzieci czekają na przejście,
d) zatrzymać się, ale tylko wtedy, gdy pali się czerwone światło.

11.124. Jaki kształt ma znak nakazujący ustąpienie pierwszeństwa przejazdu?

zaznacz jedną odpowiedź

a) 
b) 
c) 
d) 

11.125. Co oznacza ten znak?

zaznacz jedną odpowiedź

a) manewrujące autobusy,
b) obwodnicę,
c) mini-rondo,
d) nakaz jazdy prawą stroną.

11.126. Co oznacza ten znak?

zaznacz jedną odpowiedź

a) ruch dwukierunkowy lub drogę dwukierunkową,
b) droga dwukierunkowa przecina drogę jednokierunkową,
c) droga dwukierunkowa przebiega przez most,
d) droga dwukierunkowa przecina drogę dwukierunkową.

11.127. Co oznacza ten znak?

zaznacz jedną odpowiedź

a) droga dwukierunkowa przecina drogę jednokierunkową,
b) pojazdy nadjeżdżające z przeciwka mają pierwszeństwo,
c) ruch dwukierunkowy lub drogę dwukierunkową,
d) odcinek na autostradzie, gdzie obowiązuje odwrotny kierunek ruchu (contraflow system).

11.128. Co oznacza ten znak?

zaznacz jedną odpowiedź

a) most typu humpback,
b) próg zwalniający (road hump),
c) niski wiadukt,
d) nierówną nawierzchnię.

11.129. Który z poniższych znaków informuje Cię, że dojeżdżasz do drogi bez przejazdu?

zaznacz jedną odpowiedź

a) 
b) 
c) 
d) 

11.130. Co oznacza ten znak?

zaznacz jedną odpowiedź

a) kierunek na parking typu park & ride,
b) zakaz parkowania dla autobusów i autokarów,
c) kierunek na parking dla autobusów i autokarów,
d) parking dla samochodów osobowych i autokarów.

11.131. Dojeżdżasz do sygnalizacji świetlnej. Pali się światło czerwone i żółte. Oznacza to, że:

zaznacz jedną odpowiedź

a) możesz przejechać sygnalizację, jeśli droga jest wolna,
b) sygnalizacja jest wadliwa - uważaj!,
c) powinieneś czekać na zielone światło, zanim przekroczysz linię STOP,
d) światła za chwilę zmienią się na czerwone.

11.132. Takie oznakowanie jezdni pojawia się tuż przed:

zaznacz jedną odpowiedź

a) znakiem „zakaz wjazdu",
b) znakiem „ustąp pierwszeństwa przejazdu",
c) znakiem „stop",
d) znakiem „droga bez przejazdu".

11.133. Stoisz przed przejazdem kolejowym. Pociąg już przejechał, ale pulsujące czerwone światła nadal się palą. Co powinieneś zrobić?

zaznacz jedną odpowiedź

a) zadzwonić do dróżnika kolejowego,
b) ostrzec kierowców znajdujących się za Tobą,
c) czekać,
d) zacząć ostrożnie przejeżdżać.

11.134. Jesteś w tunelu i zauważasz ten znak. Co on oznacza?

zaznacz jedną odpowiedź

a) kierunek, w którym znajduje się wyjście awaryjne dla pieszych,
b) uwaga na pieszych, ponieważ brak ścieżki lub chodnika dla pieszych,
c) zakaz wejścia dla pieszych,
d) uwaga na przejście dla pieszych.

11.135. Który z tych znaków oznacza, że wjeżdżasz w ulicę jednokierunkową?

zaznacz jedną odpowiedź

a) 
b) 
c) 
d) 

11.136. Co oznacza ten znak?

zaznacz jedną odpowiedź

a) pas dla autobusów i rowerów z kierunkiem ruchu zgodnym z Twoim,
b) pas dla autobusów i rowerów z kierunkiem ruchu przeciwnym do Twojego,
c) zakaz wjazdu autobusów i rowerów,
d) zakaz postoju autobusów i rowerów.

11.137. Który z poniższych znaków ostrzega Cię, że zbliżasz się do przejścia typu zebra?

zaznacz jedną odpowiedź

a) 
b) 
c) 
d) 

11.138. Co oznacza ten znak?

zaznacz jedną odpowiedź

a) brak ścieżki dla pieszych,
b) zakaz przejścia dla pieszych,
c) przejście typu zebra,
d) przejście dla dzieci w pobliżu szkoły.

11.139. Co oznacza ten znak?

zaznacz jedną odpowiedź

a) school crossing patrol,
b) zakaz przejścia dla pieszych,
c) strefę dla pieszych i zakaz wjazdu pojazdów,
d) przejście typu zebra.

11.140. Który ze znaków informuje, że drogę, którą jedziesz przetnie droga dwukierunkowa?

zaznacz jedną odpowiedź

a) 

b) 

c) 

d) 

11.141. Który sposób sygnalizowania ręką informuje Cię, że kierowca samochodu, za którym jedziesz, zamierza zjechać na pobocze?

zaznacz jedną odpowiedź

a) 

b) 

c) 

d) 

11.142. Który z tych znaków oznacza nakaz skrętu w lewo?

zaznacz jedną odpowiedź

a) 

b) 

c) 

d) 

11.143. Który znak informuje, że na drodze, która jedziesz ruch przebiega jedynie w jednym kierunku?

zaznacz jedną odpowiedź

a) 

b) 

c) 

d) 

11.144. Właśnie minąłeś ten znak. Powinieneś wiedzieć, że:

zaznacz jedną odpowiedź

a) jest to wąska droga typu single-track road,
b) na tej drodze nie możesz się zatrzymać,
c) można jechać tylko jednym pasem ruchu,
d) na tej drodze obowiązuje ruch jednokierunkowy.

11.145. Dojeżdżasz do sygnalizacji świetlnej, gdzie pali się czerwone światło. Światło zmieni się z czerwonego na:

zaznacz jedną odpowiedź

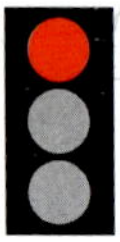

a) czerwone i żółte,
b) zielone,
c) żółte,
d) zielone i żółte.

11.146. Co oznacza ten znak?

zaznacz jedną odpowiedź

a) niski wiadukt,
b) tunel,
c) starożytny zabytek,
d) czarny punkt (danger spot).

11.147. Dojeżdżasz do przejścia typu zebra, gdzie czekają piesi. Który znak ręką możesz zastosować w tej sytuacji?

zaznacz jedną odpowiedź

a) 

b) 

c) 

d) 

11.148. Biała linia wzdłuż pobocza drogi:

zaznacz jedną odpowiedź

a) wyznacza krawędź jezdni,
b) ostrzega o zbliżaniu się do miejsca potencjalnie niebezpiecznego,
c) oznacza zakaz parkowania,
d) oznacza zakaz wyprzedzania.

11.149. Na drodze przed Tobą zauważasz tę białą strzałkę. Oznacza ona:

zaznacz jedną odpowiedź

a) wjazd z lewej strony drogi,
b) nakaz skrętu w lewo dla wszystkich pojazdów,
c) jedź z lewej strony linii hatch,
d) zakręt w lewo.

11.150. W jaki sposób powinieneś dać znak ręką, że zamierzasz skręcać w lewo?

zaznacz jedną odpowiedź

a)

b)

c)

d)

11.151. Czekasz na skrzyżowaniu w kształcie litery „T". Z prawej strony nadjeżdża pojazd z włączonym lewym kierunkowskazem. Co powinieneś zrobić?

zaznacz jedną odpowiedź

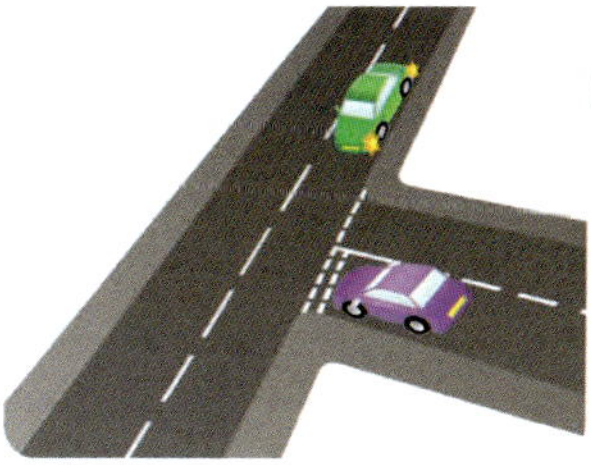

a) ruszyć i gwałtownie przyspieszyć,
b) zaczekać, dopóki pojazd nie zacznie skręcać,
c) ruszyć, zanim pojazd dojedzie do skrzyżowania,
d) powoli ruszyć.

11.152. Kiedy możesz użyć świateł awaryjnych podczas jazdy?

zaznacz jedną odpowiedź

a) gdy używasz ich zamiast sygnału dźwiękowego w terenie zabudowanym pomiędzy 23:30 a 7:00,
b) na autostradzie lub na drodze z pasem rozdzielającym jezdnie o przeciwnym kierunku ruchu (dual carriageway), na której nie obowiązują ograniczenia prędkości inne niż krajowe ograniczenie prędkości (national speed limit), aby ostrzec innych przed niebezpiecznym miejscem znajdującym się przed Tobą,
c) na drogach peryferyjnych, po znaku ostrzegającym o możliwości wbiegania zwierząt na drogę,
d) dojeżdżając do przejścia typu toucan, gdzie rowerzyści właśnie czekają na przekroczenie jezdni.

11.153. Jedziesz autostradą. Przed Tobą jedzie wolno poruszający się pojazd. Na jego tyle zauważasz ten znak. Co powinieneś zrobić?

zaznacz jedną odpowiedź

a) wyprzedzić go z prawej strony,
b) wyprzedzić go z lewej strony,
c) opuścić autostradę na najbliższym zjeździe,
d) dalej nie jechać.

11.154. Zazwyczaj NIE powinieneś zatrzymywać się na tych oznaczeniach, umieszczonych na jezdni w pobliżu szkół:

zaznacz jedną odpowiedź

a) wyjątkiem jest sytuacja, gdy odbierasz dzieci ze szkoły,
b) od tej zasady nie ma wyjątków,
c) możesz się zatrzymać tylko wtedy, gdy nie jest to możliwe nigdzie indziej,
d) wyjątkiem jest sytuacja, gdy wysadzasz dzieci idące do szkoły.

11.155. Dlaczego powinieneś się upewnić, że wyłączyłeś kierunkowskazy po manewrze skrętu?

zaznacz jedną odpowiedź

a) aby uniknąć rozładowywania się akumulatora,
b) aby uniknąć mylenia innych uczestników ruchu drogowego,
c) aby uniknąć oślepiania innych uczestników ruchu drogowego,
d) aby uniknąć usterki przerywacza kierunkowskazów.

11.156. Jedziesz drogą główną w intensywnym ruchu ulicznym. Chcesz zjechać na lewe pobocze, zaraz za skrzyżowaniem z drogą podrzędną, które masz przed sobą. Kiedy powinieneś włączyć kierunkowskaz?

zaznacz jedną odpowiedź

a) w momencie przejeżdżania skrzyżowania lub zaraz za nim,
b) tuż przed dojazdem do skrzyżowania,
c) w większej odległości przed skrzyżowaniem,
d) lepiej byłoby w ogóle nie włączać kierunkowskazu.

12.1. Zaświadczenie o odbytym przeglądzie technicznym (MOT) jest zwykle ważne przez:

zaznacz jedną odpowiedź

a) 3 lata od daty jego wystawienia,
b) 10 tysięcy mil,
c) rok od daty jego wystawienia,
d) 30 tysięcy mil.

12.2. Ubezpieczenie typu cover note jest dokumentem wystawianym zanim otrzymasz:

zaznacz jedną odpowiedź

a) prawo jazdy,
b) polisę ubezpieczeniową,
c) dokument rejestracyjny,
d) zaświadczenie o odbytym przeglądzie technicznym (MOT).

12.3. Zdałeś praktyczny egzamin z jazdy. Nie masz pełnego prawa jazdy (full driving licence) innej kategorii. W przeciągu dwóch lat od daty egzaminu dostałeś 6 punktów karnych. Co będziesz musiał zrobić?

zaznacz dwie odpowiedzi

a) jeszcze raz zdawać, ale tylko egzamin teoretyczny,
b) jeszcze raz zdawać egzamin, zarówno teoretyczny, jak i praktyczny,
c) jeszcze raz zdawać, ale tylko egzamin praktyczny,
d) jak najszybciej jeszcze raz złożyć wniosek o wydanie pełnego prawa jazdy (full driving licence),
e) jeszcze raz złożyć wniosek o wydanie tymczasowego prawa jazdy (provisional licence).

12.4. Jak długo jest ważna SORN (Statutory Off Road Notification) - deklaracja o nieużywaniu pojazdu na drogach publicznych?

zaznacz jedną odpowiedź

a) 12 miesięcy,
b) 24 miesiące,
c) 3 lata,
d) 10 lat.

IP 12.5. Co to jest deklaracja SORN (Statutory Off Road Notification)?

zaznacz jedną odpowiedź

a) powiadomienie VOSA (Vehicle & Operator Services Agency), że pojazd nie ma ważnego przeglądu technicznego (MOT),

b) informacja, którą posiada policja o właścicielu pojazdu,
c) powiadomienie DVLA (Driver and Vehicle Licensing Agency), że pojazd nie jest używany na drogach publicznych,
d) informacja, którą dysponują firmy ubezpieczeniowe, aby móc sprawdzić, czy pojazd jest ubezpieczony.

IP 12.6. Deklaracja SORN (Statutory Off Road Notification) oznacza powiadomienie DVLA (Driver and Vehicle Licensing Agency), że:

zaznacz jedną odpowiedź

a) Twój pojazd jest używany na drogach publicznych, ale jego przegląd techniczny (MOT) przestał być ważny,
b) już nie jesteś właścicielem pojazdu,
c) Twój pojazd nie jest używany na drogach publicznych,
d) kupujesz prywatny numer rejestracyjny (personal number plate).

12.7. SORN (Statutory Off Road Notification) - deklaracja o nieużywaniu pojazdu na drogach publicznych jest ważna:

zaznacz jedną odpowiedź

a) tak długo, jak długo pojazd ma ważny przegląd techniczny (MOT),
b) tylko przez 12 miesięcy,
c) tylko pod warunkiem, że pojazd ma więcej niż 3 lata,
d) tylko pod warunkiem, że pojazd jest ubezpieczony.

12.8. SORN (Statutory Off Road Notification) - deklaracja o nieużywaniu pojazdu na drogach publicznych jest ważna:

zaznacz jedną odpowiedź

a) przez cały okres eksploatacji pojazdu,
b) tak długo, jak długo jesteś właścicielem pojazdu,
c) tylko przez 12 miesięcy,
d) do momentu, gdy wygaśnie gwarancja pojazdu.

12.9. Jaka jest maksymalna kara pieniężna za prowadzenie pojazdu bez ważnego ubezpieczenia komunikacyjnego?

zaznacz jedną odpowiedź

a) £50,
b) £500,
c) £1000,
d) £5000.

12.10. Kto jest prawnie odpowiedzialny za upewnienie się, że dowód rejestracyjny (V5C) jest uaktualniony?

zaznacz jedną odpowiedź

a) zarejestrowany użytkownik pojazdu,
b) producent pojazdu,
c) Twoja firma ubezpieczeniowa,
d) urząd wydający licencje lub pozwolenia (licensing authority).

12.11. Wskaż sytuację, w której MUSISZ okazać ubezpieczenie komunikacyjne:

zaznacz jedną odpowiedź

a) składasz deklarację SORN (Statutory Off Road Notification) - o nieużywaniu pojazdu na drogach publicznych,
b) kupujesz lub sprzedajesz pojazd,
c) prosi Cię o nie policjant,
d) Twój pojazd jest w trakcie badania w ramach przeglądu technicznego (MOT).

12.12. Musisz posiadać ważne ubezpieczenie komunikacyjne, zanim będziesz mógł:

zaznacz jedną odpowiedź

a) złożyć SORN (Statutory Off Road Notification) - deklarację o nieużywaniu pojazdu na drogach publicznych,
b) kupić lub sprzedać pojazd,
c) złożyć wniosek o wydanie prawa jazdy,
d) otrzymać winietę podatku drogowego (tax disc).

12.13. Twój pojazd wymaga aktualnego zaświadczenia o odbytym przeglądzie technicznym (MOT). Dopóki go nie uzyskasz, NIE będziesz mógł:

zaznacz jedną odpowiedź

a) przedłużyć ważności prawa jazdy,
b) zmienić firmy ubezpieczeniowej,
c) wystąpić o nową winietę podatku drogowego (road tax disc),
d) powiadomić o zmianie adresu zamieszkania.

12.14. Wskaż dokumenty, które zgodnie z prawem musisz posiadać, gdy prowadzisz pojazd:

zaznacz trzy odpowiedzi

a) ważne prawo jazdy,
b) ważna winieta podatku drogowego (tax disc) umieszczona w widocznym miejscu,
c) dowód tożsamości,

d) właściwe ubezpieczenie komunikacyjne,
e) ubezpieczenie od awarii na drodze,
f) instrukcja obsługi pojazdu.

12.15. Kiedy ubiegasz się o przedłużenie winiety podatku drogowego (tax disc) swojego pojazdu, musisz okazać:

zaznacz jedną odpowiedź

a) ważne ubezpieczenie pojazdu,
b) starą winietę podatku drogowego (tax disc),
c) instrukcję obsługi pojazdu,
d) ważne prawo jazdy.

12.16. Policjant prosi Cię, żebyś pokazał swoje dokumenty. Nie masz ich przy sobie. Powinieneś je pokazać na posterunku policji w przeciągu:

zaznacz jedną odpowiedź

a) 5 dni,
b) 7 dni,
c) 14 dni,
d) 21 dni.

12.17. Jaki dokument musisz posiadać przy składaniu wniosku o wydanie nowej winiety podatku drogowego (tax disc)?

zaznacz jedną odpowiedź

a) ważną polisę ubezpieczeniową,
b) starą winietę podatku drogowego (tax disc),
c) instrukcję obsługi pojazdu,
d) ważne prawo jazdy.

12.18. Kiedy powinieneś uaktualnić dowód rejestracyjny pojazdu?

zaznacz jedną odpowiedź

a) gdy zdasz egzamin na prawo jazdy,
b) gdy się przeprowadzisz,
c) gdy Twój pojazd wymaga przeglądu technicznego (MOT),
d) gdy masz wypadek.

12.19. Żeby MÓC jeździć po drogach, uczący się kierowcy:

zaznacz jedną odpowiedź

a) NIE mogą mieć w prawie jazdy punktów karnych,
b) muszą podjąć szkolenie z profesjonalnym instruktorem jazdy,
c) muszą posiadać podpisane ważne tymczasowe prawo jazdy (provisional licence),
d) muszą złożyć wniosek o egzamin praktyczny w przeciągu 12 miesięcy.

12.20. Zanim poprowadzisz czyjkolwiek pojazd silnikowy, powinieneś upewnić się, że:

zaznacz jedną odpowiedź

a) właściciel pojazdu posiada ubezpieczenie OC (third party cover),
b) Twój własny pojazd jest ubezpieczony,
c) Twoje dane są zawarte w dokumencie ubezpieczeniowym tego pojazdu,
d) właściciel pojazdu zostawił w pojeździe jego polisę ubezpieczeniową.

12.21. Twój pojazd wymaga zaświadczenia o odbytym przeglądzie technicznym (MOT). Wskaż dokument, który może zostać unieważniony, jeśli będziesz prowadził swój pojazd bez tego zaświadczenia:

zaznacz jedną odpowiedź

a) historia serwisowa pojazdu,
b) polisa ubezpieczeniowa,
c) winieta podatku drogowego (road tax disc),
d) dokument rejestracyjny pojazdu.

12.22. Ile musisz mieć lat, aby nadzorować uczącego się kierowcę?

zaznacz jedną odpowiedź

a) 18,
b) 19,
c) 20,
d) 21.

12.23. Kierowca, który od niedawna posiada prawo jazdy:

zaznacz jedną odpowiedź

a) musi mieć zieloną literę „L" nalepioną na pojeździe,
b) nie może przekroczyć prędkości 40 mil na godzinę przez 12 miesięcy,
c) jadąc autostradą musi mieć w pojeździe pasażera,
d) musi mieć ważne ubezpieczenie komunikacyjne.

12.24. Masz ubezpieczenie OC (third party insurance). Co ono pokrywa?

zaznacz trzy odpowiedzi

a) szkody wyrządzone Twojemu pojazdowi,
b) szkody wyrządzone Twojemu pojazdowi przez pożar,
c) koszty leczenia obrażeń innej osoby,
d) szkody wyrządzone czyjejś własności,
e) szkody wyrządzone innym pojazdom,
f) koszty leczenia Twoich obrażeń.

12.25. Podatek drogowy jest często nazywany Road Tax lub Road Tax Disc. Dowód jego opłacenia musisz:

zaznacz jedną odpowiedź

a) trzymać schowany wraz z dokumentem rejestracyjnym pojazdu,
b) umieścić w widocznym miejscu na pojeździe,
c) trzymać bezpiecznie schowany w pojeździe,
d) cały czas nosić ze sobą.

12.26. Twój pojazd wymaga aktualnego zaświadczenia o odbytym przeglądzie technicznym (MOT), którego nie posiadasz. Dopóki go nie uzyskasz, nie będziesz mógł przedłużyć:

zaznacz jedną odpowiedź

a) prawa jazdy,
b) ubezpieczenia pojazdu,
c) winiety podatku drogowego (road tax disc),
d) dokumentu rejestracyjnego pojazdu.

12.27. Wskaż rodzaje informacji, które znajdziesz w dokumencie rejestracyjnym pojazdu:

zaznacz trzy odpowiedzi

a) dane zarejestrowanego użytkownika,
b) marka pojazdu,
c) historia serwisowa,
d) data ważności przeglądu technicznego (MOT),
e) typ ubezpieczenia komunikacyjnego,
f) pojemność silnika.

12.28. Masz obowiązek powiadomić urząd wydający licencje lub pozwolenia (licensing authority), gdy:

zaznacz trzy odpowiedzi

a) wyjeżdżasz za granicę na wakacje,
b) zmieniasz pojazd,
c) zmieniasz swoje imię i/lub nazwisko,
d) zmieniła się Twoja sytuacja zawodowa,
e) zmienia się Twój stały adres zamieszkania,
f) praca, którą wykonujesz, wymaga wyjazdów za granicę.

12.29. Musisz powiadomić urząd wydający licencje lub pozwolenia (licensing authority - DVLA), gdy:

zaznacz trzy odpowiedzi

a) stan zdrowia wpływa na Twoją zdolność do prowadzenia pojazdów,
b) Twój wzrok nie jest tak sprawny, jak wymagają tego standardy,
c) zamierzasz pożyczyć komuś swój pojazd,
d) Twój pojazd wymaga zaświadczenia o odbytym przeglądzie technicznym (MOT),
e) zmieniasz pojazd.

IP 12.30. Koszt ubezpieczenia może zostać obniżony, jeżeli:

zaznacz jedną odpowiedź

a) masz mniej niż 25 lat,
b) nie nosisz okularów,
c) zdasz egzamin na prawo jazdy za pierwszym razem,
d) weźmiesz udział w dobrowolnym kursie jazdy „Pass Plus".

IP 12.31. Co może obniżyć koszt Twojego ubezpieczenia komunikacyjnego?

zaznacz jedną odpowiedź

a) ważne zaświadczenie o odbytym przeglądzie technicznym (MOT),
b) wzięcie udziału w dobrowolnym kursie jazdy „Pass Plus",
c) jeżdżenie szybkim samochodem,
d) punkty karne w Twoim prawie jazdy.

12.32. Aby nadzorować uczącego się kierowcę, musisz:

zaznacz dwie odpowiedzi

a) posiadać pełne prawo jazdy (full driving licence) od co najmniej trzech lat,
b) mieć skończone co najmniej 21 lat,
c) być profesjonalnym instruktorem jazdy,
d) posiadać świadectwo potwierdzające zaawansowane umiejętności prowadzenia pojazdów (advanced driving certificate).

IP 12.33. Kiedy prowadzenie samochodu starszego niż trzy lata jest zgodne z prawem, pomimo braku ważnego zaświadczenia o odbytym przeglądzie technicznym (MOT)?

zaznacz jedną odpowiedź

a) do siedmiu dni po upłynięciu terminu ważności starego przeglądu,
b) gdy jedziesz do stacji badań przeglądu MOT, żeby się umówić na przegląd,
c) tuż po kupieniu używanego samochodu, który nie ma ważnego przeglądu,
d) gdy jedziesz na badanie w ramach przeglądu MOT.

IP 12.34. Pojazdy silnikowe po raz pierwszy muszą mieć wydane zaświadczenie o odbytym przeglądzie technicznym (MOT), kiedy mają:

zaznacz jedną odpowiedź

a) rok,
b) 3 lata,
c) 5 lat,
d) 7 lat.

IP 12.35. Dobrowolny kurs jazdy „Pass Plus" został stworzony z myślą o kierowcach, którzy od niedawna mają prawo jazdy. Najważniejszą korzyścią po ukończeniu tego kursu jest to, że:

zaznacz jedną odpowiedź

a) można szybciej jeździć,
b) można wozić pasażerów,
c) poprawione zostają podstawowe umiejętności prowadzenia pojazdu,
d) można jeździć po autostradach.

12.36. Twój pojazd jest ubezpieczony jedynie w zakresie ubezpieczenia OC (third party). Pokrywa ono:

zaznacz dwie odpowiedzi

a) szkody wyrządzone Twojemu pojazdowi,
b) szkody wyrządzone innym pojazdom,
c) koszty leczenia Twoich obrażeń,
d) koszty leczenia obrażeń innych,
e) wszystkie szkody oraz koszty leczenia wszystkich obrażeń.

12.37. Wskaż rodzaj wymaganego przez prawo minimalnego ubezpieczenia komunikacyjnego, które zezwala prowadzić pojazd po drogach publicznych:

zaznacz jedną odpowiedź

a) OC oraz dodatkowo ubezpieczenie od pożaru i kradzieży (third party, fire and theft),
b) AC (comprehensive),
c) tylko OC (third party),
d) ubezpieczenie od obrażeń cielesnych.

12.38. Zgłaszasz firmie ubezpieczeniowej, że będziesz naprawiał swój samochód w ramach polisy ubezpieczeniowej. Twoja polisa ma excess £100. Oznacza to, że:

zaznacz jedną odpowiedź

a) firma ubezpieczeniowa będzie wypłacać po £100 za każde roszczenie, a resztę będzie musiał pokryć ubezpieczony,
b) dostaniesz £100, jeśli nie będziesz zgłaszał roszczenia przez rok,
c) Twój pojazd posiada ubezpieczenie o wartości £100 na wypadek kradzieży,
d) będziesz musiał zapłacić £100 za naprawę samochodu, a resztę pokryje firma ubezpieczeniowa.

IP 12.39. Dobrowolny kurs jazdy „Pass Plus" jest prowadzony po to, żeby:

zaznacz jedną odpowiedź

a) umożliwić Ci uzyskanie zniżki na przegląd techniczny (MOT),
b) poprawić Twoje podstawowe umiejętności jazdy samochodem,
c) poprawić Twoją wiedzę o mechanice pojazdów,
d) umożliwić Ci jazdę pojazdami innych osób.

IP 12.40. Jeśli weźmiesz udział w dobrowolnym kursie jazdy „Pass Plus", to:

zaznacz jedną odpowiedź

a) nigdy nie dostaniesz punktów karnych,
b) będziesz w stanie sam serwisować swój samochód,
c) będziesz mógł jeździć pojazdami innych osób,
d) poprawisz swoje podstawowe umiejętności związane z jazdą samochodem.

IP 12.41. Dobrowolny kurs jazdy „Pass Plus" jest skierowany do wszystkich kierowców, którzy od niedawna mają prawo jazdy. Odbycie tego kursu umożliwia im:

zaznacz jedną odpowiedź

a) zdobycie dodatkowego doświadczenia w prowadzeniu pojazdów,
b) nadzorowanie uczących się kierowców,
c) zwiększenie składek na ubezpieczenie komunikacyjne,
d) uniknięcie mechanicznych awarii pojazdów.

IP 12.42. Nowi kierowcy mogą podjąć dodatkowe szkolenie po zdaniu egzaminu praktycznego. Dobrowolny kurs jazdy „Pass Plus" pomoże im:

zaznacz dwie odpowiedzi

a) poprawić podstawowe umiejętności związane z jazdą samochodem,
b) zdobyć większe doświadczenie w prowadzeniu pojazdów,

c) zwiększyć składki na ubezpieczenie komunikacyjne,
d) uzyskać prawo do płacenia niższego podatku drogowego (road tax).

IP 12.43. Dobrowolny kurs jazdy „Pass Plus" organizuje DSA (Driving Standards Agency). Jest on przeznaczony dla kierowców, którzy od niedawna posiadają prawo jazdy. Dzięki niemu:

zaznacz jedną odpowiedź

a) udoskonalisz swoje umiejętności związane z prowadzeniem pojazdu,
b) zmniejszysz koszty uzyskania prawa jazdy,
c) zostaniesz zwolniony z opłat congestion charge,
d) będziesz mógł nadzorować uczących się kierowców.

12.44. W której z wymienionych niżej sytuacji musisz przedstawić dowód ubezpieczenia pojazdu?

zaznacz jedną odpowiedź

a) przystępując do egzaminu na prawo jazdy,
b) kupując lub sprzedając pojazd,
c) kiedy poprosi Cię o niego policjant,
d) podczas przeglądu technicznego pojazdu (MOT).

12.45. Aby prowadzić pojazd, zgodnie z przepisami musisz posiadać:

zaznacz trzy odpowiedzi

a) ważne prawo jazdy,
b) ważną winietę podatku drogowego (tax disc) umieszczoną w widocznym miejscu,
c) historię serwisową pojazdu,
d) odpowiednie ubezpieczenie komunikacyjne,
e) ubezpieczenie od awarii pojazdu (breakdown cover),
f) instrukcję obsługi pojazdu.

12.46. Przyjaciel chce Ci pomóc w nauce prowadzenia pojazdu. Musi mieć:

zaznacz jedną odpowiedź

a) co najmniej 21 lat oraz od co najmniej roku posiadać pełne prawo jazdy (full driving licence),
b) powyżej 18 lat i posiadać świadectwo potwierdzające zaawansowane umiejętności prowadzenia pojazdów (advanced driver's certificate),
c) powyżej 18 lat i posiadać ubezpieczenie AC (fully comprehensive insurance),
d) co najmniej 21 lat oraz posiadać pełne prawo jazdy (full driving licence) wydane co najmniej 3 lata wcześniej.

12.47. Twoje ubezpieczenie komunikacyjne ma excess £100. Oznacza to, że:

zaznacz jedną odpowiedź

a) firma ubezpieczeniowa będzie wypłacać tylko po £100 za każde roszczenie, a resztę będzie musiał pokryć ubezpieczony,

b) dostaniesz £100, jeśli nie będziesz miał wypadku,

c) Twój pojazd będzie posiadał ubezpieczenie o wartości £100 na wypadek kradzieży,

d) będziesz musiał zapłacić po £100 za każde roszczenie, a resztę pokryje firma ubezpieczeniowa.

13.1. Na pasie awaryjnym autostrady zauważasz samochód ze znakiem „HELP" (Pomocy). To oznacza, że kierowca prawdopodobnie jest:

zaznacz jedną odpowiedź

a) niepełnosprawny,
b) przeszkolony do udzielania pierwszej pomocy,
c) zagranicznym turystą,
d) osobą z patrolu uprawnionego do udzielania pomocy na autostradzie.

13.2. Kiedy powinieneś włączyć światła awaryjne?

zaznacz dwie odpowiedzi

a) gdy gwałtownie zwalniasz na autostradzie z powodu zagrożenia,
b) gdy zepsuł Ci się pojazd,
c) gdy chcesz się zatrzymać na podwójnej żółtej linii,
d) gdy chcesz zaparkować na chodniku.

13.3. Kiedy wolno Ci używać świateł awaryjnych?

zaznacz jedną odpowiedź

a) gdy się zatrzymałeś i tymczasowo blokujesz ruch,
b) gdy jedziesz po zmroku bez włączonych świateł,
c) gdy parkujesz na podwójnej żółtej linii, żeby zrobić zakupy,
d) gdy jedziesz wolno, ponieważ zabłądziłeś.

13.4. Jedziesz przez zatłoczony tunel i musisz się zatrzymać. Co powinieneś zrobić?

zaznacz jedną odpowiedź

a) dojechać bardzo blisko do pojazdu jadącego przez Tobą, aby zaoszczędzić miejsce,
b) ignorować jakiekolwiek znaki lub tablice informacyjne, ponieważ i tak nigdy nie są aktualne,
c) zachować bezpieczną odległość od pojazdu przed Tobą,
d) zawrócić i znaleźć inną drogę.

13.5. Na autostradzie powinieneś używać pasa awaryjnego:

zaznacz jedną odpowiedź

a) gdy chcesz skorzystać z telefonu komórkowego,
b) gdy pojawia się zagrożenie,
c) jako miejsca krótkiego odpoczynku, gdy jesteś zmęczony,
d) gdy chcesz zajrzeć do mapy.

13.6. Przyjeżdżasz na miejsce wypadku. Poszkodowany obficie krwawi z rany na ramieniu, ale w ranie nie ma obcych ciał. Co powinieneś zrobić?
zaznacz jedną odpowiedź
a) ucisnąć mocno ranę i trzymać jego ramię skierowane w dół,
b) przetrzeć ranę,
c) dać mu coś do picia,
d) ucisnąć mu ramię i unieść je do góry.

13.7. Jesteś na miejscu wypadku, w wyniku którego poszkodowany jest nieprzytomny. Trzeba sprawdzić, czy oddycha. Powinno to być robione przez co najmniej:
zaznacz jedną odpowiedź
a) 2 sekundy,
b) 10 sekund,
c) 1 minutę,
d) 2 minuty.

13.8. W wyniku kolizji poszkodowany został poparzony. Miejsca oparzeń muszą zostać schłodzone. Co najmniej ile minut należy chłodzić oparzenie?
zaznacz jedną odpowiedź
a) 5 minut,
b) 10 minut,
c) 15 minut,
d) 20 minut.

13.9. Po kolizji poszkodowany cierpi z powodu poparzeń. Miejsca oparzeń muszą być schłodzone. Co najmniej ile czasu trzeba poświęcić na chłodzenie oparzenia?
zaznacz jedną odpowiedź
a) 30 sekund,
b) 60 sekund,
c) 5 minut,
d) 10 minut.

13.10. Poszkodowany nie oddycha prawidłowo. Istnieje potrzeba wykonania masażu serca. W jakim tempie wykonuje się taki masaż?
zaznacz jedną odpowiedź
a) 50 ucisków na minutę,
b) 100 ucisków na minutę,

c) 200 ucisków na minutę,
d) 250 ucisków na minutę.

13.11. Poszkodowany w wypadku jest ranny. Może być w stanie szoku. Na jakie symptomy ostrzegawcze musisz zwracać uwagę?

zaznacz jedną odpowiedź

a) zaczerwieniona cera,
b) ciepła i sucha skóra,
c) wolny puls,
d) blada i szara skóra.

13.12. Podejrzewasz, że osoba ranna w wypadku może być w stanie szoku. Na jakie symptomy ostrzegawcze musisz zwrócić uwagę?

zaznacz jedną odpowiedź

a) ciepła i sucha skóra,
b) pocenie się,
c) wolny puls,
d) wysypka na skórze.

13.13. Ranny w wypadku został ułożony w pozycji bocznej ustalonej. Jest nieprzytomny, ale oddycha normalnie. Co jeszcze należy zrobić?

zaznacz jedną odpowiedź

a) zastosować mocny ucisk pomiędzy jego ramionami,
b) ułożyć jego ramiona wzdłuż tułowia,
c) podać mu gorący i słodki napój,
d) sprawdzić, czy jego drogi oddechowe są drożne.

13.14. Na drodze leży nieprzytomny ranny motocyklista. W takiej sytuacji zawsze należy:

zaznacz jedną odpowiedź

a) zdjąć mu kask,
b) wezwać pomoc medyczną,
c) usunąć rannego z jezdni,
d) zdjąć mu skórzaną kurtkę.

13.15. Jedziesz autostradą. Nagle z samochodu ciężarowego na drogę spada duże pudło, lecz kierowca nie zatrzymuje się. Powinieneś:

zaznacz jedną odpowiedź

a) podjechać do następnego telefonu alarmowego i zgłosić zagrożenie,
b) dogonić samochód ciężarowy i spróbować zwrócić na siebie uwagę kierowcy,
c) zatrzymać się blisko pudła i zaczekać do momentu, gdy przyjedzie policja,
d) zjechać na pas awaryjny, a następnie usunąć pudło z jezdni.

13.16. Jedziesz przez długi tunel. Co będzie tu stanowiło ostrzeżenie przed wypadkami lub korkami?

zaznacz jedną odpowiedź

a) linie na jezdni ostrzegające przed zagrożeniem,
b) mruganie światłami przez kierowców,
c) różnego rodzaju znaki lub tablice informacyjne,
d) obszary zaznaczone liniami typu hatch.

13.17. Poszkodowany nie oddycha. Aby utrzymać krążenie, trzeba zastosować masaż serca. Jaka jest właściwa głębokość ucisku klatki piersiowej?

zaznacz jedną odpowiedź

a) 1 do 2 centymetrów,
b) 4 do 5 centymetrów,
c) 10 do 15 centymetrów,
d) 15 do 20 centymetrów.

13.18. Jesteś pierwszą osobą, która przybyła na miejsce wypadku. Co powinieneś zrobić?

zaznacz dwie odpowiedzi

a) odjechać, gdy tylko nadjedzie ktoś inny,
b) wyłączyć silnik (silniki) pojazdu (pojazdów),
c) umieścić osoby poszkodowane z dala od pojazdu (pojazdów),
d) niezwłocznie zadzwonić po służby ratunkowe.

13.19. Na miejscu wypadku powinieneś:

zaznacz jedną odpowiedź

a) nie podejmować żadnych ryzykownych działań,
b) udać się do tych poszkodowanych, którzy krzyczą,
c) pomóc wszystkim pasażerom opuścić pojazd (pojazdy),
d) zostawić włączone silniki w pojazdach.

13.20. Jesteś pierwszą osobą przybyłą na miejsce wypadku, którego uczestnicy są ciężko ranni. Co powinieneś zrobić?

zaznacz trzy odpowiedzi

a) włączyć światła awaryjne swojego pojazdu,
b) upewnić się, że ktoś zadzwoni po karetkę pogotowia,
c) zadbać o to, żeby ranni czegoś się napili,
d) usunąć rannych z pojazdów,
e) usunąć z miejsca wypadku osoby, które nie są ranne.

13.21. Przybywasz na miejsce wypadku motocyklowego. Motocyklista jest ranny. Kiedy powinieneś mu ściągnąć kask?

zaznacz jedną odpowiedź

a) tylko wtedy, gdy jest to konieczne,
b) od razu,
c) tylko wtedy, gdy motocyklista o to prosi,
d) zawsze, z wyjątkiem sytuacji, gdy motocyklista jest w szoku.

13.22. Przybywasz na miejsce poważnego wypadku motocyklowego. Motocyklista jest nieprzytomny i krwawi. Co powinieneś zrobić przede wszystkim?

zaznacz trzy odpowiedzi

a) spróbować zatrzymać krwawienie,
b) sporządzić listę świadków zdarzenia,
c) sprawdzić, czy poszkodowany oddycha,
d) spisać numery rejestracyjne pojazdów uczestniczących w wypadku,
e) usunąć z jezdni odłamki szkła, plastiku itp.
f) sprawdzić drożność dróg oddechowych poszkodowanego.

13.23. Przyjeżdżasz na miejsce wypadku. Motocyklista jest nieprzytomny. PRZEDE WSZYSTKIM powinieneś sprawdzić, czy:

zaznacz jedną odpowiedź

a) oddycha,
b) krwawi,
c) ma złamane kości,
d) ma siniaki.

13.24. Na miejscu wypadku jest nieprzytomny poszkodowany. Co powinieneś zrobić przede wszystkim?

zaznacz trzy odpowiedzi

a) zbadać mu puls,
b) zbadać drożność jego dróg oddechowych,
c) sprawdzić, czy jest w szoku,
d) sprawdzić, czy oddycha,
e) sprawdzić, czy ma złamania.

13.25. Przyjeżdżasz na miejsce wypadku, który zdarzył się przed chwilą. Poszkodowany jest nieprzytomny. Co przede wszystkim powinieneś zrobić, aby udzielić mu pomocy?

zaznacz trzy odpowiedzi

a) udrożnić drogi oddechowe i utrzymywać je w stanie drożności,
b) nakłonić go do picia wody,
c) sprawdzić, czy oddycha,
d) poszukać świadków,
e) zatamować wszystkie obfite krwawienia,
f) spisać numery rejestracyjne pojazdów uczestniczących w wypadku.

13.26. Na miejscu wypadku poszkodowany jest nieprzytomny. Powinieneś przede wszystkim:

zaznacz trzy odpowiedzi

a) sprzątnąć rozbite szkło,
b) spisać nazwiska świadków wypadku,
c) policzyć pojazdy uczestniczące w zdarzeniu,
d) sprawdzić, czy drogi oddechowe poszkodowanego są drożne,
e) upewnić się, że poszkodowany oddycha,
f) zatamować wszystkie obfite krwawienia.

13.27. Zatrzymałeś się na miejscu wypadku, aby udzielić pomocy poszkodowanym. Co powinieneś zrobić?

zaznacz trzy odpowiedzi

a) zapewnić poszkodowanym ciepło i wygodę,
b) mówić do nich uspokajająco,
c) zadbać, by poszkodowani byli w ruchu; pospacerować z nimi,
d) podać poszkodowanym coś ciepłego do picia,
e) nie zostawiać osób poszkodowanych samych.

13.28. Dojeżdżasz do miejsca, gdzie właśnie zdarzył się wypadek. Ktoś jest ranny. Co powinieneś jak najszybciej zrobić?

zaznacz trzy odpowiedzi

a) zatamować obfite krwawienie,
b) podać poszkodowanemu coś ciepłego do picia,
c) sprawdzić, czy poszkodowany oddycha,
d) spisać numery rejestracyjne pojazdów uczestniczących w wypadku,
e) poszukać świadków zdarzenia,
f) udrożnić drogi oddechowe poszkodowanego i utrzymywać je w stanie drożności.

13.29. Wskaż, czego NIE powinieneś robić na miejscu wypadku:

zaznacz jedną odpowiedź

a) włączać świateł awaryjnych swojego pojazdu w celu ostrzeżenia innych uczestników ruchu,
b) natychmiast dzwonić po służby ratunkowe,
c) proponować poszkodowanemu papierosa, żeby go uspokoić,
d) prosić kierowców o wyłączenie silników w swoich pojazdach.

13.30. Zdarzył się wypadek. Kierowca jest w szoku. Powinieneś:

zaznacz dwie odpowiedzi

a) dać mu coś do picia,
b) mówić do niego uspokajająco,
c) nie zostawiać go samego,
d) zaproponować mu papierosa,
e) zapytać, kto spowodował wypadek.

13.31. Jesteś na miejscu wypadku. Musisz pomóc komuś, kto jest w szoku. Powinieneś:

zaznacz jedną odpowiedź

a) przez cały czas mówić do niego uspokajająco,
b) chodzić z nim w kółko, żeby go uspokoić,
c) dać mu coś zimnego do picia,
d) jak najszybciej obniżyć temperaturę jego ciała.

13.32. Przyjeżdżasz na miejsce wypadku motocyklowego. Żaden inny pojazd nie brał udziału w zdarzeniu. Motocyklista jest nieprzytomny i leży na środku jezdni. PIERWSZĄ czynnością, którą powinieneś wykonać, jest:

zaznacz jedną odpowiedź

a) usunięcie motocyklisty z drogi,
b) ostrzeżenie innych użytkowników drogi,
c) oczyszczenie drogi z odłamków szkła, plastiku itp.
d) uspokojenie motocyklisty.

13.33. W czasie wypadku poszkodowane zostało małe dziecko – nie oddycha. Aby spowodować, żeby dziecko ponownie zaczęło oddychać, stosujesz u niego sztuczne oddychanie metodą usta-usta. Powinieneś wdmuchiwać powietrze:

zaznacz jedną odpowiedź

a) energicznie,
b) delikatnie,
c) głęboko,
d) szybko.

13.34. Poszkodowany w wypadku nie oddycha. Aby zacząć sztuczne oddychanie, powinieneś:

zaznacz trzy odpowiedzi

a) pochylić głowę poszkodowanego do przodu,
b) udrożnić poszkodowanemu drogi oddechowe,
c) ułożyć poszkodowanego na boku,
d) delikatnie odchylić głowę poszkodowanego do tyłu,
e) zacisnąć razem skrzydełka nosowe poszkodowanego,
f) skrzyżować poszkodowanemu ramiona na klatce piersiowej.

13.35. Przyjeżdżasz na miejsce wypadku. Zapalił się silnik w pojeździe i poszkodowany ma poparzone ręce oraz ramiona. NIE powinieneś:

zaznacz jedną odpowiedź

a) obficie polewać oparzeń chłodnym, czystym i nietoksycznym płynem,
b) układać poszkodowanego na ziemi,
c) usuwać obcych ciał, które przykleiły się do jego ran,
d) przez cały czas go uspokajać w przekonujący sposób.

13.36. Przyjeżdżasz na miejsce wypadku, gdzie poszkodowany uległ poważnemu poparzeniu. Powinieneś:

zaznacz jedną odpowiedź

a) zastosować na rany balsam łagodzący ból (lotion),
b) przebić powstałe pęcherze,
c) usunąć obce ciała przyklejone do ran,
d) polać oparzenia chłodnym, czystym i nietoksycznym płynem.

13.37. Przyjeżdżasz na miejsce wypadku. Pieszy mocno krwawi z rany na nodze, ale rana jest czysta, a noga nie jest złamana. Co powinieneś zrobić?

zaznacz dwie odpowiedzi

a) przetrzeć ranę, aby zatrzymać krwawienie,
b) ułożyć obie nogi płasko na ziemi,
c) mocno ucisnąć ranę,
d) unieść zranioną nogę, aby zmniejszyć krwawienie,
e) podać mu coś ciepłego do picia.

13.38. Poszkodowany w wypadku jest nieprzytomny, ale oddycha. Możesz go przesunąć tylko wtedy, gdy:

zaznacz jedną odpowiedź

a) karetka pogotowia jest w drodze,
b) namawiają Cię do tego przyglądające się osoby,
c) jest narażony na kolejne niebezpieczeństwo,
d) pomoże Ci ktoś spośród przyglądających się osób.

13.39. Podejrzewasz, że poszkodowany w wypadku ma obrażenia kręgosłupa. Miejsce wypadku jest zabezpieczone. Powinieneś:

zaznacz jedną odpowiedź

a) zaproponować mu coś do picia,
b) nie przesuwać go,
c) unieść jego nogi,
d) nie wzywać pogotowia ratunkowego.

13.40. Na miejscu wypadku ważne jest, aby zaopiekować się poszkodowanymi. Kiedy miejsce wypadku jest zabezpieczone, powinieneś:

zaznacz jedną odpowiedź

a) pomóc pasażerom opuścić pojazd (pojazdy),
b) dać im coś do picia,
c) dać im coś do jedzenia,
d) zatrzymać ich w pojeździe (pojazdach).

13.41. W wypadku brała udział cysterna. Która tablica pokazuje, że cysterna przewozi niebezpieczne ładunki?

zaznacz jedną odpowiedź

a)

b)

c)

d)

13.42. Uczestniczyłeś w wypadku. Wskaż dokumenty, o okazanie których może Cię w związku z tym poprosić policja:

zaznacz trzy odpowiedzi

a) dokument rejestracyjny pojazdu,
b) prawo jazdy,
c) zaświadczenie zdania egzaminu teoretycznego,
d) polisa ubezpieczeniowa,
e) zaświadczenie o przebytym przeglądzie technicznym (MOT),
f) historia serwisowa pojazdu.

13.43. Na skutek wypadku w pojeździe znajduje się ktoś nieprzytomny. Kiedy powinieneś zadzwonić po służby ratunkowe?

zaznacz jedną odpowiedź

a) tylko w ostateczności,
b) jak najszybciej,
c) dopiero, gdy ocuciłeś poszkodowanego,
d) dopiero, gdy sprawdzisz, czy poszkodowany ma jakieś złamania.

13.44. Poszkodowany w wypadku jest ranny w ramię. Może nim poruszać, ale rana krwawi. Dlaczego powinieneś zadbać o to, by trzymał ramię uniesione?

zaznacz jedną odpowiedź

a) ponieważ to złagodzi jego ból,
b) bo będzie bardziej widoczny,
c) aby uniemożliwić mu dotykanie innych osób,
d) ponieważ to zmniejszy krwawienie.

13.45. Jakie systemy informacyjne ostrzegają przed wypadkiem lub korkiem w tunelu?

zaznacz jedną odpowiedź

a) podwójne białe linie na osi jezdni,
b) różne znaki i tablice informacyjne,
c) znaki dystansowe w kształtcie litery „V" (chevron)
d) pasy na jezdni typu rumble.

13.46. Właśnie wydarzył się wypadek. Osoba poszkodowana leży na ruchliwej drodze. Jaka jest PIERWSZA czynność, którą powinieneś wykonać, żeby jej pomóc?

zaznacz jedną odpowiedź

a) udzielić poszkodowanemu takiej pomocy, jakiej udziela się osobom, które doznały szoku,
b) ostrzec innych uczestników ruchu drogowego,
c) ułożyć poszkodowanego w pozycji bocznej ustalonej,
d) zapewnić poszkodowanemu ciepło.

13.47. Na skutek wypadku poszkodowany przestał oddychać. Powinieneś:

zaznacz dwie odpowiedzi

a) usunąć wszystko, co blokuje mu usta,
b) trzymać jego głowę pochyloną do przodu tak daleko, jak to możliwe,
c) unieść jego nogi, aby mu ułatwić krążenie krwi,
d) próbować dać poszkodowanemu coś do picia,
e) pochylić jego głowę delikatnie do tyłu, żeby mu udrożnić drogi oddechowe.

13.48. Jesteś na miejscu wypadku. Ktoś jest w stanie szoku. Powinieneś:

zaznacz cztery odpowiedzi

a) przez cały czas go uspokajać,
b) zaproponować mu papierosa,
c) zadbać, aby mu było ciepło,
d) unikać przemieszczania go, jeśli to możliwe,
e) unikać zostawiania go samego,
f) dać mu coś ciepłego do picia.

13.49. Zdarzył się wypadek. Motocyklista leży ranny i nieprzytomny. Zwykle NIE powinieneś próbować zdejmować mu kasku, z wyjątkiem sytuacji, gdy jest to absolutnie konieczne. Dlaczego?

zaznacz jedną odpowiedź

a) ponieważ motocyklista mógłby sobie tego nie życzyć,
b) ponieważ może to skutkować większymi obrażeniami,
c) ponieważ zrobi mu się zbyt zimno, jeśli to zrobisz,
d) ponieważ mógłbyś porysować jego kask.

13.50. Zepsuł Ci się pojazd na drodze dwukierunkowej. Masz w pojeździe trójkąt ostrzegawczy. Powinieneś go umieścić za pojazdem w odległości nie mniejszej niż:

zaznacz jedną odpowiedź

a) 5 metrów (16 stóp),
b) 25 metrów (82 stopy),
c) 45 metrów (147 stóp),
d) 100 metrów (328 stóp).

13.51. Zepsuł Ci się pojazd na przejeździe kolejowym. Światła ostrzegawcze jeszcze nie zaczęły pulsować. Co powinieneś zrobić?

zaznacz trzy odpowiedzi

a) zatelefonować do dróżnika,
b) opuścić pojazd wraz z pasażerami,
c) iść po torowisku, aby dać znać maszyniście następnego pociągu,
d) zepchnąć pojazd z przejazdu, jeśli tak poleci Ci dróżnik,
e) powiedzieć kierowcom za Tobą, co się stało.

13.52. Podczas jazdy wybucha opona w Twoim pojeździe. Co powinieneś zrobić?

zaznacz dwie odpowiedzi

a) zaciągnąć ręczny hamulec,
b) jak najszybciej zahamować,
c) zjechać wolno na pobocze drogi,
d) trzymać mocno kierownicę, żeby utrzymać kontrolę nad pojazdem,
e) kontynuować jazdę z normalną prędkością.

13.53. Co powinieneś zrobić, kiedy wybuchnie przednia opona w Twoim pojeździe?

zaznacz dwie odpowiedzi

a) zaciągnąć ręczny hamulec, żeby zatrzymać pojazd,
b) gwałtownie zahamować,
c) pozwolić, żeby pojazd sam się zatrzymał,
d) lekko trzymać kierownicę,
e) mocno trzymać kierownicę.

13.54. Gdy jechałeś autostradą, przebiła się opona w Twoim pojeździe. Co powinieneś zrobić?

zaznacz jedną odpowiedź

a) jechać wolno do następnego miejsca obsługi podróżnych (service area), żeby uzyskać pomoc,
b) zjechać na pas awaryjny i jak najszybciej zmienić koło,
c) zjechać na pas awaryjny i zadzwonić po pomoc, używając telefonu alarmowego,
d) włączyć światła awaryjne i zatrzymać się na pasie, którym aktualnie jedziesz.

13.55. Zatrzymałeś się nagle na środku przejazdu kolejowego i nie możesz ponownie uruchomić silnika. Na przejeździe zaczyna dzwonić dzwonek ostrzegawczy. Powinieneś:

zaznacz jedną odpowiedź

a) wysiąść z pojazdu i opuścić przejazd,
b) pobiec wzdłuż torów, aby ostrzec dróżnika kolejowego,
c) próbować ponownie uruchomić silnik,
d) zepchnąć pojazd z przejazdu.

13.56. Jedziesz autostradą. Kiedy dozwolone jest użycie świateł awaryjnych?

zaznacz dwie odpowiedzi

a) gdy pojazd za Tobą jedzie zbyt blisko Ciebie,
b) gdy szybko zwalniasz z powodu niebezpiecznej sytuacji na drodze,
c) gdy holujesz inny pojazd,
d) gdy jedziesz pasem awaryjnym,
e) gdy zepsuł Ci się pojazd i stoisz na pasie awaryjnym.

13.57. Na autostradzie zepsuł Ci się pojazd. Kiedy użyjesz telefonu alarmowego, operator zapyta Cię o:

zaznacz trzy odpowiedzi

a) numer telefonu, z którego dzwonisz,
b) szczegóły Twojego prawa jazdy,
c) nazwę firmy, w której ubezpieczyłeś swój pojazd,
d) dane Twoje i Twojego pojazdu,
e) to, czy należysz do jednej z organizacji motorowych (motoring organization).

13.58. Co powinieneś zrobić przed wjechaniem do tunelu?

zaznacz jedną odpowiedź

a) wyłączyć radio,
b) ściągnąć okulary przeciwsłoneczne,
c) zamknąć szyberdach,
d) włączyć wycieraczki.

13.59. Przejeżdżasz przez tunel, a ruch pojazdów przebiega normalnie. Jakich powinieneś używać świateł?

zaznacz jedną odpowiedź

a) postojowych (parking lights),
b) przednich punktowych (spot lights),
c) mijania (dipped headlights),
d) tylnych przeciwmgielnych.

13.60. Jedziesz przez tunel. Twój pojazd się psuje. Co powinieneś zrobić?

zaznacz jedną odpowiedź

a) włączyć światła awaryjne,
b) pozostać w pojeździe,
c) zaczekać aż policja Cię znajdzie,
d) polegać na kamerach przemysłowych (CCTV), które Cię zarejestrowały.

13.61. Jadąc przez tunel, powinieneś:

zaznacz jedną odpowiedź

a) zwracać uwagę na informacje na tablicach i znakach informacyjnych,
b) używać klimatyzacji,
c) włączyć tylne światła przeciwmgielne,
d) zawsze używać wycieraczek.

13.62. Wskaż środki ostrożności, które pomogą zapobiec pożarowi w Twoim pojeździe:

zaznacz dwie odpowiedzi

a) utrzymywanie poziomu wody w zbiorniczkach pojazdu powyżej maksimum,
b) wożenie ze sobą gaśnicy,
c) unikanie jeżdżenia z pełnym zbiornikiem benzyny,
d) używanie benzyny bezołowiowej,
e) kontrolowanie, czy wewnątrz pojazdu nie ma intensywnego zapachu benzyny,
f) używanie paliwa niskooktanowego.

13.63. Jedziesz autostradą. Nagle z Twojego pojazdu spada bagaż. Co powinieneś zrobić?

zaznacz jedną odpowiedź

a) zatrzymać się przy następnym telefonie alarmowym i skontaktować się z policją,
b) zatrzymać się na pasie autostrady, którym jechałeś, włączyć światła awaryjne, a następnie zabrać bagaż,
c) wrócić pieszo po autostradzie, aby zabrać bagaż,
d) zjechać na pas awaryjny i próbować zatrzymywać przejeżdżające pojazdy.

13.64. Podczas prowadzenia pojazdu zauważasz, że zapala się jakaś ostrzegawcza kontrolka na desce rozdzielczej. Powinieneś:

zaznacz jedną odpowiedź

a) kontynuować jazdę, jeśli słychać, że silnik pracuje właściwie,
b) mieć nadzieję, że to tylko tymczasowy błąd obwodów elektrycznych,
c) rozwiązać ten problem, gdy będziesz miał więcej czasu,
d) zbadać ten problem szybko i w bezpieczny sposób.

13.65. Na drodze dwukierunkowej zepsuł Ci się pojazd. Masz ze sobą trójkąt ostrzegawczy. Powinien on zostać umieszczony:

zaznacz jedną odpowiedź

a) na dachu pojazdu,
b) co najmniej 150 m (492 stopy) za pojazdem,
c) co najmniej 45 m (147 stóp) za pojazdem,
d) tuż za pojazdem.

13.66. Nagle w Twoim pojeździe zapala się silnik. Co powinieneś zrobić najpierw?

zaznacz jedną odpowiedź

a) podnieść maskę i odłączyć akumulator,
b) podnieść maskę i ostrzec innych uczestników ruchu drogowego,
c) zadzwonić po pomoc drogową,
d) zadzwonić po straż pożarną.

13.67. Twój pojazd zepsuł się w tunelu. Co powinieneś zrobić?

zaznacz jedną odpowiedź

a) pozostać w pojeździe i zaczekać na policję,
b) stanąć na pasie za swoim pojazdem, aby ostrzegać innych,
c) stanąć z przodu pojazdu, aby ostrzec kierowców nadjeżdżających z przeciwka,
d) włączyć światła awaryjne, a następnie bez zwłoki pójść zadzwonić po pomoc.

13.68. Podczas przejazdu przez tunel Twój pojazd zaczyna się nagle palić, jednak wciąż może jechać dalej. Co powinieneś zrobić?

zaznacz jedną odpowiedź

a) natychmiast go zostawić tam, gdzie w tej chwili jesteś, nie wyłączając silnika,
b) zjechać na pobocze, a następnie skorzystać z telefonu awaryjnego,
c) zaparkować z dala od jezdni,
d) wyjechać z tunelu, jeśli jest to możliwe.

13.69. Jedziesz przez tunel. Twój pojazd zaczyna się palić. Co powinieneś zrobić?

zaznacz jedną odpowiedź

a) kontynuować jazdę przez tunel, jeśli jest to możliwe,
b) natychmiast zawrócić swój pojazd,
c) wycofać pojazd z tunelu,
d) wykonać manewr awaryjnego zatrzymania się w sytuacji zagrożenia (emergency STOP).

13.70. Jesteś w tunelu. Twój pojazd się pali i NIE MOŻESZ go dalej prowadzić. Co powinieneś zrobić?

zaznacz dwie odpowiedzi

a) pozostać w pojeździe i zamknąć okna,
b) włączyć światła awaryjne,
c) zostawić włączony silnik,
d) próbować zgasić pożar,
e) wyłączyć wszystkie światła,
f) zaczekać aż ktoś inny zadzwoni po pomoc.

13.71. Zanim wjedziesz do tunelu, powinieneś:

zaznacz jedną odpowiedź

a) włożyć okulary przeciwsłoneczne i opuścić osłonę przeciwsłoneczną,
b) sprawdzić ciśnienie w oponach,
c) włączyć niższy bieg,
d) upewnić się, czy radio jest dostrojone do częstotliwości lokalnej stacji radiowej pokazanej na przydrożnej tablicy.

13.72. Twój pojazd zepsuł się na automatycznym przejeździe kolejowym. Co PRZEDE WSZYSTKIM powinieneś zrobić?

zaznacz jedną odpowiedź

a) dopilnować, by wszyscy wysiedli z pojazdu i opuścili przejazd,
b) zadzwonić po pomoc drogową, aby usunęła pojazd z przejazdu,
c) pójść wzdłuż torowiska, aby ostrzec maszynistów nadjeżdżających pociągów,
d) jak najszybciej spróbować zepchnąć pojazd poza przejazd.

13.73. Wskaż rzeczy, które powinieneś wozić ze sobą, aby móc ich użyć w razie wypadku drogowego:

zaznacz trzy odpowiedzi

a) atlas drogowy,
b) kanister z paliwem,

c) kable rozruchowe,
d) gaśnica,
e) apteczka pierwszej pomocy,
f) trójkąt ostrzegawczy.

13.74. Jadąc samochodem, uczestniczysz w kolizji. Jaka jest PIERWSZA czynność, którą musisz wykonać?

zaznacz jedną odpowiedź

a) zatrzymać się tylko wtedy, gdy ktoś pomacha Ci ręką,
b) zadzwonić po służby ratunkowe,
c) zatrzymać się na miejscu zdarzenia,
d) zadzwonić do swojej firmy ubezpieczeniowej.

13.75. Uczestniczysz w wypadku wraz z innym pojazdem w ruchu. Ktoś jest ranny. Twój pojazd jest uszkodzony. Co powinieneś ustalić?

zaznacz cztery odpowiedzi

a) czy kierowca tego pojazdu jest jego właścicielem,
b) imię, nazwisko, adres i numer telefonu kierowcy,
c) markę i numer rejestracyjny tego pojazdu,
d) zawód kierowcy,
e) szczegóły ubezpieczenia tego pojazdu,
f) czy kierowca posiada prawo jazdy.

IP 13.76.Tracisz kontrolę nad swoim samochodem i uszkadzasz ogrodzenie ogródka przy posesji. Nikogo nie ma w pobliżu. Co musisz zrobić?

zaznacz jedną odpowiedź

a) zgłosić wypadek na policję w przeciągu 24 godzin,
b) wrócić następnego dnia do właściciela domu, aby mu o tym powiedzieć,
c) zgłosić wypadek swojej firmie ubezpieczeniowej, kiedy dojedziesz do domu,
d) znaleźć kogoś na miejscu, żeby mu natychmiast powiedzieć, co się stało.

13.77. Jesteś uczestnikiem wypadku na drodze dwukierunkowej. Masz ze sobą trójkąt ostrzegawczy. W jakiej odległości od pojazdu tamującego ruch powinieneś umieścić ten trójkąt?

zaznacz jedną odpowiedź

a) 25 m (82 stopy),
b) 45 m (147 stóp),
c) 100 m (328 stóp),
d) 150 m (492 stopy).

13.78. Podczas przejazdu przez tunel stajesz się uczestnikiem wypadku. Nie jesteś ranny, ale Twój pojazd nie nadaje się do dalszej jazdy. Co powinieneś zrobić PRZEDE WSZYSTKIM?

zaznacz jedną odpowiedź

a) założyć, że inni kierowcy zadzwonią po policję,
b) wyłączyć silnik i włączyć światła awaryjne,
c) spisać nazwiska innych kierowców biorących udział w wypadku oraz nazwiska świadków,
d) usunąć z drogi odłamki szkła, plastiku itp.

13.79. Jedziesz przez tunel. Zdarzył się wypadek; pojazd przed Tobą pali się, blokując drogę. Co powinieneś zrobić?

zaznacz jedną odpowiedź

a) jak najszybciej ominąć go i kontynuować jazdę,
b) zamknąć okna i zablokować wszystkie drzwi,
c) włączyć światła awaryjne,
d) zatrzymać się, a następnie wycofać z tunelu.

14.1. Holujesz małą przyczepę na zatłoczonej trzypasmowej autostradzie. Wszystkie pasy są wolne dla ruchu pojazdów. W tej sytuacji:
zaznacz dwie odpowiedzi
a) nie wolno Ci przekroczyć prędkości 60 mil na godzinę,
b) nie wolno Ci wyprzedzać,
c) musisz mieć zamontowany stabilizator,
d) możesz używać tylko lewego lub centralnego pasa.

14.2. Jeśli podczas holowania przyczepa jedzie zygzakiem, powinieneś:
zaznacz jedną odpowiedź
a) zmniejszyć nacisk na pedał gazu, redukując w ten sposób prędkość,
b) puścić kierownicę i pozwolić, aby tor jazdy przyczepy sam się skorygował,
c) gwałtownie zahamować, trzymając wciśnięty pedał hamulca,
d) jak najszybciej zwiększyć prędkość.

14.3. Co należy zrobić, aby holowana przyczepa kempingowa nie jechała zygzakiem?
zaznacz jedną odpowiedź
a) kręcić wolno kierownicą w obie strony,
b) przyspieszyć,
c) jak najszybciej zatrzymać się,
d) stopniowo zwolnić.

14.4. Kiedy dopuszczalne jest zwiększenie ciśnienia powietrza w oponach ponad zalecany poziom?
zaznacz dwie odpowiedzi
a) gdy drogi są śliskie,
b) gdy przejeżdżasz duży dystans z dużą prędkością,
c) gdy bieżnik opony jest zużyty i jego głębokość wynosi mniej niż 2 mm,
d) gdy przewozisz ciężki ładunek,
e) gdy jest zimno,
f) gdy pojazd jest wyposażony w system ABS.

14.5. Ciężki ładunek na bagażniku dachowym Twojego pojazdu:
zaznacz jedną odpowiedź
a) poprawi przyczepność pojazdu do nawierzchni,
b) skróci jego dystans zatrzymania się,
c) spowoduje, że będziesz miał uczucie łatwiejszego wykonywania manewrów,
d) zmniejszy jego stabilność.

14.6. Holujesz przyczepę kempingową po autostradzie. Przyczepa zaczyna jechać zygzakiem. Co powinieneś zrobić?

zaznacz jedną odpowiedź

a) powoli zmniejszać nacisk na pedał gazu,
b) energicznie kręcić kierownicą na przemian w lewą i prawą stronę,
c) wykonać manewr awaryjnego zatrzymania się w sytuacji zagrożenia (emergency STOP),
d) jak najszybciej zwiększyć prędkość.

14.7. Przeciążenie Twojego pojazdu może poważnie wpłynąć na:

zaznacz dwie odpowiedzi

a) jego skrzynię biegów,
b) jego sterowność,
c) jego prowadzenie,
d) żywotność jego akumulatora,
e) czas podróży.

14.8. Kto jest odpowiedzialny za upewnienie się, że pojazd nie jest przeciążony?

zaznacz jedną odpowiedź

a) kierowca pojazdu,
b) właściciel rzeczy, które są nim przewożone,
c) osoba, która umieszczała rzeczy w pojeździe,
d) urząd wydający licencje lub pozwolenia (licensing authority).

14.9. Planujesz podróż, podczas której będziesz holował przyczepę kempingową. Wskaż element wyposażenia, który w tej sytuacji najbardziej pomoże Ci w prowadzeniu pojazdu:

zaznacz jedną odpowiedź

a) kółko typu jockey wheel zamontowane do haka holowniczego,
b) wspomaganie kierownicy zamontowane w pojeździe holującym,
c) system ABS zamontowany w pojeździe holującym,
d) stabilizator zamontowany do haka holowniczego.

14.10. Czy pasażerom wolno jechać w holowanej przyczepie kempingowej?

zaznacz jedną odpowiedź

a) tak, jeżeli mają więcej niż 14 lat,
b) nie, nigdy,

c) tylko wtedy, gdy wszystkie siedzenia w pojeździe holującym są zajęte,
d) tylko wtedy, gdy jest w niej zamontowany stabilizator.

14.11. Przyczepa musi być bezpiecznie zamocowana do pojazdu holującego. Jakie dodatkowe urządzenie zwiększające bezpieczeństwo może być zamontowane w systemie hamulcowym przyczepy?

zaznacz jedną odpowiedź

a) stabilizator,
b) jockey wheel,
c) podpory typu corner steadies,
d) linka zabezpieczająca.

14.12. Dlaczego powinieneś zamontować stabilizator zanim zaczniesz holować przyczepę kempingową?

zaznacz jedną odpowiedź

a) bo w razie bocznych podmuchów wiatru ułatwi Ci on utrzymanie stabilności przyczepy podczas jej holowania,
b) bo umożliwi Ci on ładowanie ciężkich rzeczy za osią pojazdu,
c) bo ułatwi Ci on podnoszenie lub opuszczanie mechanizmu jockey wheel,
d) bo umożliwi Ci on holowanie bez linki zabezpieczającej.

14.13. Masz zamiar holować przyczepę. Gdzie znajdziesz informację na temat maksymalnego nacisku na kulę haka holowniczego?

zaznacz jedną odpowiedź

a) w instrukcji obsługi pojazdu,
b) w kodeksie drogowym,
c) w dokumencie rejestracyjnym pojazdu,
d) w Twoim prawie jazdy.

14.14. Każdy ładunek, który jest przewożony na bagażniku dachowym pojazdu, powinien być:

zaznacz jedną odpowiedź

a) bezpiecznie zamocowany,
b) ułożony w tylnej części pojazdu,
c) widoczny w Twoim zewnętrznym lusterku,
d) okryty plastikową folią.

14.15. Przewozisz samochodem dziecko, które ma mniej niż trzy lata. Co lub kto będzie dla niego najbardziej odpowiednim zabezpieczeniem:

zaznacz jedną odpowiedź

a) fotelik dziecięcy,
b) dorosła osoba, która będzie trzymać dziecko,
c) pas bezpieczeństwa dla dorosłych,
d) pas biodrowy dla dorosłych.

Studium przypadku

Od 28 września 2009 r. egzamin teoretyczny na prawo jazdy kat. B składa się z trzech części - wprowadzone zostało dodatkowo tzw. studium przypadku. Studium jest opracowane na podstawie pytań testowych i faktycznie stanowi integralną część testu wyboru. Studium przypadku polega na przedstawieniu kandydatowi bardzo konkretnej sytuacji, z którą może mieć do czynienia jako kierowca. Jego zadaniem jest udzielenie odpowiedzi na pięć pytań odnoszących się do tej sytuacji. Więcej szczegółowych informacji na ten temat można znaleźć w rozdziale „Jak zdać egzamin".

Zamieszczone poniżej przykłady ilustrują, jak będzie wyglądała ta część egzaminu.

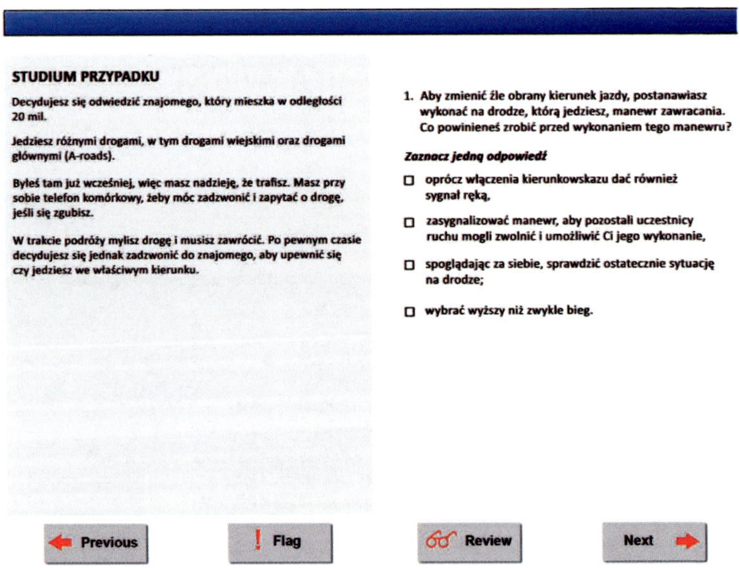

STUDIUM PRZYPADKU

Decydujesz się odwiedzić znajomego, który mieszka w odległości 20 mil.

Jedziesz różnymi drogami, w tym drogami wiejskimi oraz drogami głównymi (A-roads).

Byłeś tam już wcześniej, więc masz nadzieję, że trafisz. Masz przy sobie telefon komórkowy, żeby móc zadzwonić i zapytać o drogę, jeśli się zgubisz.

W trakcie podróży mylisz drogę i musisz zawrócić. Po pewnym czasie decydujesz się jednak zadzwonić do znajomego, aby upewnić się czy jedziesz we właściwym kierunku.

1. Aby zmienić źle obrany kierunek jazdy, postanawiasz wykonać na drodze, którą jedziesz, manewr zawracania. Co powinieneś zrobić przed wykonaniem tego manewru?

Zaznacz jedną odpowiedź

- ☐ **oprócz włączenia kierunkowskazu dać również sygnał ręką,**
- ☐ **zasygnalizować manewr, aby pozostali uczestnicy ruchu mogli zwolnić i umożliwić Ci jego wykonanie,**
- ☐ **spoglądając za siebie, sprawdzić ostatecznie sytuację na drodze;**
- ☐ **wybrać wyższy niż zwykle bieg.**

Previous | Flag | Review | Next

STUDIUM PRZYPADKU

Decydujesz się odwiedzić znajomego, który mieszka w odległości 20 mil.

Jedziesz różnymi drogami, w tym drogami wiejskimi oraz drogami głównymi (A-roads).

Byłeś tam już wcześniej, więc masz nadzieję, że trafisz. Masz przy sobie telefon komórkowy, żeby móc zadzwonić i zapytać o drogę, jeśli się zgubisz.

W trakcie podróży mylisz drogę i musisz zawrócić. Po pewnym czasie decydujesz się jednak zadzwonić do znajomego, aby upewnić się czy jedziesz we właściwym kierunku.

2. Co powinieneś zrobić, dojeżdżając do tego mostu?

Zaznacz trzy odpowiedzi

- ☐ zjechać na środek drogi, aby mieć lepszą widoczność,
- ☐ Zwolnić
- ☐ rozważyć użycie sygnału dźwiękowego,
- ☐ znaleźć inną drogę,
- ☐ uważać na pieszych.

Previous | Flag | Review | Next

STUDIUM PRZYPADKU

Decydujesz się odwiedzić znajomego, który mieszka w odległości 20 mil.

Jedziesz różnymi drogami, w tym drogami wiejskimi oraz drogami głównymi (A-roads).

Byłeś tam już wcześniej, więc masz nadzieję, że trafisz. Masz przy sobie telefon komórkowy, żeby móc zadzwonić i zapytać o drogę, jeśli się zgubisz.

W trakcie podróży mylisz drogę i musisz zawrócić. Po pewnym czasie decydujesz się jednak zadzwonić do znajomego, aby upewnić się czy jedziesz we właściwym kierunku.

3. Jadąc, dzwonisz do znajomego. Jaki jest najbezpieczniejszy sposób korzystania z telefonu komórkowego?

Zaznacz jedną odpowiedź

- ☐ stosowanie zestawu głośnomówiącego,
- ☐ używanie telefonu dopiero po uprzednim zatrzymaniu się w odpowiednim miejscu,
- ☐ poruszanie się z małą prędkością po mało uczęszczanych drogach,
- ☐ przekierowanie rozmowy przez operatora.

Previous | Flag | Review | Next

STUDIUM PRZYPADKU

Decydujesz się odwiedzić znajomego, który mieszka w odległości 20 mil.

Jedziesz różnymi drogami, w tym drogami wiejskimi oraz drogami głównymi (A-roads).

Byłeś tam już wcześniej, więc masz nadzieję, że trafisz. Masz przy sobie telefon komórkowy, żeby móc zadzwonić i zapytać o drogę, jeśli się zgubisz.

W trakcie podróży mylisz drogę i musisz zawrócić. Po pewnym czasie decydujesz się jednak zadzwonić do znajomego, aby upewnić się czy jedziesz we właściwym kierunku.

4. Jedziesz peryferyjną drogą. Zbliża się osoba jadąca konno. Co powinieneś zrobić?

Zaznacz dwie odpowiedzi

- ☐ zwiększyć prędkość,
- ☐ użyć sygnału dźwiękowego,
- ☐ zamrugać światłami,
- ☐ powoli ją wyminąć,
- ☐ zostawić jej dużo miejsca,
- ☐ zwiększyć obroty silnika.

Previous | Flag | Review | Next

STUDIUM PRZYPADKU

Decydujesz się odwiedzić znajomego, który mieszka w odległości 20 mil.

Jedziesz różnymi drogami, w tym drogami wiejskimi oraz drogami głównymi (A-roads).

Byłeś tam już wcześniej, więc masz nadzieję, że trafisz. Masz przy sobie telefon komórkowy, żeby móc zadzwonić i zapytać o drogę, jeśli się zgubisz.

W trakcie podróży mylisz drogę i musisz zawrócić. Po pewnym czasie decydujesz się jednak zadzwonić do znajomego, aby upewnić się czy jedziesz we właściwym kierunku.

5. Pod koniec podróży dojeżdżasz do przejścia dla pieszych, przy którym znajdują się niezdecydowani piesi. Dlaczego na przejściach nigdy nie powinieneś machaniem ręki zachęcać pieszych, by przeszli na drugą stronę jezdni?

Zaznacz jedną odpowiedź

- ☐ ponieważ może nadjeżdżać inny pojazd,
- ☐ ponieważ mogą oni nie patrzeć w Twoją stronę,
- ☐ ponieważ bezpieczniej jest jechać dalej,
- ☐ ponieważ mogą oni nie być gotowi do przejścia przez ulicę.

Previous | Flag | Review | Next

Rozdział I - Rozwaga, koncentracja, przezorność

1.1.	c	1.11.	a	1.21.	c	1.31.	d
1.2.	bdf	1.12.	ac	1.22.	b	1.32.	c
1.3.	d	1.13.	abcd	1.23.	b	1.33.	c
1.4.	c	1.14.	ad	1.24.	c	1.34.	a
1.5.	c	1.15.	ab	1.25.	d	1.35.	d
1.6.	c	1.16.	ab	1.26.	d	1.36.	b
1.7.	c	1.17.	abcd	1.27.	d	1.37.	d
1.8.	b	1.18.	b	1.28.	b		
1.9.	c	1.19.	b	1.29.	d		
1.10.	b	1.20.	abe	1.30.	b		

Rozdział II - Właściwe zachowanie podczas prowadzenia pojazdu

2.1.	d	2.14.	a	2.27.	c	2.40.	b
2.2.	a	2.15.	a	2.28.	a	2.41.	a
2.3.	c	2.16.	c	2.29.	c	2.42.	a
2.4.	d	2.17.	a	2.30.	a	2.43.	b
2.5.	d	2.18.	d	2.31.	c	2.44.	b
2.6.	b	2.19.	d	2.32.	c	2.45.	c
2.7.	bcd	2.20.	d	2.33.	de	2.46.	ab
2.8.	abe	2.21.	a	2.34.	b	2.47.	d
2.9.	a	2.22.	b	2.35.	d	2.48.	d
2.10.	d	2.23.	c	2.36.	b	2.49.	c
2.11.	b	2.24.	b	2.37.	c	2.50.	c
2.12.	a	2.25.	a	2.38.	a		
2.13.	b	2.26.	b	2.39.	a		

Rozdział III - Twój pojazd a bezpieczeństwo

3.1.	ab	3.13.	d	3.25.	b	3.37.	bc
3.2.	c	3.14.	b	3.26.	c	3.38.	a
3.3.	acf	3.15.	b	3.27.	d	3.39.	d
3.4.	c	3.16.	abf	3.28.	a	3.40.	a
3.5.	b	3.17.	bef	3.29.	b	3.41.	b
3.6.	d	3.18.	d	3.30.	a	3.42.	d
3.7.	c	3.19.	a	3.31.	b	3.43.	d
3.8.	d	3.20.	a	3.32.	b	3.44.	d
3.9.	d	3.21.	b	3.33.	b	3.45.	b
3.10.	d	3.22.	c	3.34.	d	3.46.	b
3.11.	a	3.23.	d	3.35.	d	3.47.	b
3.12.	ae	3.24.	a	3.36.	bc	3.48.	d

3.49.	abf	3.65.	a	3.81.	ade	3.97.	b
3.50.	abc	3.66.	d	3.82.	d	3.98.	a
3.51.	abc	3.67.	c	3.83.	b	3.99.	d
3.52.	bdf	3.68.	ab	3.84.	bd	3.100.	b
3.53.	ade	3.69.	a	3.85.	c	3.101.	c
3.54.	b	3.70.	b	3.86.	a	3.102.	d
3.55.	cde	3.71.	bcd	3.87.	d	3.103.	d
3.56.	b	3.72.	c	3.88.	c	3.104.	c
3.57.	b	3.73.	cd	3.89.	b	3.105.	d
3.58.	b	3.74.	a	3.90.	a	3.106.	b
3.59.	de	3.75.	a	3.91.	b	3.107.	b
3.60.	c	3.76.	d	3.92.	d	3.108.	c
3.61.	b	3.77.	c	3.93.	b	3.109.	a
3.62.	d	3.78.	b	3.94.	c	3.110.	a
3.63.	d	3.79.	b	3.95.	d	3.111.	a
3.64.	b	3.80.	abe	3.96.	d	3.112.	d

Rozdział IV - Podstawy bezpieczeństwa

4.1.	d	4.16.	a	4.31.	b	4.46.	d
4.2.	d	4.17.	d	4.32.	b	4.47.	a
4.3.	d	4.18.	acd	4.33.	c	4.48.	d
4.4.	a	4.19.	b	4.34.	b	4.49.	a
4.5.	b	4.20.	a	4.35.	bc	4.50.	a
4.6.	bc	4.21.	b	4.36.	c	4.51.	c
4.7.	b	4.22.	ae	4.37.	c	4.52.	b
4.8.	d	4.23.	c	4.38.	b	4.53.	c
4.9.	c	4.24.	bdef	4.39.	d	4.54.	b
4.10.	c	4.25.	b	4.40.	bc	4.55.	b
4.11.	b	4.26.	d	4.41.	d	4.56.	b
4.12.	b	4.27.	a	4.42.	d	4.57.	c
4.13.	c	4.28.	c	4.43.	a	4.58.	d
4.14.	a	4.29.	ad	4.44	d	4.59.	ace
4.15.	c	4.30.	c	4.45.	bd		

Rozdział V - Przewidywanie zagrożeń

5.1.	cd	5.25.	c	5.49.	b	5.73.	c
5.2.	c	5.26.	b	5.50.	b	5.74.	b
5.3.	a	5.27.	bf	5.51.	c	5.75.	b
5.4.	d	5.28.	b	5.52.	d	5.76.	cd
5.5.	ace	5.29.	a	5.53.	c	5.77.	d
5.6.	c	5.30.	a	5.54.	cd	5.78.	ace
5.7.	c	5.31.	ae	5.55.	ac	5.79.	abe
5.8.	d	5.32.	c	5.56.	ab	5.80.	a
5.9.	b	5.33.	a	5.57.	a	5.81.	d
5.10.	a	5.34.	d	5.58.	a	5.82.	d
5.11.	a	5.35.	b	5.59.	b	5.83.	d
5.12.	a	5.36.	cd	5.60.	abc	5.84.	a
5.13.	c	5.37.	ace	5.61.	c	5.85.	b
5.14.	c	5.38.	abd	5.62.	c	5.86.	cd
5.15.	b	5.39.	b	5.63.	c	5.87.	d
5.16.	a	5.40.	b	5.64.	abe	5.88.	ae
5.17.	c	5.41.	b	5.65.	c	5.89.	bc
5.18.	d	5.42.	b	5.66.	d	5.90.	ab
5.19.	b	5.43.	a	5.67.	d	5.91.	a
5.20.	b	5.44.	d	5.68.	c	5.92.	b
5.21.	c	5.45.	a	5.69.	c	5.93.	d
5.22.	a	5.46.	b	5.70.	d	5.94.	a
5.23.	d	5.47.	c	5.71.	abc	5.95.	b
5.24.	d	5.48.	b	5.72.	d	5.96.	a

Rozdział VI - Uczestnicy ruchu drogowego szczególnie narażeni na wypadki

6.1.	d	6.14.	d	6.27.	a	6.40.	d
6.2.	d	6.15.	d	6.28.	d	6.41.	a
6.3.	c	6.16.	ac	6.29.	c	6.42.	a
6.4.	c	6.17.	c	6.30.	c	6.43.	b
6.5.	b	6.18.	c	6.31.	d	6.44.	b
6.6.	d	6.19.	a	6.32.	d	6.45.	a
6.7.	d	6.20.	d	6.33.	b	6.46.	a
6.8.	c	6.21.	c	6.34.	a	6.47.	c
6.9.	d	6.22.	d	6.35.	c	6.48.	b
6.10.	a	6.23.	abc	6.36.	d	6.49.	d
6.11.	d	6.24.	c	6.37.	c	6.50.	a
6.12.	d	6.25.	ac	6.38.	c	6.51.	d
6.13.	b	6.26.	d	6.39.	a	6.52.	d

6.53.	d	6.61.	d	6.69.	b	6.77.	d
6.54.	a	6.62.	c	6.70.	b	6.78.	a
6.55.	c	6.63.	c	6.71.	d	6.79.	d
6.56.	abd	6.64.	b	6.72.	d	6.80.	c
6.57.	b	6.65.	c	6.73.	b	6.81.	d
6.58.	d	6.66.	ae	6.74.	b		
6.59.	b	6.67.	c	6.75.	b		
6.60.	b	6.68.	c	6.76.	c		

Rozdział VII - Inne rodzaje pojazdów

7.1.	a	7.8.	a	7.15.	a	7.22.	ac
7.2.	a	7.9.	c	7.16.	d	7.23.	b
7.3.	b	7.10.	b	7.17.	a	7.24.	d
7.4.	b	7.11.	d	7.18.	a	7.25.	b
7.5.	d	7.12.	b	7.19.	a	7.26.	bd
7.6.	b	7.13.	d	7.20.	b	7.27.	d
7.7.	bc	7.14.	d	7.21.	b		

Rozdział VIII - Prowadzenie pojazdu w szczególnych warunkach

8.1.	ace	8.17.	d	8.33.	a	8.49.	d
8.2.	a	8.18.	bd	8.34.	c	8.50.	a
8.3.	cd	8.19.	b	8.35.	b	8.51.	ce
8.4.	d	8.20.	c	8.36.	a	8.52.	a
8.5.	a	8.21.	c	8.37.	c	8.53.	a
8.6.	c	8.22.	d	8.38.	a	8.54.	ab
8.7.	c	8.23.	a	8.39.	c	8.55.	c
8.8.	de	8.24.	a	8.40.	d	8.56.	b
8.9.	c	8.25.	c	8.41.	b	8.57.	bd
8.10.	d	8.26.	b	8.42.	d	8.58.	abdf
8.11.	d	8.27.	a	8.43.	abd	8.59.	d
8.12.	c	8.28	d	8.44.	d	8.60.	c
8.13.	bdf	8.29.	b	8.45.	c	8.61	b
8.14.	c	8.30.	b	8.46.	c	8.62	bd
8.15.	b	8.31.	acd	8.47.	c		
8.16.	b	8.32.	b	8.48.	d		

Rozdział IX - Przepisy ruchu drogowego obowiązujące na autostradach

9.1.	d	9.18.	b	9.35.	d	9.52.	d
9.2.	d	9.19.	d	9.36.	b	9.53.	c
9.3.	d	9.20.	c	9.37.	d	9.54.	d
9.4.	a	9.21.	adef	9.38.	d	9.55.	a
9.5.	c	9.22.	adef	9.39.	c	9.56.	b
9.6.	c	9.23.	d	9.40.	d	9.57.	b
9.7.	c	9.24.	b	9.41.	c	9.58.	d
9.8.	a	9.25.	a	9.42.	d	9.59.	a
9.9.	c	9.26.	a	9.43.	a	9.60.	d
9.10.	c	9.27.	c	9.44.	cdf	9.61.	c
9.11.	c	9.28.	b	9.45.	d	9.62.	b
9.12.	c	9.29.	b	9.46.	c	9.63.	c
9.13.	c	9.30.	d	9.47.	b	9.64.	d
9.14.	c	9.31.	a	9.48.	d	9.65.	a
9.15.	b	9.32.	a	9.49.	b	9.66.	b
9.16.	b	9.33.	b	9.50.	d	9.67	a
9.17.	a	9.34.	d	9.51.	b		

Rozdział X - Przepisy ruchu drogowego obowiązujące na drogach publicznych

10.1.	c	10.21.	bd	10.41.	b	10.61.	d
10.2.	d	10.22.	b	10.42.	b	10.62.	a
10.3.	b	10.23.	a	10.43.	b	10.63.	a
10.4.	a	10.24.	c	10.44.	c	10.64.	d
10.5.	c	10.25.	a	10.45.	d	10.65.	b
10.6.	d	10.26.	b	10.46.	d	10.66.	d
10.7.	adf	10.27.	cde	10.47.	c	10.67.	d
10.8.	a	10.28.	b	10.48.	d	10.68.	a
10.9.	b	10.29.	ae	10.49.	d	10.69.	a
10.10.	a	10.30.	b	10.50.	d	10.70.	a
10.11.	b	10.31.	a	10.51.	d	10.71.	d
10.12.	a	10.32.	abd	10.52.	d	10.72.	d
10.13.	d	10.33.	a	10.53.	c	10.73.	ab
10.14.	a	10.34.	a	10.54.	c	10.74.	a
10.15.	d	10.35.	d	10.55.	d	10.75.	abc
10.16.	c	10.36.	a	10.56.	a		
10.17.	a	10.37.	ad	10.57.	a		
10.18.	ace	10.38.	d	10.58.	c		
10.19.	c	10.39.	b	10.59.	b		
10.20.	d	10.40.	c	10.60.	a		

Rozdział XI - Znaki i sygnały drogowe

11.1.	d	11.40.	b	11.79.	a	11.118.	b
11.2.	d	11.41.	a	11.80.	d	11.119.	a
11.3.	a	11.42.	d	11.81.	d	11.120.	c
11.4.	a	11.43.	acef	11.82.	b	11.121.	a
11.5.	b	11.44.	c	11.83.	a	11.122.	c
11.6.	a	11.45.	a	11.84.	d	11.123.	b
11.7.	d	11.46.	b	11.85.	c	11.124.	d
11.8.	b	11.47.	c	11.86.	d	11.125.	c
11.9.	d	11.48.	b	11.87.	c	11.126.	b
11.10.	d	11.49.	d	11.88.	b	11.127.	c
11.11.	d	11.50.	a	11.89.	c	11.128.	a
11.12.	a	11.51.	a	11.90.	c	11.129.	c
11.13.	c	11.52.	c	11.91.	a	11.130.	a
11.14.	b	11.53.	d	11.92.	b	11.131.	c
11.15.	d	11.54.	a	11.93.	d	11.132.	b
11.16.	c	11.55.	c	11.94.	b	11.133.	c
11.17.	b	11.56.	b	11.95.	b	11.134.	a
11.18.	a	11.57.	d	11.96.	a	11.135.	b
11.19.	b	11.58.	b	11.97.	d	11.136.	a
11.20.	b	11.59.	b	11.98.	a	11.137.	a
11.21.	c	11.60.	c	11.99.	b	11.138.	c
11.22.	c	11.61.	c	11.100.	b	11.139.	d
11.23.	a	11.62.	d	11.101.	d	11.140.	b
11.24.	c	11.63.	c	11.102.	c	11.141.	b
11.25.	b	11.64.	b	11.103.	b	11.142.	b
11.26.	c	11.65.	c	11.104.	a	11.143.	b
11.27.	d	11.66.	d	11.105.	b	11.144.	d
11.28.	d	11.67.	b	11.106.	c	11.145.	a
11.29.	c	11.68.	a	11.107.	a	11.146.	b
11.30.	c	11.69.	a	11.108.	b	11.147.	a
11.31.	d	11.70.	c	11.109	a	11.148.	a
11.32.	a	11.71.	bdf	11.110.	c	11.149.	c
11.33.	d	11.72.	a	11.111.	b	11.150.	c
11.34.	d	11.73.	c	11.112.	b	11.151.	b
11.35.	b	11.74.	c	11.113.	a	11.152.	b
11.36.	a	11.75.	b	11.114.	c	11.153.	b
11.37.	a	11.76.	a	11.115.	a	11.154.	b
11.38.	a	11.77.	c	11.116.	b	11.155.	b
11.39.	b	11.78.	a	11.117.	b	11.156	a

Rozdział XII - Dokumenty i inne wymogi formalne

12.1.	c	12.13.	c	12.25.	b	12.37.	c
12.2.	b	12.14.	abd	12.26.	c	12.38.	d
12.3.	be	12.15.	a	12.27.	abf	12.39.	b
12.4.	a	12.16.	b	12.28.	bce	12.40.	d
12.5.	c	12.17.	a	12.29.	abe	12.41.	a
12.6.	c	12.18.	b	12.30.	d	12.42	ab
12.7.	b	12.19.	c	12.31.	b	12.43	a
12.8.	c	12.20.	c	12.32.	ab	12.44	c
12.9.	d	12.21.	b	12.33.	d	12.45	abd
12.10.	a	12.22.	d	12.34.	b	12.46	d
12.11.	c	12.23.	d	12.35.	c	12.47	d
12.12.	d	12.24.	cde	12.36.	bd		

Rozdział XIII - Wypadki drogowe

13.1.	a	13.21.	a	13.41.	b	13.61.	a
13.2.	ab	13.22.	acf	13.42.	bde	13.62.	be
13.3.	a	13.23.	a	13.43.	b	13.63.	a
13.4.	c	13.24.	abd	13.44.	d	13.64.	d
13.5.	b	13.25.	ace	13.45.	b	13.65.	c
13.6.	d	13.26.	def	13.46.	b	13.66.	d
13.7.	b	13.27.	abe	13.47.	ae	13.67.	d
13.8.	b	13.28.	acf	13.48.	acde	13.68.	d
13.9.	d	13.29.	c	13.49.	b	13.69.	a
13.10.	b	13.30.	bc	13.50.	c	13.70.	bd
13.11.	d	13.31.	a	13.51.	abd	13.71.	d
13.12.	b	13.32.	b	13.52.	cd	13.72.	a
13.13.	d	13.33.	b	13.53.	ce	13.73.	def
13.14.	b	13.34.	bde	13.54.	c	13.74.	c
13.15.	a	13.35.	c	13.55.	a	13.75.	abce
13.16.	c	13.36.	d	13.56.	be	13.76.	a
13.17.	b	13.37.	cd	13.57.	ade	13.77.	b
13.18.	bd	13.38.	c	13.58.	b	13.78.	b
13.19.	a	13.39.	b	13.59.	c	13.79.	c
13.20.	abe	13.40.	d	13.60.	a		

Rozdział XIV - Przewożenie ładunków

14.1.	ad	14.4.	bd	14.8.	a	14.12.	a
14.2.	a	14.5.	d	14.9.	d	14.13.	a
14.3.	d	14.6.	a	14.10.	b	14.14.	a
		14.7.	bc	14.11.	d	14.15.	a

Zestaw pytań do praktycznego egzaminu z jazdy dla kandydatów na kierowców samochodów osobowych.

Każda kombinacja pytań zawiera dwa pytania i dwie odpowiedzi. Egzaminator zadaje pytania z dowolnie wybranej kombinacji.

Kategoria B. Zestawy obowiązujące od 01.07.2008 r.

Kombinacja	Nr pytania	Element, którego dotyczy pytanie	Pokaż/ Powiedz	Pytanie	Odpowiedź
1	B08	Kierunkowskazy	Pokaż	Pokaż, jak sprawdzić, czy w samochodzie działają kierunkowskazy.	Włącz kierunkowskazy lub światła awaryjne i sprawdź, czy świecą się odpowiednie światła (jeśli to konieczne, wcześniej przekręć kluczyk w stacyjce, ale uważaj, by nie uruchomić silnika).
1	B10	Hamulce	Powiedz	Powiedz, jak sprawdzić działanie hamulców przed rozpoczęciem jazdy.	Podczas naciskania pedału hamulca nie możemy mieć uczucia zbyt dużego luzu ani „gąbczastości". Hamulce należy sprawdzić po ruszeniu z miejsca. Podczas hamowania pojazdu nie powinno „ściągać" na żadną ze stron.
2	B05	Płyn do spryskiwaczy	Powiedz	Wskaż, gdzie jest zbiorniczek płynu do spryskiwacza szyb, i powiedz, jak sprawdzić jego poziom.	Wskaż zbiorniczek i wyjaśnij, jak sprawdzić poziom płynu.
2	B09	Światła hamowania	Pokaż	Pokaż, jak sprawdzić w tym pojeździe działanie świateł hamowania (egzaminator może pomóc, jeśli trzeba wcześniej włączyć stacyjkę; nie można uruchamiać silnika).	Naciśnij pedał hamulca, zobacz, czy światło odbija się w oknach, drzwiach garażu itp. lub poproś kogoś o pomoc (może być konieczne wcześniejsze przekręcenie kluczyka w stacyjce; należy przy tym uważać, by nie uruchomić silnika).

Kombinacja	Nr pytania	Element, którego dotyczy pytanie	Pokaż/ Powiedz	Pytanie	Odpowiedź
3	B02	Układ kierowniczy	Pokaż	Pokaż/wyjaśnij, jak przed rozpoczęciem jazdy sprawdzić, że system wspomagania układu kierowniczego jest sprawny.	Jeśli z trudnością obracasz kierownicą, może to świadczyć o tym, że system wspomagania układu kierowniczego nie działa poprawnie. Przed rozpoczęciem jazdy możesz to sprawdzić na dwa proste sposoby: (1) delikatnie skręć kierownicą, przytrzymaj ją w takiej pozycji i włącz silnik – powinieneś poczuć, że skręcanie kierownicą staje się łatwiejsze; (2) wykonaj skręt kierownicą zaraz po ruszeniu z miejsca – to od razu pozwoli ci ocenić, czy wspomaganie działa.
3	B12	Ciśnienie powietrza w oponach	Powiedz	Powiedz, gdzie znajdziesz informację na temat zalecanego ciśnienia powietrza w oponach tego samochodu, oraz opisz, jak należy sprawdzać ciśnienie.	Zalecane ciśnienie dla opon pojazdu znajdziesz w jego instrukcji obsługi. Należy używać poprawnie działającego ciśnieniomierza. Ciśnienie należy sprawdzać i korygować, kiedy opony są zimne. Należy pamiętać o kole zapasowym i o założeniu kapturków na zawory.
4	B04	Hamulec ręczny	Pokaż	Pokaż, jak sprawdzić, czy ręczny hamulec nie jest nadmiernie zużyty. Musisz przez cały czas mieć pełną kontrolę nad pojazdem.	Najpierw naciśnij mocno pedał hamulca (aby zapewnić sobie kontrolę nad pojazdem w momencie, gdy zwolnisz hamulec ręczny), a potem zaciągnij dźwignię hamulca ręcznego. Jeżeli hamulec jest w pełni zaciągnięty i blokuje koła pojazdu, dźwignia nie powinna osiągać swojego maksymalnego położenia.

Kombinacja	Nr pytania	Element, którego dotyczy pytanie	Pokaż/ Powiedz	Pytanie	Odpowiedź
4	B05	Płyn do spryskiwaczy	Powiedz	Wskaż, gdzie jest zbiorniczek płynu do spryskiwacza szyb, i powiedz, jak sprawdzić jego poziom.	Wskaż zbiorniczek i wyjaśnij, jak sprawdzić poziom płynu.
5	B01	Olej silnikowy	Pokaż	Podnieś maskę silnika, wskaż, gdzie można sprawdzić poziom oleju silnikowego, i powiedz, w jaki sposób można sprawdzić, czy w silniku jest wystarczająca ilość oleju.	Wskaż bagnet/wskaźnik poziomu oleju i powiedz, że poziom powinien być pomiędzy oznaczeniem minimum i maksimum.
5	B12	Ciśnienie powietrza w oponach	Powiedz	Powiedz, gdzie znajdziesz informację na temat zalecanego ciśnienia powietrza w oponach tego samochodu, oraz opisz, jak należy sprawdzać ciśnienie	Zalecane ciśnienie dla opon pojazdu znajdziesz w jego instrukcji obsługi. Należy używać poprawnie działającego ciśnieniomierza. Ciśnienie należy sprawdzać i korygować, kiedy opony są zimne. Należy pamiętać o kole zapasowym i o założeniu kapturków na zawory.
6	B03	Płyn chłodzący	Pokaż	Podnieś maskę silnika, wskaż, gdzie sprawdza się poziom płynu chłodniczego, i powiedz, w jaki sposób można sprawdzić, czy w silniku jest wystarczająca ilość płynu.	Wskaż oznaczenie minimum i maksimum na zbiorniczku płynu (jeśli jest zamontowany) lub wskaż odpowiednie miejsce na korku chłodnicy. Opisz, jak uzupełnić poziom płynu w chłodnicy.

Kombinacja	Nr pytania	Element, którego dotyczy pytanie	Pokaż/ Powiedz	Pytanie	Odpowiedź
6	B18	Zagłówki	Powiedz	Powiedz, jak sprawdzić właściwe ustawienie zagłówka, aby stanowił jak najlepszą ochronę w razie wypadku.	Zagłówek powinien być ustawiony w taki sposób, aby jego sztywna część znajdowała się na wysokości oczu lub górnej części uszu, możliwie najbliżej tyłu głowy. Zauważ, że niektórych zagłówków nie można regulować.
7	B07	Płyn hamulcowy	Pokaż	Podnieś maskę silnika, wskaż, gdzie znajduje się zbiorniczek płynu hamulcowego i powiedz, jak sprawdzić, czy jego poziom jest odpowiedni.	Wskaż zbiorniczek i sprawdź, czy poziom płynu jest pomiędzy oznaczeniem minimum i maksimum.
7	B13	Opony	Powiedz	Powiedz, jak sprawdzić, czy opony mają wystarczającą grubość bieżnika oraz czy ich ogólny stan pozwala na bezpieczną jazdę.	O dobrym stanie opon świadczy brak nacięć lub wybrzuszeń. Bieżnik powinien mieć co najmniej 1,6 mm głębokości na ¾ szerokości opony, na całym jej zewnętrznym obwodzie.
8	B06	Sygnał dźwiękowy	Pokaż	Pokaż jak sprawdzić, czy działa sygnał dźwiękowy pojazdu (wyłącznie poza drogą publiczną).	Sprawdzenie polega na użyciu sygnału dźwiękowego (wcześniej przekręć klucz w stacyjce, jeśli to konieczne).
8	B13	Opony	Powiedz	Powiedz, jak sprawdzić, czy opony mają wystarczającą grubość bieżnika oraz czy ich ogólny stan pozwala na bezpieczną jazdę.	O dobrym stanie opon świadczy brak nacięć lub wybrzuszeń. Bieżnik powinien mieć co najmniej 1,6 mm głębokości na ¾ szerokości opony, na całym jej zewnętrznym obwodzie.

Kombinacja	Nr pytania	Element, którego dotyczy pytanie	Pokaż/ Powiedz	Pytanie	Odpowiedź
9	B10	Hamulce	Powiedz	Powiedz, jak sprawdzić działanie hamulców przed rozpoczęciem jazdy.	Podczas naciskania pedału hamulca nie możemy mieć uczucia zbyt dużego luzu ani „gąbczastości". Hamulce należy sprawdzić po ruszeniu z miejsca. Podczas hamowania pojazdu nie powinno „ściągać" na żadną ze stron.
9	B14	Wycieraczki	Pokaż	Pokaż, jak wyczyścić przednią szybę, używając spryskiwacza i wycieraczek.	Włącz odpowiedni włącznik spryskiwacza i wycieraczek (w razie konieczności wcześniej przekręć kluczyk w stacyjce).
10	B11	Światła	Powiedz	Pokaż, jak sprawdzić działanie przednich i tylnych świateł (nie ma potrzeby wysiadania z pojazdu).	Włącz włącznik świateł (wcześniej przekręć kluczyk w stacyjce, jeśli to konieczne). Następnie powiedz, że trzeba obejść pojazd dookoła i sprawdzić, czy światła się palą. (Ponieważ jest to pytanie typu „Powiedz" nie ma potrzeby fizycznego sprawdzania działania świateł).
10	B15	Nadmuch i ogrzewanie szyb	Pokaż	Pokaż, jak ustawić nawiew i ogrzewanie szyb, aby skutecznie usunąć parę z wszystkich szyb, w tym zarówno z tylnej, jak i przedniej szyby.	Ustaw odpowiednie pokrętła: dmuchawę, temperaturę, kierunek i źródło nawiewu oraz ogrzewanie szyby w celu usunięcia pary lub szronu z szyb. Nie trzeba w tym celu uruchamiać silnika.

Kombinacja	Nr pytania	Element, którego dotyczy pytanie	Pokaż/ Powiedz	Pytanie	Odpowiedź
11	B16	Tylne światła przeciwmgielne	Pokaż	Pokaż, jak włączyć tylne światło (światła) przeciwmgielne i wyjaśnij, kiedy należy z niego (nich) korzystać (nie ma potrzeby wysiadania z pojazdu).	Włącz odpowiedni przełącznik (w razie konieczności wcześniej przekręć kluczyk w stacyjce i światła mijania). Sprawdź, czy pali się odpowiednia kontrolka na desce rozdzielczej. Objaśnij zastosowanie świateł przeciwmgielnych.
11	B19	Hamulce	Powiedz	Powiedz, po czym poznasz, że wystąpił problem z systemem ABS.	Jeśli system ABS nie jest sprawny, powinna się zapalić na desce rozdzielczej lampka ostrzegawcza.
12	B09	Światła hamowania	Pokaż	Pokaż, jak sprawdzić w tym pojeździe działanie świateł hamowania (egzaminator może pomóc, jeśli trzeba wcześniej włączyć stacyjkę; nie można uruchamiać silnika).	Naciśnij pedał hamulca, zobacz, czy światło odbija się w oknach, drzwiach garażu itp. lub poproś kogoś o pomoc (może być konieczne wcześniejsze przekręcenie kluczyka w stacyjce; należy przy tym uważać, by nie uruchomić silnika).
12	B11	Światła	Powiedz	Pokaż, jak sprawdzić działanie przednich i tylnych świateł (nie ma potrzeby wysiadania z pojazdu).	Włącz włącznik świateł (wcześniej przekręć kluczyk w stacyjce, jeśli to konieczne). Następnie powiedz, że trzeba obejść pojazd dookoła i sprawdzić, czy światła się palą. (Ponieważ jest to pytanie typu „Powiedz" nie ma potrzeby fizycznego sprawdzania działania świateł).

Kombinacja	Nr pytania	Element, którego dotyczy pytanie	Pokaż/ Powiedz	Pytanie	Odpowiedź
13	B17	Światła przednie	Pokaż	Pokaż, jak przełączyć światła ze świateł mijania na drogowe, i wyjaśnij, jak sprawdzić, pozostając wewnątrz pojazdu, że świecą się światła drogowe.	Włącz włącznik świateł (wcześniej przekręć kluczyk w stacyjce lub włącz silnik, jeśli to konieczne), sprawdź kontrolkę świateł drogowych na desce rozdzielczej.
13	B19	Hamulce	Powiedz	Powiedz, po czym poznasz, że wystąpił problem z systemem ABS.	Jeśli system ABS nie jest sprawny, powinna się zapalić na desce rozdzielczej lampka ostrzegawcza.

Zachęcamy do zapoznania się ze słownikiem, który pomoże w lepszym zrozumieniu treści zawartych w książce.
Ze względu na różnice językowe i różne realia ruchu drogowego w Polsce i Wielkiej Brytanii nie było możliwości bezpośredniego przetłumaczenia niektórych pojęć i wyrażeń. Dlatego warto korzystać ze słownika, w którym można odnaleźć dokładne i szersze opisy odnoszące się do angielskich terminów.
Dodatkowo zamieszczone zostały tu również hasła, które tłumaczą pewne specyficzne elementy brytyjskiego systemu zarządzania ruchem drogowym, a ponadto objaśnienia nazw, które są co prawda obecne w języku polskim, ale bardzo często nie są właściwie rozumiane i dlatego wymagają dodatkowego komentarza. Znalazły się tu także definicje pojęć, które w polskim kodeksie drogowym występują w nieco innej postaci.

AC – patrz: ubezpieczenie AC.

Active Traffic Management (ATM) – patrz: system aktywnego zarządzania ruchem.

Active Traffic Management Scheme – patrz: system aktywnego zarządzania ruchem.

Awaryjne zatrzymanie się w sytuacji zagrożenia (emergency STOP) – manewr, który polega na gwałtownym hamowaniu na określonym dystansie w taki sposób, by koła nie wpadły w poślizg. O wykonanie tego manewru można być poproszonym podczas części praktycznej egzaminu na prawo jazdy.

Blue Badge – patrz: zezwolenie na ułatwione parkowanie.

Box junction – patrz: skrzyżowanie oznaczone żółtym kwadratem.

Brake fade – zmniejszenie sprawności hamulców spowodowane wcześniejszym częstym naciskaniem pedału hamulca. Sytuacja taka zdarza się najczęściej podczas długiego zjazdu ze stromej góry. Brake fade powoduje zwiększoną temperaturę w różnych elementach układu hamulcowego, co w konsekwencji prowadzi do obniżenia jego sprawności.

Central reservation – pas (najczęściej zieleni, z barierką lub bez niej) rozdzielający jezdnie o przeciwnym kierunku ruchu.

Chevron – patrz: znaki dystansowe w kształcie litery „V".

Chicanes – patrz: wysepki zmuszające do jazdy zygzakiem.

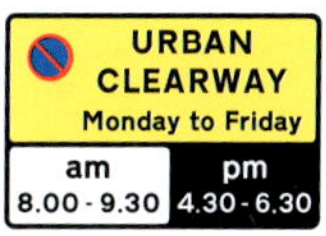

Clearway – obszar, zwykle w centrum miast, gdzie nie wolno ładować i rozładowywać pojazdów. Zatrzymywanie się w tym obszarze jest dozwolone jedynie wtedy, gdy pasażerowie opuszczają pojazd lub do niego wsiadają.

Cm^3 (cc) – pojemność skokowa silnika; inaczej 50 cm3.

Congestion charge – przez congestion charge lub road pricing należy rozumieć konieczność wnoszenia opłaty za pojedyncze użycie określonego odcinka drogi (ulicy) lub jej sieci. Ma to pomóc w ograniczeniu nadmiernego ruchu pojazdów. Taki system opłat (jeden z największych tego rodzaju systemów na świecie) został wprowadzony w lutym 2003 r. w Londynie.

Congestion charging – patrz: congestion charge.

Contraflow system – w Wielkiej Brytanii oznacza on ruch pojazdów poruszających się prawą stroną jezdni (dla których zwykle obowiązuje ruch lewostronny), a w pozostałych krajach Europy ruch pojazdów poruszających się lewą stroną jezdni (dla których zwykle obowiązuje ruch prawostronny). Stosuje się go w wypadku robót drogowych lub wyjątkowego nasilenia ruchu. Wtedy pojazdy są kierowane na pewnym odcinku drogi na tę jej część, na której w normalnych warunkach odbywa się ruch w tylko jednym, przeciwnym kierunku.

Counterpart (część prawa jazdy) – zielona kartka papieru, stanowiąca integralną cześć prawa jazdy, na której wpisuje się wszystkie punkty karne, dodatkowe uprawnienia, wyroki sądowe za prowadzenie pojazdów w stanie nietrzeźwym itp.

Czarny punkt (black spot, danger spot) – miejsce, gdzie wzrasta ryzyko wystąpienia wypadku.

Droga z bramą wjazdową – droga z zamkniętym na ogół wjazdem. Brama wjazdowa służy zabezpieczeniu bydła (zwierzęta nie mogą uciec).

DSA (Driving Standards Agency) – urząd zajmujący się głównie egzaminami na prawo jazdy i bezpieczeństwem na drogach.

Dual carriageway – droga z pasem rozdzielającym jezdnie o przeciwnym kierunku ruchu. Na tego typu drodze MUSI być pas rozdzielający jezdnie (central reservation). Z takiego rodzaju drogi zwykle może jednocześnie korzystać większa niż na ogół liczba pojazdów. Warto zauważyć, że czasami nawet droga jednopasmowa może być klasyfikowana jako dual carriageway, ale pod warunkiem, że jej jezdnie o przeciwnym kierunku ruchu będą od siebie oddzielone za pomocą dodatkowego pasa (central reservation). Zob. też single carriageway.

DVA (Driver and Vehicle Agency) – urząd rejestrujący kierowców i pojazdy, a także zarządzający podatkami drogowymi w Irlandii Północnej, odpowiednik DVLA, DSA i VOSA.

DVLA (Driver and Vehicle Licensing Agency) – urząd rejestrujący kierowców i pojazdy, a także zarządzający podatkami drogowymi.

Emergency Refugee Area – obszar wydzielony na autostradzie, przeznaczony dla pojazdów wyłączonych z ruchu z powodu awarii lub w związku z innym zagrożeniem.

Emergency STOP – patrz: awaryjne zatrzymanie się w sytuacji zagrożenia.

Excess – termin oznaczający konieczność zapłacenia określonej kwoty w razie jakiegokolwiek roszczenia z tytułu ubezpieczenia komunikacyjnego.

Ford – przykład słownego znaku ostrzegawczego (worded warning sign). Pokazany znak ostrzega przed zagrożeniem wynikającym z płynącej lub stojącej w poprzek drogi wody.

Hatch – obszar na jezdni zaznaczony ukośnymi białymi równoległymi liniami, służący na przykład do rozdzielania jezdni biegnących w przeciwnych kierunkach.

Hatchback – typ samochodu, który ma ukośnie ścięty tył, w związku z czym przy otwieraniu bagażnika podnosi się zwykle także jego tylna półka.

Jockey wheel – stosowane w przyczepach dodatkowe kółko montowane w części łączącej przyczepę z hakiem holowniczym. Zapobiega zbyt niskiemu opadaniu przodu przyczepy i ułatwia manewrowanie nią podczas łączenia jej z hakiem holowniczym.

Kick down – funkcja automatycznej skrzyni biegów, pozwalająca gwałtownie przyspieszyć po włączeniu się niższego biegu na wyższych niż zwykle obrotach.

Krajowe ograniczenie prędkości (national speed limit) – ograniczenie prędkości różne dla różnego typu dróg i pojazdów. Na przykład dla samochodów osobowych na drogach typu dual carriageway (drogach z pasem rozdzielającym jezdnie o przeciwnym kierunku ruchu) wynosi 70 mil na godzinę.

Kurs jazdy „Pass Plus" – dodatkowy, dobrowolny kurs jazdy, którego nie kończy egzamin. Obejmuje m.in. szkolenie z jazdy w nocy, jazdy autostradą i jazdy peryferyjnymi, wąskimi drogami. Może być on szczególnie przydatny kierowcom przed 25 rokiem życia, ponieważ jego ukończenie obniża składkę w niektórych firmach ubezpieczeniowych.

Linka zabezpieczająca – linka, która zapobiega odłączeniu się przyczepy podczas holowania. Często jest ona połączona z hamulcem przyczepy.

Luz (free play) – niektóre elementy pojazdu mogą w początkowej fazie działać tak, że kierowca wyczuwa charakterystyczny bezwład (luz) zanim ich użycie zacznie przynosić konkretny efekt; chodzi tu na przykład o pedał hamulca: początkowo podczas naciskania go nie uzyskujemy efektu hamowania pojazdu, układ hamulcowy uruchamiany jest dopiero po osiągnięciu przez wspomniany pedał pewnego położenia, związanego z określonym poziomem nacisku.

Martwe pole lusterek (blind spot) – obszar niewidoczny dla kierowcy w lusterkach pojazdu – ani w zewnętrznych, ani w wewnętrznym.

Miejsce obsługi podróżnych (service area) – kompleks usługowy przy autostradzie, gdzie zwykle znajduje się stacja paliw i małe centrum handlowe.

Most typu humpback – most w kształcie krótkiego ostrego łuku.

National speed limit – patrz: krajowe ograniczenie prędkości.

OC – patrz: ubezpieczenie OC.

Organizacja motorowa (motoring organization) – organizacja zajmująca się m.in. szeroko pojętym doradztwem motoryzacyjnym, pomocą drogową, ubezpieczeniami komunikacyjnymi i nauką jazdy. Członkowie takiej organizacji, opłacając składki członkowskie, zyskują prawo do zniżek na wskazane usługi motoryzacyjne. Dwie największe w Wielkiej Brytanii organizacje motorowe to AA i RAC. W Polsce podobną organizacją jest np. Polski Związek Motorowy.

Organizacja świadcząca usługi pomocy drogowej (vehicle breakdown organization) – oprócz organizacji motorowych (motoring organizations) funkcjonują w Wielkiej Brytanii organizacje specjalizujące się wyłącznie w udzielaniu pomocy drogowej. Zostanie członkiem takiej organizacji wiąże się z wniesieniem rocznej opłaty, która uprawnia do skorzystania z pomocy fachowców w sytuacji, gdy zdarzy się wypadek, pojazd ulegnie awarii i będzie wymagał naprawy lub holowania do warsztatu samochodowego.

Parking typu park & ride – na obrzeżach miast są wytyczane specjalne parkingi, skąd kursują wahadłowe autobusy do centrum. Celem takiego rozwiązania jest ograniczenie ruchu pojazdów w centrach miast.

Pass Plus – patrz: kurs jazdy „Pass Plus".

Pasy na jezdni typu rumble – namalowane na jezdni lub wzdłuż pobocza wypukłe prostopadłe pasy. Hałas i wibracje towarzyszące najechaniu na nie kołami pojazdu mają za zadanie zwrócić uwagę kierowcy na prędkość, z jaką zbliża się w kierunku miejsca, gdzie wymagane jest zachowanie szczególnej ostrożności, a także na to, że zjeżdża z jezdni.

Patrol bezpieczeństwa drogowego (road safety patrol) – najczęściej patrol policji drogowej, który udziela rad zmotoryzowanym i kieruje ruchem w szczególnie niebezpiecznych miejscach.

Pelican – patrz: przejście typu pelican.

Pełne prawo jazdy (full driving licence) – ostateczne prawo jazdy, uzyskane po zdaniu teoretycznego i praktycznego egzaminu na określoną kategorię.

Pochylenie nawierzchni jezdni (adverse camber) – miejsce, gdzie nawierzchnia jest wyżej położona z lewej strony jezdni, gdy rozpoczynasz zakręt w lewą stronę, i analogicznie, nawierzchnia jest wyżej położona z prawej strony jezdni, gdy rozpoczynasz zakręt w prawą stronę. Adverse camber jest miejscem szczególnie niebezpiecznym, gdy wjeżdżasz w zakręt z dużą prędkością.

Podatek drogowy (road tax, road fund licence) – obowiązkowa opłata za użytkowanie dróg. Dowód zapłaty w formie papierowej winiety (kółka) umieszcza się w widocznym miejscu na pojeździe.

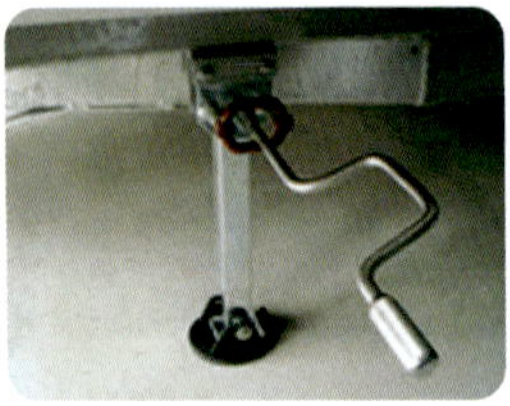

Podpory typu corner steadies – dodatkowe, wysuwane podpory stosowane w przyczepach podczas postoju.

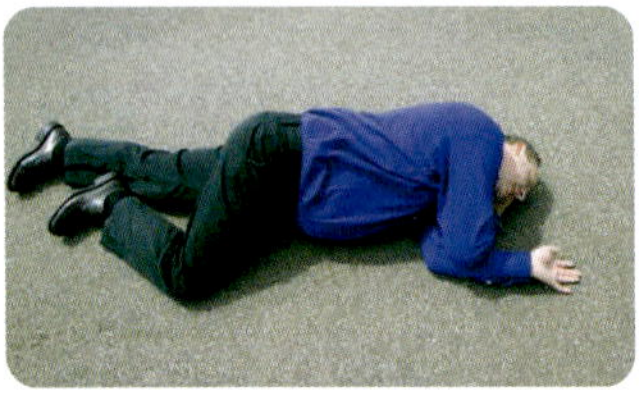

Pozycja boczna ustalona – właściwa pozycja dla osoby nieprzytomnej, umożliwiająca jej prawidłowe oddychanie i zapobiegająca zachłyśnięciu się lub zakrztuszeniu wymiocinami. Ułożenie kończyn zapewnia stabilne i wygodne położenie całego ciała.

Prowadzenie pojazdu w sposób stop-start – sposób prowadzenia pojazdu polegający na ciągłym naprzemiennym ruszaniu i zatrzymywaniu się, np. w korku ulicznym.

Próg zwalniający (road hump, speed hump, hump) – element związany z bezpieczeństwem ruchu drogowego, stosowany w razie konieczności ograniczenia prędkości pojazdów w określonym miejscu na drodze.

Prywatny numer rejestracyjny (personal number plate) – np. Ana 07, stosowany zamiast zwykłego numeru rejestracyjnego, np. S155 RLS.

Przejście typu pelican – przejście dla pieszych wyposażone w sygnalizację świetlną aktywowaną przez przechodniów. Na ogół po zapaleniu się zielonego światła dla przechodniów włącza się również sygnalizacja głosowa przeznaczona dla osób niewidomych. Tego typu przejścia często są oddzielone od jezdni metalowymi barierami. Wzdłuż krawędzi jezdni są namalowane białe zygzakowate linie. Sygnalizacja świetlna dla kierowców składa się ze świateł: zielonego, pulsującego żółtego i czerwonego. Podczas pulsowania żółtego światła NALEŻY ustąpić pierwszeństwa pieszym znajdującym się na przejściu, ale można je ostrożnie przejechać, jeśli pieszych nie ma w pobliżu.

Przejście typu puffin – przejście dla pieszych wyposażone w sygnalizację świetlną aktywowaną przez przechodniów. Często takie przejście jest także oddzielone od jezdni metalowymi barierami. Na ogół są to inteligentne przejścia, z czujnikami rozpoznającymi przechodniów oraz pojazdy, co pozwala automatycznie sterować czasem palenia się świateł dla poszczególnych uczestników ruchu. Wzdłuż krawędzi jezdni są namalowane białe zygzakowate linie. Sygnalizacja świetlna dla kierowców jest wyposażona w światło zielone, czerwone i stałe żółte (brak pulsującego żółtego), tak jak na zwykłym skrzyżowaniu.

Przejście typu toucan – przejście dla pieszych i rowerzystów. Rowerzyści podczas przekraczania jezdni mogą jechać na rowerach (nie muszą z nich zsiadać). Przejścia te są często oddzielone od jezdni metalowymi barierami. Wzdłuż krawędzi jezdni mogą być (ale niekoniecznie) namalowane białe zygzakowate linie. Sygnalizacja świetlna dla kierowców jest wyposażona w zielone i czerwone światło (brak pulsującego żółtego), tak jak na zwykłym skrzyżowaniu.

Przejście typu zebra – przejście dla pieszych, które wyróżnia się namalowanymi na nawierzchni białymi szerokimi pasami prostopadłymi do jezdni oraz białymi zygzakowatymi liniami wzdłuż krawędzi jezdni (przed i za przejściem). Nie ma na nim świateł sygnalizacji drogowej, ale są pulsujące żółte światła, ustawione na biało-czarnych słupach po obu stronach przejścia.

Przeszkoda dla bydła (cattle grid) – konstrukcja w postaci rowu nakrytego metalową kratownicą uniemożliwiająca przejście zwierzętom.

Puffin – patrz: przejście typu puffin.

Punktowe elementy odblaskowe montowane na jezdni (studs) – odblaskowe różnokolorowe światełka zamontowane na jezdni. Oddzielają od siebie pasy ruchu, wyznaczają krawędź lub oś jezdni.

Red route – wydzielone pasy ruchu lub wydzielone jezdnie, gdzie obowiązuje całkowity zakaz zatrzymywania się i postoju. Takie rozwiązanie ma zapobiegać nadmiernemu nasilaniu się ruchu drogowego na głównych arteriach miasta.

School crossing patrol – osoba pomagająca dzieciom przejść przez jezdnię w pobliżu szkoły; ubrana jaskrawo, trzyma w ręku duży znak STOP.

School safety patrol – patrz: school crossing patrol.

Service area – patrz: miejsce obsługi podróżnych.

Single carriageway – droga bez pasa rozdzielającego jezdnie o przeciwnym kierunku ruchu. Jest to najbardziej rozpowszechniony rodzaj dróg w Wielkiej Brytanii. W przeciwieństwie do dual carriageway jezdnie o przeciwnym kierunku ruchu nie są rozdzielone centralnym pasem (central reservation). Zwykle ten typ drogi posiada tylko dwa pasy ruchu o przeciwnym ukierunkowaniu. W przypadku wąskich dróg peryferyjnych oraz dróg osiedlowych pasy ruchu mogą być nieoznaczone. Warto zauważyć, że jakakolwiek droga bez pasa rozdzielającego (central reservation) jest drogą typu single carriageway, bez względu na to, ile jest na niej przeciwnie ukierunkowanych pasów ruchu. Ulica jednokierunkowa również jest zaliczana do dróg typu single carriageway. Zob. też dual carriageway.

Single-track road – peryferyjna droga, gdzie mieści się tylko jeden samochód. Zwykle co kilkadziesiąt metrów są na niej zatoczki do mijania się pojazdów.

Skrzyżowanie oznaczone żółtym kwadratem (box junction) – namalowane na jezdni pasy, żółte w ukośną kratę, zaznaczają obszar na środku skrzyżowania, na który nie powinieneś wjeżdżać, jeśli Twój zjazd ze skrzyżowania jest zablokowany.

Skrzyżowanie typu staggered – rodzaj skrzyżowania, gdzie drogi boczne (dwie lub więcej) łączą się z drogą główną w taki sposób, że są względem siebie nieco przesunięte.

SORN (Statutory Off Road Notification) – deklaracja o nieużywaniu pojazdu na drogach publicznych. Zgłoszenie do DVLA, że pojazd nie jest używany na drogach publicznych.

Stabilizator – specjalne urządzenie umieszczone na haku przyczepy, którego zadaniem jest ułatwić kierowcy prowadzenie samochodu z przyczepą.

Strefa „congestion charging zone” – strefa gdzie obowiązuje konieczność wnoszenia opłat congestion charge.

Studs – patrz: punktowe elementy odblaskowe montowane na jezdni.

System ABS – system zapobiegający blokowaniu się kół podczas hamowania.

System aktywnego zarządzania ruchem (Active Traffic Management – ATM) – inteligentny system zarządzania ruchem na autostradach w czasie szczególnego natężenia ruchu, np. w czasie godzin szczytu.

Szybka kolejka miejska (Light Rapid Transit – LTR) – kolejka, której tory biegną przede wszystkim po wiaduktach. W ten sposób efektywniej wykorzystuje się miejsce w dużych skupiskach miejskich.

Światła drogowe (full beam, main beam) – potocznie nazywane są światłami długimi.

Światła mijania (dipped headlights, dipped beam headlights, headlights) – potocznie nazywane są światłami krótkimi.

Światła postojowe (parking lights) – są to światła koloru białego; używa się ich w nocy na drogach, gdzie ograniczenie prędkości przekracza 30 mil na godzinę.

Światła pozycyjne (sidelights) – inna nazwa świateł postojowych.

Światła punktowe (spot lights) – reflektory emitujące bardzo mocne, skoncentrowane i punktowe światło. Często, ale nie zawsze, są to tzw. halogeny.

Tailgating – w taki sposób określa się sytuację, gdy jadące pojazdy nie zachowują między sobą odpowiednich odstępów.

Tempomat (cruise control) – urządzenie, którego zadaniem jest utrzymywanie odpowiedniej, zadanej przez kierowcę, prędkości samochodu. Umożliwia ono zdjęcie nogi z pedału gazu – samochód nie będzie zmieniał prędkości. Przydatne jest to np. w czasie długiej jazdy autostradą.

Toucan – patrz: przejście typu toucan.

Traffic calmings – środki ograniczania prędkości pojazdów. W Wielkiej Brytanii stosowane są różne sposoby wymuszania ograniczenia prędkości, takie jak wysepki zmuszające do jazdy zygzakiem (chicanes), progi zwalniające (road humps) i zwężenia jezdni.

Tymczasowe prawo jazdy (provisional licence, provisional driving licence) – pierwsze, tymczasowe prawo jazdy z ograniczeniami, które uprawnia do kierowania pojazdami oraz umożliwia naukę jazdy i zdawanie egzaminów na pełne prawo jazdy (full driving licence).

Ubezpieczenie AC (comprehensive lub fully comprehensive insurance) – tzw. autocasco, obejmuje ubezpieczeniem w pełnym zakresie opłacającego (kierowcę) i jego pasażerów, a także pojazdy uszkodzone w wypadku, w którym uczestniczył.

Ubezpieczenie OC (third party cover lub third party insurance) – podstawowe ubezpieczenie od odpowiedzialności cywilnej.

Ubezpieczenie typu cover note – rodzaj ubezpieczenia obejmującego jedynie czas potrzebny do transportu pojazdu po zakupie do miejsca zamieszkania.

Udogodnienia (services) – w tym znaczeniu: jakiekolwiek udogodnienia dla kierowców wybudowane lub zainstalowane przy autostradzie, np. service area, patrz: miejsce obsługi podróżnych.

Urban clearway – patrz: clearway.

Van – typ samochodu dostawczego do 3,5 t. dopuszczalnej masy całkowitej.

Vehicle watch scheme – działanie polegające na zarejestrowaniu pojazdu na policji z podaniem godzin, w których zwykle nie jest on używany przez właściciela. Jeżeli w tym czasie policjant spotka zarejestrowany pojazd na drodze, może go zatrzymać do kontroli, podejrzewając, że został skradziony.

VOSA (Vehicle & Operator Services Agency) – urząd regulujący m.in. wydawanie zaświadczeń o dokonaniu przeglądu technicznego.

Winieta podatku drogowego (road tax disc, tax disc) – patrz: podatek drogowy.

Wysepki zmuszające do jazdy zygzakiem (chicanes) – stosuje się je w celu zmniejszania prędkości przejeżdżających pojazdów.

Zasada dwóch sekund – stosuje się ją, aby utrzymać bezpieczny odstęp od poprzedzającego pojazdu. Po dwóch sekundach kierowca powinien dojechać do wybranego obiektu stacjonarnego przy lub na drodze, np. znaku drogowego lub pojazdu, licząc od momentu, gdy poprzedni pojazd go minął.

Zasada lusterko – sygnał – manewr (mirror – signal – manoeuvre) – podstawowa zasada zachowania się podczas prowadzenia pojazdu. Zanim wykona się JAKIKOLWIEK manewr, należy najpierw spojrzeć we właściwe lusterka w pojeździe, włączyć kierunkowskaz lub dać znak ręką, jeśli kierunkowskazy mogą być słabo widoczne, i dopiero wtedy wykonać manewr.

Zatoka typu lay-by – zatoka przy drodze, z której można skorzystać podczas tymczasowego postoju pojazdu.

Zebra – patrz: przejście typu zebra.

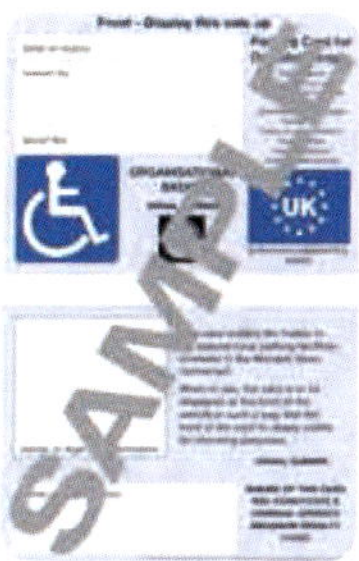

Zezwolenie na ułatwione parkowanie (Blue Badge) – specjalny dokument, dzięki któremu osoby mające bardzo duże trudności w poruszaniu się mogą parkować możliwie jak najbliżej miejsca, do którego chcą dotrzeć. Dokument taki może posiadać zarówno kierowca, jak i pasażer pojazdu. Uprawnionymi do korzystania z zezwolenia są również niewidomi, osoby z dużym upośledzeniem obu ramion, które regularnie korzystają z pojazdów, oraz dzieci poniżej drugiego roku życia z pewnymi uwarunkowaniami medycznymi. Zezwolenia są wydawane przez lokalne władze samorządowe.

Znaki dystansowe w kształcie litery „V" (chevron) – specjalne znaki na jezdni, stosowane przeważnie na autostradach, sygnalizujące, w jakiej odległości od siebie powinny jechać pojazdy. Określenie „chevron" jest również stosowane w odniesieniu do znaków, które służą rozdzieleniu pasów ruchu lub chronią pojazdy skręcające w prawo.

Znaki zakazu i nakazu (road signs giving orders) – w brytyjskim kodeksie drogowym są opisywane ich dwa typy: (1) białe koła z czerwoną obwódką, opisywane jako „w większości wypadków zakazujące", są odpowiednikiem polskich znaków zakazu, (2) niebieskie koła z białą obwódką, opisywane jako „w większości wypadków sugerujące określony rodzaj zachowania się", są odpowiednikiem polskich znaków nakazu.

Znaki ostrzegawcze (warning road signs) – w brytyjskim kodeksie drogowym mają postać białych trójkątów z czerwoną obwódką. Ich odpowiedniki w polskim kodeksie drogowym mają postać żółtych trójkątów z czerwoną obwódką.

Profesjonalna
NAUKA JAZDY
ZACHODNI LONDYN
L
NAUKA JAZDY
DRIVING TUITION
0781 777 9637
0781 777 9637
PLASTYK
www.3died.pl

1st London
Driving Academy.com
Be THE Best YOU Can Be

Prosimy wypełnić cały formularz:

Imię i Nazwisko:

Adres:

Numer tel:

Tel kom:

Email:

Chcę otrzymać wycenę na ubezpiecznie:

* Samochodu osobowego
* Pojazdu dostawczego
* Motocykla
* Pomocy drogowej
* Domu lub mieszkania
* Firmy

Warunki:

Jeden voucher uprawnia do rabatu tylko jednej polisy. Voucher traci ważność jeśli polisa zostanie anulowana w ciągu pierwszych 14 dni od rozpoczęcia. Dotyczy pojazdów do 3.5 tony. Rabat będzie uwzględniony przy wykupie polisy i może być zamieniony na gotówkę. Rabat dostępny tylko w Pol-plan Insurance 153-155 Mitcham Road, London, SW17 9PG. Pol-Plan Insurance jest regulowany i autoryzowany przez Financial Services Authority. Pozostawione informacje będą przechowywane zgodnie z ustawą o ochronie danych osobowych (Data protection Act 1998)

☐ Prosimy zaznaczyć to pole jeśli nie chcą Państwo otrzymywać materiałów promocyjnych.

zrobimy wszystko
- abyś był zauważony i niepowtarzalny
od projektu do druku
- ulotki, foldery, książki, wizytówki, teczki, reklamy, opakowania
- serwisy internetowe, prezentacje multimedialne
Agencja Reklamowa
DeSER Designers Group
ul. Mierosławskiego 33/5
51-682 Wrocław, Poland
e-mail: biuro@ddg.pl
mobile: +48 698 68 50 40
www.ddg.pl